LE CAHIER transmath 6e

Sous la direction de Joël Malaval

Bernard Chrétien
Anne Jorioz
Jean-Marc Lécole
Annie Plantiveau
Frédéric Puigredo

ÉDITION 2022

W0293910

Nom : ....

Prénom : ....

Classe : ....

Nathan

Sommaire

Je découvre mon cahier 4

Proposition de progression 6

NOMBRES ET CALCULS

1 Utiliser les nombres entiers

1. La numération décimale 7
2. Repérage sur une demi-droite graduée 8
3. Comparaison de nombres entiers 9
4. Addition, soustraction de nombres entiers 10
5. Multiplication de nombres entiers 11
6. Priorités opératoires 12
7. Perfectionnement 13
8. QCM & Jeux 14

2 Utiliser les nombres décimaux

9. Fractions opérateurs et fractions décimales 15
10. Écriture décimale d'un nombre décimal 16
11. Différentes écritures d'un nombre décimal 17
12. Repérage sur une demi-droite graduée 18
13. Comparaison de nombres décimaux 19
14. Perfectionnement 20
15. QCM & Jeux 21

3 Additionner, soustraire les nombres décimaux

16. Addition : calcul mental, en ligne et sens de l'opération 22
17. Addition : technique 23
18. Soustraction : calcul mental, en ligne et sens de l'opération 24
19. Soustraction : technique 25
20. Perfectionnement 26
21. QCM & Jeux 27

4 Multiplier les nombres décimaux

22. Multiplication par 10, 100, 1 000, par 0,1 ou 0,5 28
23. Multiplication d'un nombre décimal par un nombre entier 29
24. Multiplication de deux nombres décimaux 30
25. Situations multiplicatives 31
26. Priorités opératoires 32
27. Perfectionnement 33
28. QCM & Jeux 34
29. **Atelier problèmes** 35

5 Diviser par un nombre entier

30. Division euclidienne de deux nombres entiers 37
31. Critères de divisibilité par 2, 3, 5, 9, 10 38
32. Division décimale de deux nombres entiers 39
33. Division d'un nombre décimal par un nombre entier 40
34. Division d'un nombre décimal par 10, 100, 1 000 41
35. Perfectionnement 42
36. QCM & Jeux 43

6 Utiliser les fractions

37. Addition de fractions de même dénominateur 44
38. Interprétation de la moitié, du quart, … 45
39. Quotients et fractions 46
40. Perfectionnement 47
41. QCM & Jeux 48

7 Utiliser la proportionnalité

42. Proportionnalité et linéarité 49
43. Passage par l'unité 50
44. Coefficient de proportionnalité 51
45. Application d'un pourcentage 52
46. Agrandissement ou réduction d'une figure 53
47. Échelle 54
48. Perfectionnement 55
49. QCM & Jeux 56

8 Présenter des données

50. Tableau : lecture ou réalisation 57
51. Diagramme en bâtons, graphique 58
52. Diagramme circulaire ou semi-circulaire 59
53. Perfectionnement 60
54. QCM & Jeux 61
55. **Atelier problèmes** 62

© Éditions Nathan 2022 – ISBN : 978-2-09-171888-0

ISBN : 313-3-09-118006-5

Sommaire

GRANDEURS ET MESURES

9 Utiliser les angles

56. Vocabulaire des angles 64
57. Mesure d'un angle : le rapporteur 65
58. Construction d'un angle de mesure donnée 66
59. Perfectionnement 67
60. QCM & Jeux 68

10 Calculer des longueurs, des aires, des durées

61. Différence entre périmètre et aire 69
62. Formules de périmètre 70
63. Unités d'aire 71
64. Formules d'aire 72
65. Calcul d'une durée ou d'un horaire 73
66. Perfectionnement 74
67. QCM & Jeux 75

11 Calculer des volumes et des contenances

68. Volume d'un pavé droit, d'un cube : dénombrement 76
69. Unités de volume et de contenance 77
70. Formule du volume d'un pavé droit 78
71. Perfectionnement 79
72. QCM & Jeux 80
73. **Atelier problèmes** 81

ESPACE ET GÉOMÉTRIE

12 S'initier à l'espace

74. Repérage d'un déplacement 83
75. Déplacement d'un robot 84
76. Pavé droit : description 85
77. Patrons de pavés droits 86
78. Autres solides 87
79. Perfectionnement 88
80. QCM & Jeux 89

13 S'initier à la géométrie plane

81. Vocabulaire et notations 90
82. Droites perpendiculaires : construction, équerre 91
83. Médiatrice : construction, équerre. Distance d'un point à une droite 92
84. Droites parallèles 93
85. Perfectionnement 94
86. QCM & Jeux 95

14 Connaître des figures usuelles

87. Cercle et disque 96
88. Triangle 97
89. Quadrilatère 98
90. Perfectionnement 99
91. QCM & Jeux 100
92. **Atelier problèmes** 101

15 Utiliser la symétrie axiale

93. Figures symétriques 103
94. Axe de symétrie d'une figure 104
95. Propriétés conservées par symétrie axiale 105
96. Symétrique d'un point, d'une droite, d'un cercle 106
97. Symétrique d'une figure usuelle 107
98. Médiatrice et équidistance 108
99. Perfectionnement 109
100. QCM & Jeux 110

16 Étudier des propriétés de figures usuelles

101. Axes de symétrie de figures usuelles 111
102. Triangles particuliers : propriétés 112
103. Quadrilatères particuliers : propriétés 113
104. Construction de triangles et de quadrilatères 114
105. Perfectionnement 115
106. QCM & Jeux 116
107. **Atelier problèmes** 117

PROJETS SCRATCH

108. Décrire un trajet 119
109. Étudier une longueur, une aire 120
110. Répéter la construction d'un motif 121

TÂCHES COMPLEXES

111. Les messages codés 122
112. La sortie à la patinoire 123
113. La météorite 124
114. Alerte au tsunami 125

Les calculatrices 126
Formulaire 127
Tables de multiplication 128

Je découvre mon cahier

16 chapitres comprenant 5 à 8 fiches d'exercices

Entraînement

Des exercices ★ et ★★
avec rappels de cours

Perfectionnement

Des exercices ★★★

QCM et jeux

- Un QCM pour s'évaluer
- Des jeux pour chercher

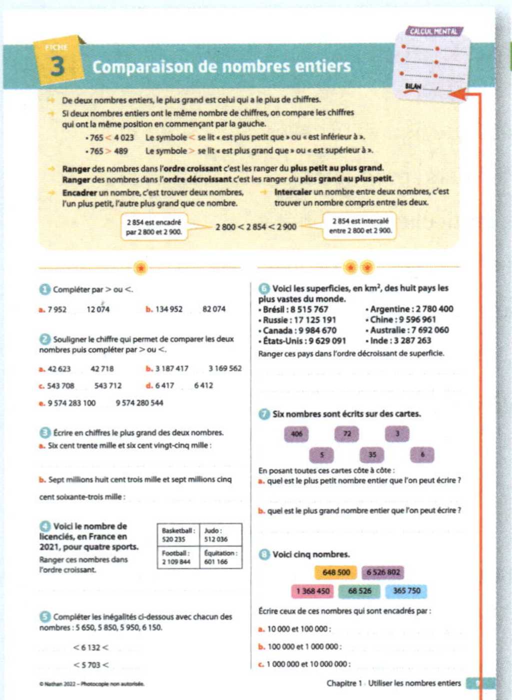

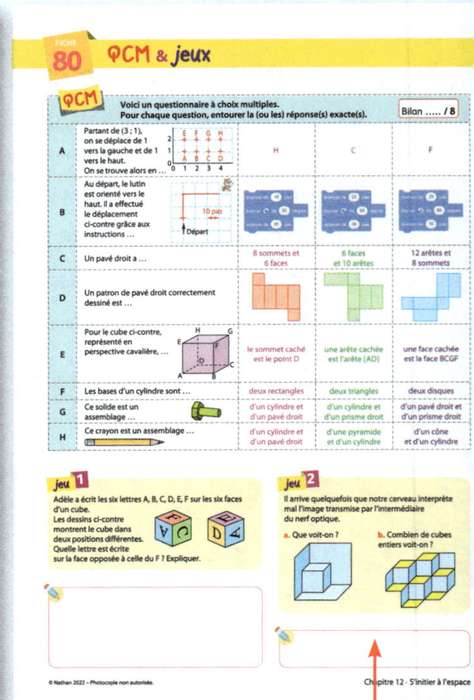

Un espace **calcul mental** permettant une pratique régulière en classe.

Des espaces réservés aux élèves pour :
- calculer ;
- faire des constructions ;
- rédiger des réponses.

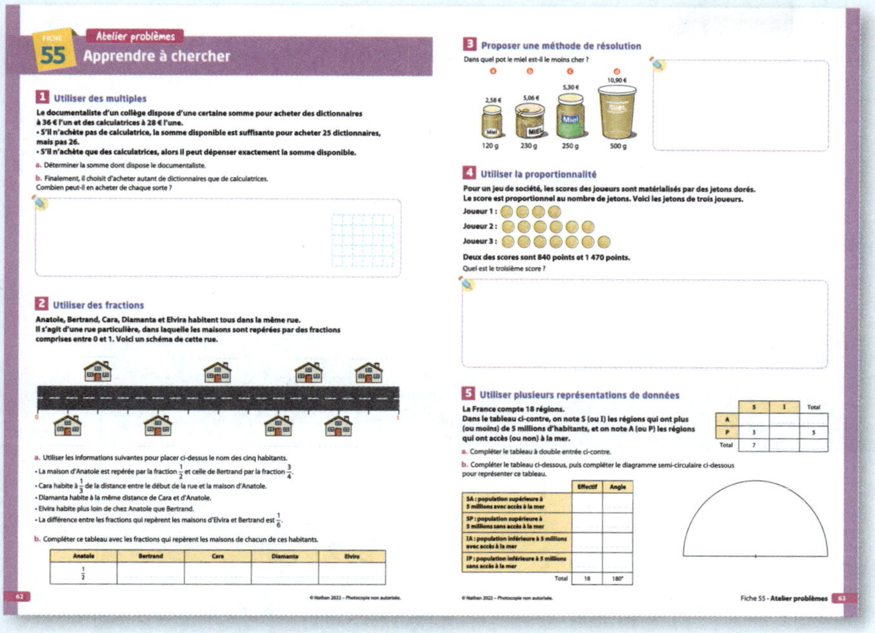

Les Ateliers problèmes

À la fin des parties, des pages **« Atelier problèmes »** pour apprendre à chercher

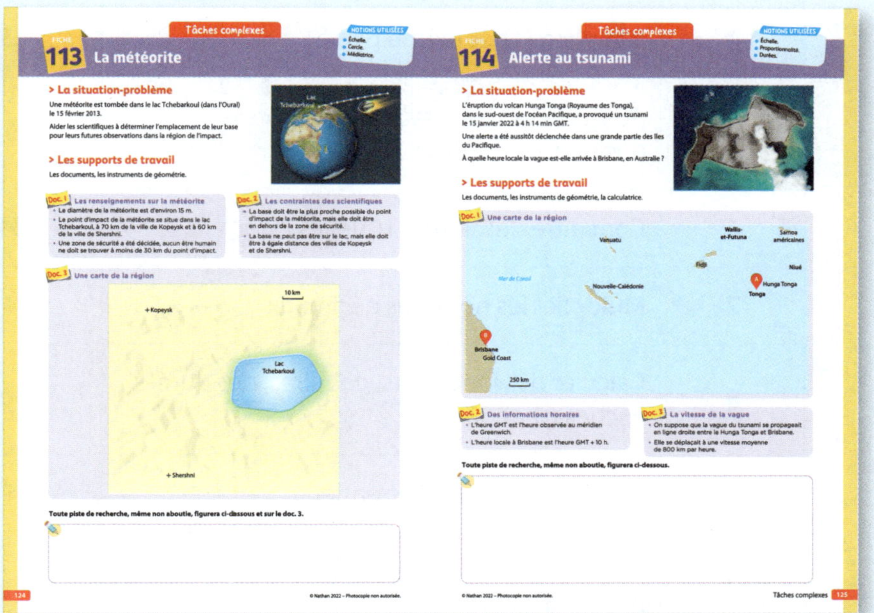

Les Tâches complexes

À la fin du cahier, des **Tâches complexes** pour travailler la résolution de problèmes

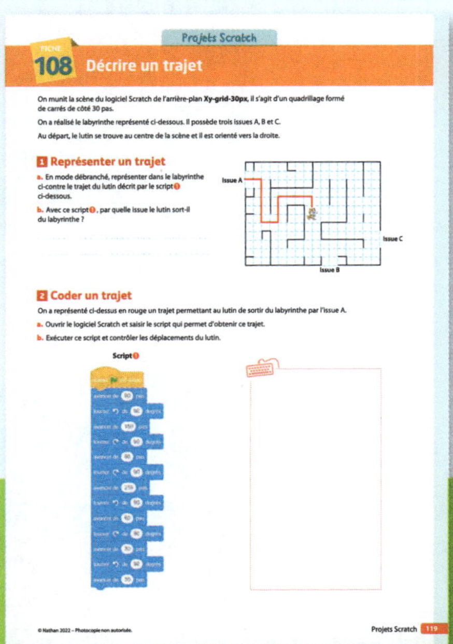

+ Des projets Scratch

S'entraîner en algorithmique avec Scratch

- Des activités en « branché » et en « débranché »
- Des scripts à étudier, saisir, compléter, exécuter

Proposition de progression

Voici un exemple de progression organisée par chapitre pour l'année de 6e.

Ordre dans l'année	Titre du chapitre du cahier	Numéro du chapitre du cahier	Domaine
1	Utiliser les nombres entiers	1	Nombres et calculs
2	Présenter des données (Fiche 50)	8	Nombres et calculs
3	Utiliser les nombres décimaux	2	Nombres et calculs
4	S'initier à la géométrie plane	13	Espace et géométrie
5	Additionner, soustraire les nombres décimaux	3	Nombres et calculs
6	Connaître des figures usuelles	14	Espace et géométrie
7	Multiplier les nombres décimaux	4	Nombres et calculs
8	Calculer des longueurs, des aires, des durées (Fiches 61 et 62)	10	Grandeurs et mesures
9	Diviser par un nombre entier	5	Nombres et calculs
10	Calculer des longueurs, des aires, des durées (Fiches 63 à 67)	10	Grandeurs et mesures
11	S'initier à l'espace	12	Espace et géométrie
12	Utiliser les fractions	6	Nombres et calculs
13	Utiliser les angles	9	Grandeurs et mesures
14	Utiliser la proportionnalité	7	Nombres et calculs
15	Utiliser la symétrie axiale	15	Espace et géométrie
16	Calculer des volumes et des contenances	11	Grandeurs et mesures
17	Présenter des données (Fiches 51 à 54)	8	Nombres et calculs
18	Étudier des propriétés de figures usuelles	16	Espace et géométrie

FICHE 1 La numération décimale

CALCUL MENTAL

• .... • ....
• .... • ....
• .... • ....

BILAN ..../........

→ 0, 1, 2, 3, 4, 5, 6, 7, 8 et 9 sont les **dix chiffres** qui servent à écrire les **nombres**.

• 10 **unités** = 1 **dizaine**, • 10 **dizaines** = 1 **centaine**, • 10 **centaines** = 1 **millier**, …

4 235 = 4 × 1 000 + 2 × 100 + 3 × 10 + 5

(4 : chiffre des milliers ; 2 : chiffre des centaines ; 3 : chiffre des dizaines ; 5 : chiffre des unités)

4 235 = **423** × 10 + 5

(423 : nombre de dizaines)

→ **Grands nombres**

Classe des milliards			Classe des millions			Classe des mille			Classe des unités simples		
c	d	u	c	d	u	c	d	u	c	d	u
	1	7	0	4	8	0	1	0	3	0	5

17 048 010 305 se lit dix-sept milliards quarante-huit millions dix mille trois cent cinq.

★

1 Écrire chaque nombre en chiffres.

a. Vingt-sept mille trois cent vingt-six : 27 326

b. Huit mille trente-cinq : 8 035

2 Écrire en chiffres chaque nombre en gras.
On estime qu'en 2021, **quatre millions soixante mille** bateaux de pêches ont été utilisés pour nourrir les **sept milliards huit cent cinquante millions** d'humains.

4 060 000 et 7 850 000 000.

3 Écrire en lettres le nombre 2 080 348 725.

Deux milliards quatre-vingt millions trois cent quarante-huit mille sept cent vingt-cinq.

4 Dans chaque cas, écrire le nombre en chiffres.

a. 34 dizaines et 5 unités : 345

b. 23 centaines : 2 300

c. 4 dizaines de milliards et 7 millions : 40 007 000 000

5 Compléter.

a. 2 × 1 000 + 5 × 100 + 3 × 10 + 1 = 2 531

b. 7 × 100 000 + 6 × 10 + 5 = 700 065

c. 5 × 1 000 000 + 3 × 1 000 + 2 = 5 003 002

★★

6 **a.** Compléter.

20 538 = 2 × 10 000 + 5 × 100 + 3 × 10 + 8

b. Décomposer de même le nombre 205 064 :

2 × 100 000 + 5 × 1 000 + 6 × 10 + 4

7 **a.** Compléter : 95 748 = 957 × 100 + 48.

b. Combien de sachets de 100 vis peut-on remplir avec 95 748 vis ?

On peut remplir 957 sachets et il reste 48 vis.

8 **Une usine a produit 4 356 780 masques qu'elle a expédiés dans des cartons de 1 000 masques.**
Combien de cartons pleins cette usine a-t-elle expédiés ?

4 356 780 = 4 356 × 1 000 + 780

Cette usine a expédié 4 356 cartons pleins.

9 **Une station-service a vendu 2 658 000 L de carburant au cours de l'année.**
Combien de camions-citernes de 10 000 L a-t-il fallu pour l'approvisionner ?

2 658 000 = 265 × 10 000 + 8 000

Donc il a fallu 266 camions.

FICHE 2

Repérage sur une demi-droite graduée

CALCUL MENTAL

●............ ●............
●............ ●............
●............ ●............

BILAN ..../........

→ Une **demi-droite graduée** est une demi-droite sur laquelle on a choisi une **unité de longueur** que l'on reporte régulièrement à partir de l'**origine**.

Cette demi-droite est graduée avec pour unité le carreau. Pour placer le nombre **5**, on compte 5 carreaux à partir de l'origine.

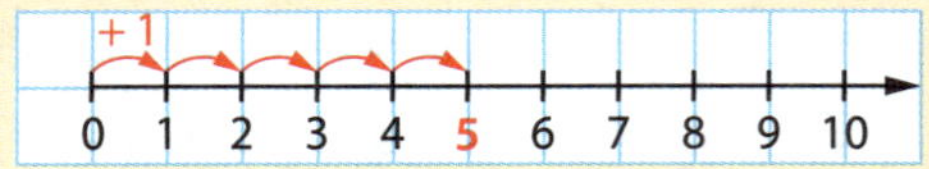

1 Écrire le nombre repéré par chaque flèche.

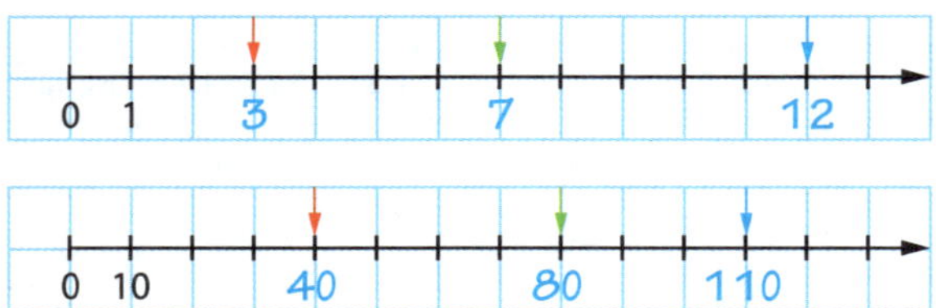

2 Écrire le nombre repéré par chaque flèche.

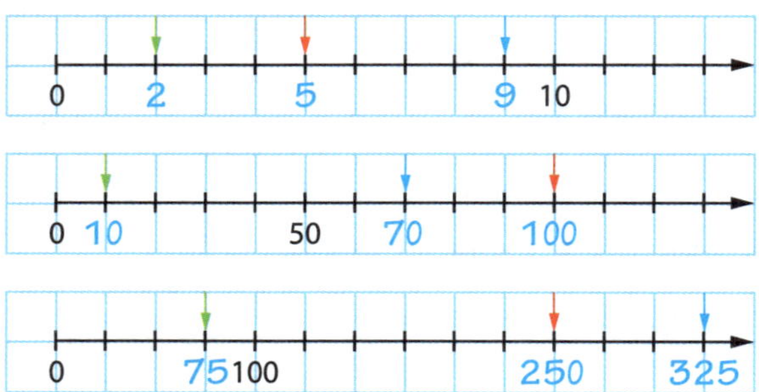

3 Placer les nombres 500, 800 et 1 300 sur cette demi-droite graduée.

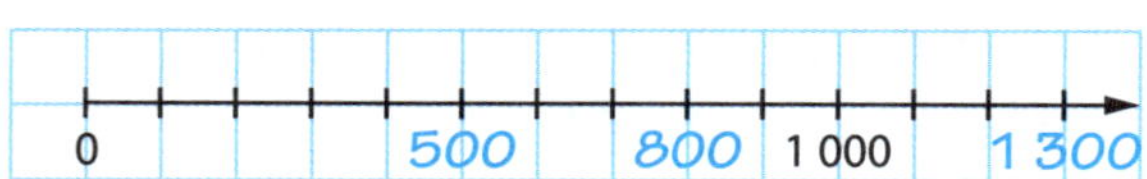

4 Placer les nombres 3 000, 7 000 et 11 000 sur cette demi-droite graduée.

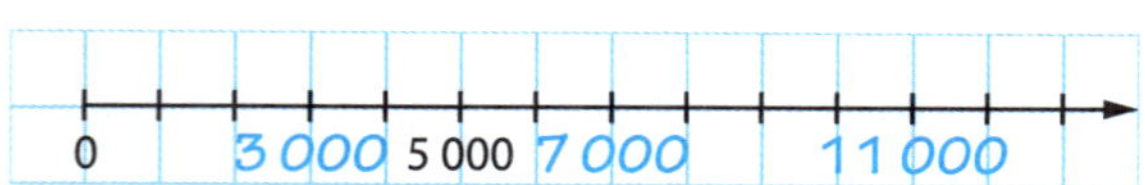

5 Déterminer la vitesse, en kilomètres par heure (km/h), indiquée sur chacun de ces compteurs de voitures.

a.

55 km/h

b.

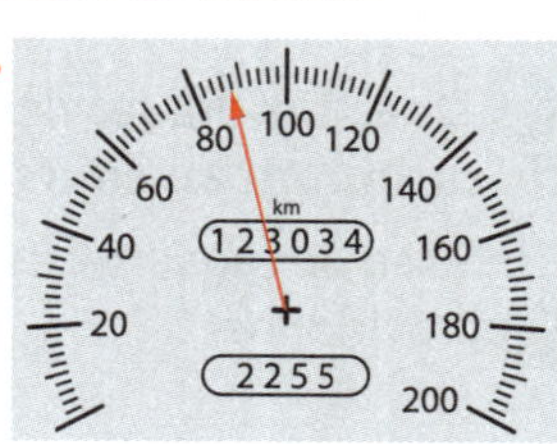

88 km/h

6 Placer les nombres 4 000, 16 000 et 23 000 sur chaque demi-droite graduée.

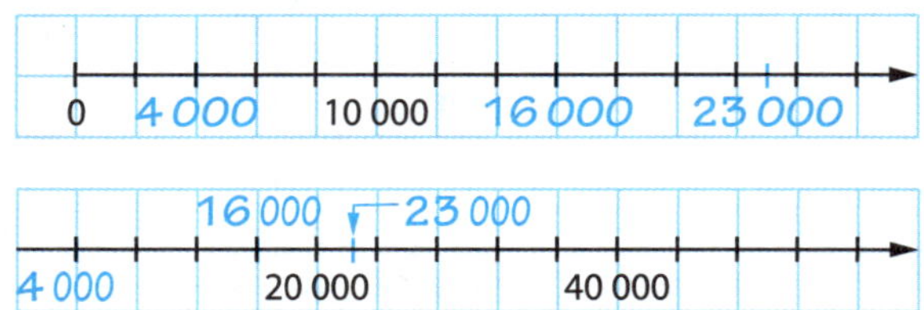

7 On a repéré les distances, en m, parcourues par trois coureurs lors d'un test.

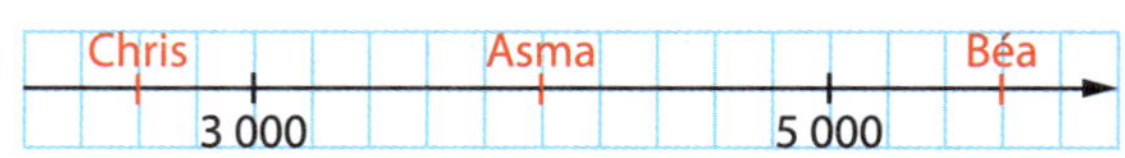

Indiquer les distances parcourues par chaque coureur.

Un carreau représente 2 000 m : 10, soit 200 m.

Asma : 4 000 m Béa : 5 600 m Chris : 2 600 m

8 Indiquer le nombre repéré par chaque flèche.

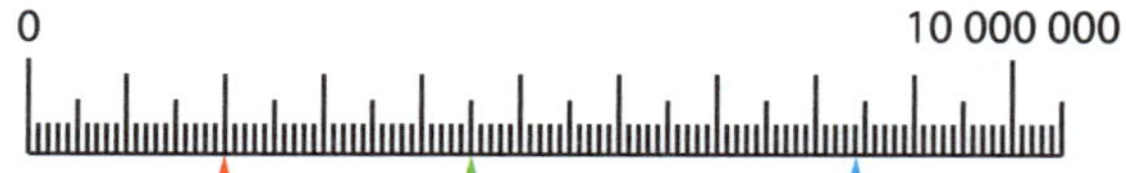

2 000 000 4 500 000 8 400 000

9 Voici deux récipients.

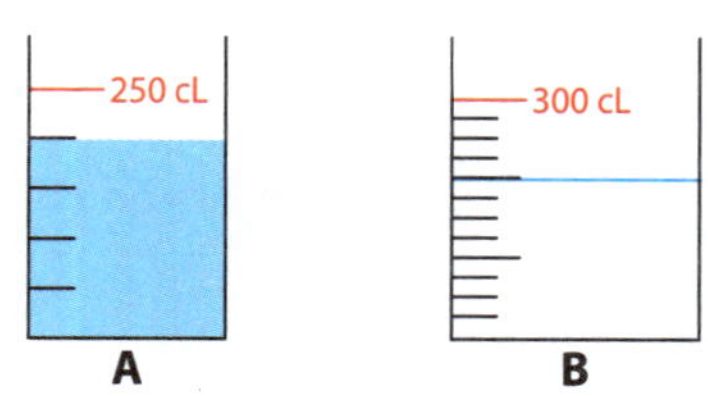

a. Quelle quantité de liquide contient le récipient A ?

Il contient 200 cL.

b. On verse le liquide du récipient A dans le récipient B. Indiquer le niveau du liquide dans ce récipient B.

300 cL : 12 = 25 cL
Le récipient B est gradué de 25 cL en 25 cL.
200 cL = 8 × 25 cL, le niveau est à la 8e graduation.

FICHE 3

Comparaison de nombres entiers

CALCUL MENTAL

• .... • ....
• .... • ....
• .... • ....

BILAN ..../........

→ De deux nombres entiers, le plus grand est celui qui a le plus de chiffres.

→ Si deux nombres entiers ont le même nombre de chiffres, on compare les chiffres qui ont la même position en commençant par la gauche.

- 765 < 4 023 — Le symbole < se lit « est plus petit que » ou « est inférieur à ».
- 765 > 489 — Le symbole > se lit « est plus grand que » ou « est supérieur à ».

→ **Ranger** des nombres dans l'**ordre croissant** c'est les ranger du **plus petit au plus grand**.
Ranger des nombres dans l'**ordre décroissant** c'est les ranger du **plus grand au plus petit**.

→ **Encadrer** un nombre, c'est trouver deux nombres, l'un plus petit, l'autre plus grand que ce nombre.

→ **Intercaler** un nombre entre deux nombres, c'est trouver un nombre compris entre les deux.

2 854 est encadré par 2 800 et 2 900. — 2 800 < 2 854 < 2 900 — 2 854 est intercalé entre 2 800 et 2 900.

★

1 Compléter par > ou <.

a. 7 952 ..<.. 12 074 **b.** 134 952 ..>.. 82 074

2 Souligner le chiffre qui permet de comparer les deux nombres puis compléter par > ou <.

a. 42 623 ..<.. 42 718 **b.** 3 187 417 ..>.. 3 169 562

c. 543 708 ..<.. 543 712 **d.** 6 417 ..>.. 6 412

e. 9 574 283 100 ..>.. 9 574 280 544

3 Écrire en chiffres le plus grand des deux nombres.

a. Six cent trente mille et six cent vingt-cinq mille :

630 000

b. Sept millions huit cent trois mille et sept millions cinq cent soixante-trois mille : 7 803 000

4 **Voici le nombre de licenciés, en France en 2021, pour quatre sports.**

Ranger ces nombres dans l'ordre croissant.

Basketball : 520 235	Judo : 512 036
Football : 2 109 844	Équitation : 601 166

512 036 < 520 235 < 601 166 < 2 109 844

5 Compléter les inégalités ci-dessous avec chacun des nombres : 5 650, 5 850, 5 950, 6 150.

..5 950.. < 6 132 < ..6 150..

..5 650.. < 5 703 < ..5 850..

★★

6 **Voici les superficies, en km², des huit pays les plus vastes du monde.**

- **Brésil : 8 515 767**
- **Russie : 17 125 191**
- **Canada : 9 984 670**
- **États-Unis : 9 629 091**
- **Argentine : 2 780 400**
- **Chine : 9 596 961**
- **Australie : 7 692 060**
- **Inde : 3 287 263**

Ranger ces pays dans l'ordre décroissant de superficie.

Russie – Canada – États-Unis – Chine – Brésil –

Australie – Inde - Argentine

7 **Six nombres sont écrits sur des cartes.**

406 72 3

5 35 6

En posant toutes ces cartes côte à côte :

a. quel est le plus petit nombre entier que l'on peut écrire ?

3 354 065 672

b. quel est le plus grand nombre entier que l'on peut écrire ?

7 265 406 353

8 **Voici cinq nombres.**

648 500 6 526 802

1 368 450 68 526 365 750

Écrire ceux de ces nombres qui sont encadrés par :

a. 10 000 et 100 000 : 68 526

b. 100 000 et 1 000 000 : 365 750 et 648 500

c. 1 000 000 et 10 000 000 : 1 368 450 et 6 526 802

FICHE 4

Addition, soustraction de nombres entiers

CALCUL MENTAL

• .... • ....

• .... • ....

• .... • ....

BILAN ..../.........

Addition

→ Calcul de la somme 786 + 5 349

	1	1	1	
		7	8	6
+	5	3	4	9
	6	1	3	5

On aligne les **unités** et on commence les calculs par la droite.

Un ordre de grandeur de 786 + 5 349 est 800 + 5 300, soit 6 100.

Soustraction

→ Calcul de la différence 9 732 – 285

	9	7	₁3	₁2
–		2	8	5
		1	1	
	9	4	4	7

• 2 – 5 je ne peux pas. 12 – 5 = 7 ; je pose 7.
• 1 + 8 = 9 et 13 – 9 = 4…

Un ordre de grandeur de 9 732 – 285 est 9 700 – 300, soit 9 400.

1 Effectuer cette addition.

		1	1	
		3	5	3
+		9	6	7	4
1	0	0	2	7

2 Poser et effectuer :

a. 8 746 + 865

	1	1	1	
	8	7	4	6
+		8	6	5
	9	6	1	1

b. 4 678 + 56 + 97 347

		1	1	2	
		4	6	7	8
				5	6
+	9	7	3	4	7
1	0	2	0	8	1

3 Effectuer chacune de ces soustractions.

a.

	6	₁2	₁5	₁1
–	4	2	7	3
	1	1	1	
	1	9	7	8

b.

	2	₁3	₁4	₁3	5
–		3	8	6	1
	1	1	1		
	1	9	5	7	4

4 Poser et effectuer :

a. 7 532 – 4 637

	7	₁5	₁3	₁2
–	4	6	3	7
	1	1	1	
	2	8	9	5

b. 80 156 – 4 172

	8	₁0	₁1	₁5	6
–		4	1	7	2
	1	1	1		
	7	5	9	8	4

5 **Le sac de Kim pèse 14 kg, soit 8 kg de moins que la valise de Tom.**

Représenter cette situation par un schéma, puis calculer la masse de la valise de Tom.

14 kg + 8 kg = 22 kg
La masse de la valise de Tom est 22 kg.

Kim : | 14 kg | 8 kg |
Tom : | ? |

6 **En France, une personne consomme en moyenne 146 L d'eau par jour dont 12 L pour la cuisine.**

Représenter la situation par un schéma, puis calculer la quantité d'eau qui n'est pas utilisée pour la cuisine.

146 L – 12 L = 134 L
134 L ne sont pas utilisés pour la cuisine.

| 12 L | ? |
| 146 L | |

7 **Voici un panneau que Juliette a rencontré en allant d'Orléans à Nantes en passant par Angers.**

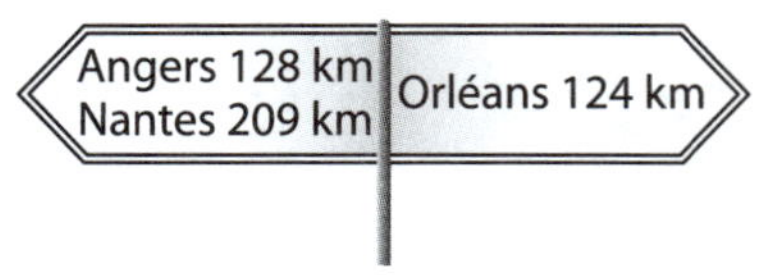

Calculer en ligne la distance entre :
a. Orléans et Angers ; **b.** Nantes et Angers.

a. 128 km + 124 km = 252 km
Il y a 252 km entre Orléans et Angers.
b. 209 km – 128 km = 81 km
Il y a 81 km entre Nantes et Angers.

8 **Chaque nombre à inscrire est la somme des nombres notés dans les deux briques situées au-dessous.**

Compléter cette pyramide.

	233	
107		126
48	59	67

9 **Nina dispose de 350 €. Il lui manque pour acheter ce paddle et une pagaie.**

Quel est le prix de la pagaie ?

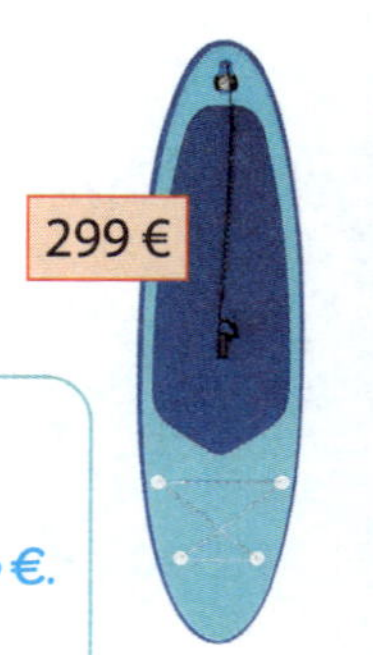

• 350 € + 17 € = 367 €
Le paddle et la pagaie coûtent 367 €.
• 367 € – 299 € = 367 € – 300 € + 1 € = 68 €.
La pagaie coûte 68 €.

FICHE 5

Multiplication de nombres entiers

CALCUL MENTAL
• .... • ....
• .... • ....
• .... • ....
BILAN ..../.........

→ Calcul du produit 817 × 23

		8	1	7
×			2	3
	2	4	5	1
1	6	3	4	0
1	8	7	9	1

817 × 3 unités = 2 451 unités

817 × 2 dizaines = 1 634 dizaines, c'est-à-dire 16 340 unités

→ Un **ordre de grandeur** de 817 × 23 est 800 × 20, c'est-à-dire 16 000.

→ 7 × 8 = 56
On dit que 56 est un **multiple** de 7.

1 Compléter chacune de ces égalités.

a. 2 × 7 = 14 **b.** 3 × 8 = 24 **c.** 4 × 7 = 28

d. 6 × 9 = 54 **e.** 7 × 7 = 49 **f.** 8 × 8 = 64

2 Effectuer chacune de ces multiplications.

a.

		5	7	3	8
×				4	6
	3	4	4	2	8
2	2	9	5	2	0
2	6	3	9	4	8

b.

		3	4	2	6
×				7	8
	2	7	4	0	8
2	3	9	8	2	0
2	6	7	2	2	8

3 **1.** Donner un ordre de grandeur de chacun des produits 6 047 × 38 et 907 × 4 239.

Un ordre de grandeur de 6 047 × 38 est 6 000 × 40, c'est-à-dire 240 000.
Un ordre de grandeur de 907 × 4 239 est 900 × 4 000, c'est-à-dire 3 600 000.

2. Poser et effectuer :

a. 6 047 × 38

		6	0	4	7
×				3	8
	4	8	3	7	6
1	8	1	4	1	0
2	2	9	7	8	6

b. 907 × 4 239

			4	2	3	9
×				9	0	7
		2	9	6	7	3
3	8	1	5	1	0	0
3	8	4	4	7	7	3

4 **Dans un immeuble de 6 étages, il y a 8 appartements par étage.**
Combien y a-t-il d'appartements dans cet immeuble ?

6 × 8 = 48 donc il y a 48 appartements.

5 Écrire tous les multiples de 4 inférieurs à 25.

0 ; 4 ; 8 ; 12 ; 16 ; 20 ; 24

6 **Pour un stage de voile, on constitue 6 groupes de 7 personnes et 9 groupes de 8 personnes.**
Combien y a-t-il de participants ?

6 × 7 = 42 et 9 × 8 = 72. Or, 42 + 72 = 114,
donc 114 personnes participent à ce stage.

7 **Nina a mis 9 min pour faire son exercice d'anglais et elle a mis 4 fois plus de temps pour réviser son cours de SVT.**
Pendant combien de temps Nina a-t-elle travaillé ?

4 × 9 min = 36 min et 36 min + 9 min = 45 min.
Nina a travaillé pendant 45 min.

8 **Un carton contient 24 packs de 4 yaourts. On pose 32 de ces cartons sur une palette.**
Combien de yaourts y a-t-il sur la palette ?

• 24 × 4 = 96
Il y a 96 yaourts dans un carton.
• 96 × 32 = 3 072
Il y a 3 072 yaourts sur la palette.

		9	6
×		3	2
	1	9	2
2	8	8	0
3	0	7	2

9 **a.** Compléter pour calculer 12 × 37 sans poser l'opération.

12 × 37 = 10 × 37 + 2 × 37 = 370 + 74 = 444

b. Calculer de même 21 × 28.

21 × 28 = 20 × 28 + 1 × 28 = 560 + 28 = 588

10 Écrire tous les multiples de 5 inférieurs à 102.
Entourer ceux dont la somme des chiffres est 8.

0 ; 5 ; 10 ; 15 ; 20 ; 25 ; 30 ; (35) ; 40 ; 45 ; 50 ; 55 ; 60 ;
65 ; 70 ; 75 ; (80) ; 85 ; 90 ; 95 ; 100

FICHE 6

Priorités opératoires

CALCUL MENTAL
•............ •............
•............ •............
•............ •............
BILAN ..../........

→ Pour calculer une expression **sans parenthèses**, on effectue d'abord les multiplications, puis les additions et les soustractions.

$A = 7 + 3 \times 4$

$A = 7 + 12$

$A = 19$

→ Pour calculer une expression **avec des parenthèses**, on effectue d'abord les calculs entre parenthèses.

$B = 5 \times (8 - 2)$

$B = 5 \times 6$

$B = 30$

★

1 **a.** Compléter.

$A = 29 - 9 \times 2$

$A = 29 - 18$

$A = 11$

$B = (9 + 4) - 6$

$B = 13 - 6$

$B = 7$

b. Calculer C et D. Détailler les calculs comme ci-dessus.

$C = (7 - 5) \times 4$

$C = 2 \times 4$

$C = 8$

$D = 15 - 2 \times 4$

$D = 15 - 8$

$D = 7$

2 Pour chaque expression, souligner le calcul prioritaire, puis effectuer le calcul en ligne.

a. $35 - 3 \times 7 = 35 - 21 = 14$

b. $18 - (11 - 4) = 18 - 7 = 11$

c. $9 \times 8 + 4 = 72 + 4 = 76$

d. $6 \times (9 + 2) = 6 \times 11 = 66$

3 Algo **Voici un script Scratch.**

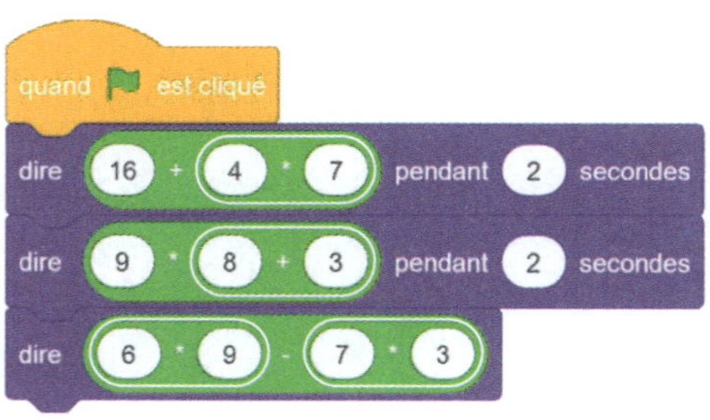

Quels sont les trois nombres énoncés successivement par le lutin ?

• $16 + 4 \times 7 = 16 + 28 = 44$
• $9 \times (8 + 3) = 9 \times 11 = 99$
• $6 \times 9 - 7 \times 3 = 54 - 21 = 33$

4 Calculer l'expression :

$A = 6 \times (14 - 3) - (32 - 13)$.

$A = 6 \times (14 - 3) - (32 - 13)$
$A = 6 \times 11 - 19$
$A = 66 - 19$
$A = 47$

★★

5 **Un club de sport achète 15 de ces ballons. Il bénéficie d'une réduction de 8 € sur chaque ballon.**

1. a. Dans chaque cas, écrire une expression qui permet de déterminer :
- le prix des 15 ballons sans la réduction ;
- le montant total de la réduction ;
- la somme que va finalement payer le club.

b. Calculer cette dernière expression et conclure.

2. Pour calculer la somme que va payer le club, Eugénie a écrit : $15 \times (33\ € - 8\ €)$.
Expliquer le raisonnement d'Eugénie, puis vérifier qu'elle obtient le même résultat qu'à la question **1.b**.

1. a. • $15 \times 33\ €$
• $15 \times 8\ €$
• $15 \times 33\ € - 15 \times 8\ €$

b. $15 \times 33\ € - 15 \times 8\ € = 495\ € - 120\ € = 375\ €$
Le club va finalement payer 375 €.

2. • Eugénie multiplie le prix d'un ballon avec la réduction (33 € – 8 €) par le nombre de ballons.
$15 \times (33\ € - 8\ €) = 15 \times 25\ € = 375\ €$
Eugénie obtient le même résultat qu'à la question **1.b**.

$$\begin{array}{r} 15 \\ \times\ 33 \\ \hline 45 \\ 450 \\ \hline 495 \end{array} \qquad \begin{array}{r} 15 \\ \times\ 25 \\ \hline 75 \\ 300 \\ \hline 375 \end{array}$$

6 **Une salle de spectacle contient 42 rangées dont 17 rangées de 30 sièges. Les autres rangées ont 24 sièges.**

a. Écrire une expression S qui permet de calculer le nombre total de sièges.

b. Calculer cette expression puis conclure.

a. $S = 17 \times 30 + (42 - 17) \times 24$

b. $S = 17 \times 30 + (42 - 17) \times 24$
$S = 17 \times 30 + 25 \times 24$
$S = 510 + 600$
$S = 1\,110$
Il y a 1 110 sièges dans cette salle.

$$\begin{array}{r} 25 \\ \times\ 24 \\ \hline 100 \\ 500 \\ \hline 600 \end{array}$$

Perfectionnement

CALCUL MENTAL
•............ •............
•............ •............
•............ •............
BILAN ..../........

1 Écrire le nombre dont :
- le chiffre des millions est le double du chiffre des centaines et le triple du chiffre des milliers ;
- le chiffre des centaines de mille est le triple du chiffre des centaines ;
- le chiffre des dizaines est le double de celui des dizaines de mille ;
- tous les chiffres sont différents et le chiffre des unités est 1.

Ce nombre est 6 942 381.

2 Déterminer le nombre repéré par le point M à l'aide des quatre informations ci-dessous.

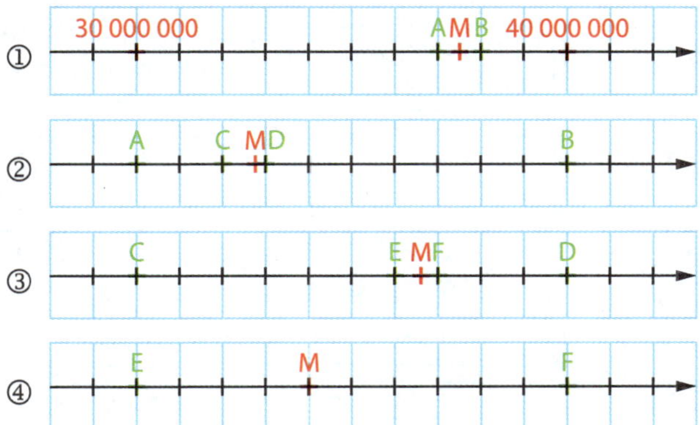

① Le nombre est compris entre 37 000 000 (point A) et 38 000 000 (point B).
② Le nombre est compris entre 37 200 000 (point C) et 37 300 000 (point D).
③ Le nombre est compris entre 37 260 000 (point E) et 37 270 000 (point F).
④ Le nombre repéré par le point M est 37 264 000.

3 **La Guyane Française fait partie du plateau des cinq Guyanes. C'est le plus grand département français.**

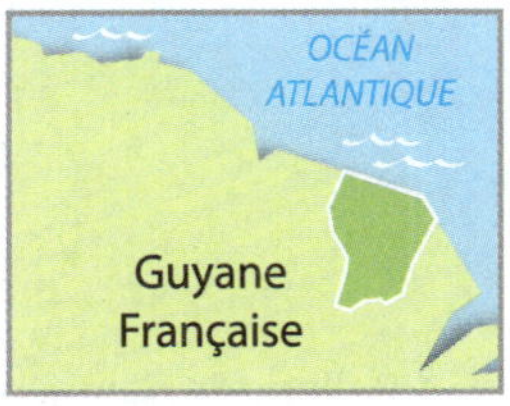

Compléter sa superficie après avoir effectué les calculs à l'aide de la calculatrice.

Les cinq Guyanes	Superficie
Guyana	214 970 km²
Guyane Française	83 850 km²
Nord du Brésil	62 000 km²
Sud-est du Venezuela	415 000 km²
Suriname	163 265 km²
Total	939 085 km²

4 **Louise affirme : « Les deux nombres repérés par des flèches rouges sont égaux. »**

Cette affirmation est-elle exacte ? Expliquer.

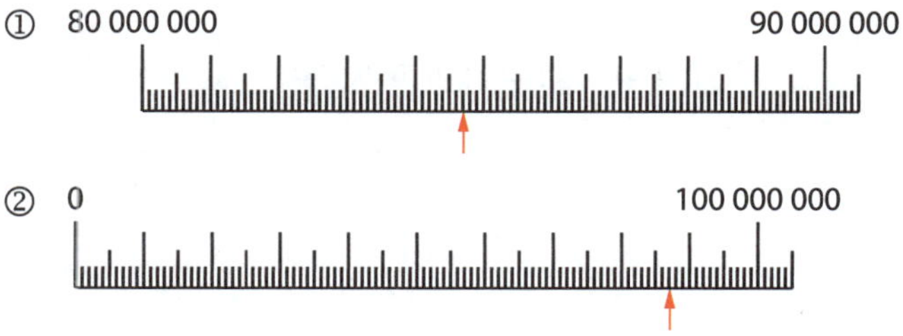

Le nombre repéré par la flèche est 84 700 000 sur la graduation ① et 87 000 000 sur la graduation ②, donc cette affirmation est fausse.

5 **La collecte de samedi sur une plage a permis de ramasser 687 kg de déchets, soit 253 kg de plus que vendredi mais 374 kg de moins que dimanche.**

Quelle masse de déchets, en kg, a été ramassée :
a. vendredi ? **b.** dimanche ?
c. ces 3 jours ?

a. 687 kg – 253 kg = 434 kg
434 kg de déchets ont été ramassés vendredi.
b. 687 kg + 374 kg = 1 061 kg
1 061 kg de déchets ont été ramassés dimanche.
c. 434 kg + 687 kg + 1 061 kg = 2 182 kg
2 182 kg de déchets ont été ramassés en 3 jours.

6 Compléter la multiplication ci-contre.

		8	5	7
×			6	9
	7	7	1	3
5	1	4	2	0
5	9	1	3	3

7 **La lumière parcourt 300 000 km en une seconde. La lumière du Soleil met 8 min 20 s pour nous parvenir.**

a. Compléter : 8 min 20 s = 8 × 60 s + 20 s = 500 s.
b. Calculer la distance Terre-Soleil, c'est-à-dire la distance parcourue par la lumière en 8 min 20 s.

500 × 300 000 km = 150 000 000 km

La distance Terre-Soleil est 150 000 000 km.

FICHE 8

QCM & jeux

QCM

Voici un questionnaire à choix multiples.
Pour chaque question, entourer la (ou les) réponse(s) exacte(s).

Bilan ….. / 7

A	Trente milliards dix millions six cent huit s'écrit …	30 010 608	**30 010 000 608**	30 000 010 608
B	$8 \times 100\,000 + 5 \times 1\,000 + 3 \times 100$ est égal à …	**805 300**	850 300	**$805 \times 1\,000 + 300$**
C	Le nombre repéré par la flèche rouge est … 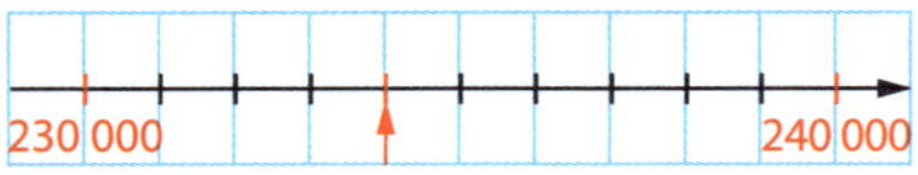	**234 000**	235 000	230 400
D	Il n'y a pas d'erreur dans l'opération (les opérations) …	**retenues : 1 1 1 1 8 5 1 7 3 + 6 8 9 7 = 9 2 0 7 0**	4 ₁3 7 0 − 2 8 4 6 (retenue : 1) = 1 5 3 6	**5 ₁2 ₁6 ₁3 − 1 4 6 8 (retenues : 1 1 1) = 3 7 9 5**
E	Kim a pris trois photos. La 1re pèse 38 ko, la 2e pèse 3 ko de moins que la 1re mais 10 ko de plus que la 3e. Donc …	**la 2e photo pèse 35 ko**	**la 3e photo pèse 13 ko de moins que la 1re**	la 1re photo pèse 7 ko de plus que la 3e
F	Il n'y a pas d'erreur dans l'opération (les opérations) …	3 9 6 × 5 7 2 7 3 7 2 1 9 5 0 0 4 6 8 7 2	**3 5 2 7 × 4 0 8 2 8 2 1 6 1 4 1 0 8 0 0 1 4 3 9 0 1 6**	**4 0 7 × 3 9 3 6 6 3 1 2 2 1 0 1 5 8 7 3**
G	$4 \times (9 - 2)$ est égal à …	**28**	**$50 - (30 - 8)$**	$4 \times 9 - 2$

jeu 1

Placer dans chaque case un chiffre de 1 à 5.

- Il ne peut y avoir deux fois le même chiffre sur une ligne verticale ou horizontale.
- Le chiffre inscrit en haut à gauche de chaque bloc est le résultat du produit effectué avec les chiffres des deux cases d'un même bloc.

(15) 5	(8) 2	(3) 3	1	(4) 4
3	4	(10) 5	2	1
(1) 1	(12) 3	4	(20) 5	(6) 2
(10) 2	5	(2) 1	4	3
(4) 4	1	2	(15) 3	5

jeu 2

Compléter les …. en utilisant une seule fois les chiffres 1, 2, 3, 6, 7, 8 et 9 afin que la soustraction ci-dessous soit exacte.

	4	1	2	6	8
−		7	9	3	5
	3	3	3	3	3

D'après *Rallye mathématique de Loire-Atlantique*

jeu 3

Ce jeu est constitué d'un réseau de points et d'indices.

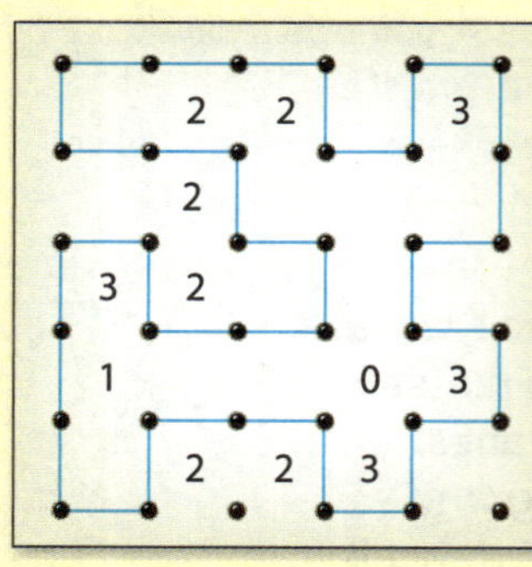

Relier des points horizontalement ou verticalement pour former une seule boucle sans croisement. Les nombres indiquent combien de côtés de la boucle entourent la case.

Exemple :

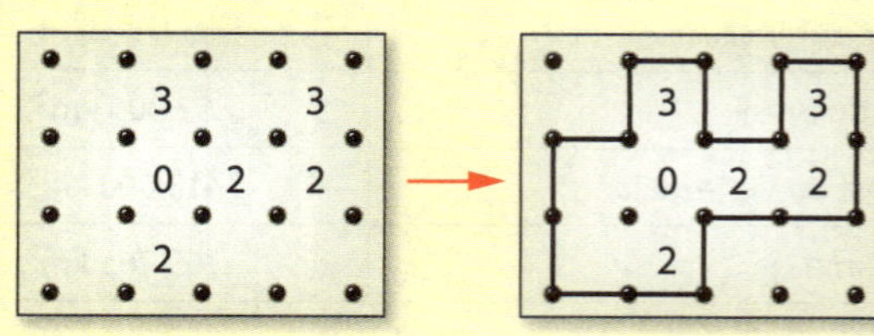

FICHE 9 Fractions opérateurs et fractions décimales

CALCUL MENTAL
• .... • ....
• .... • ....
• .... • ....
BILAN ..../........

- Cette pizza a été partagée en 5 parts égales et il reste 2 parts. Ces deux parts représentent $\frac{2}{5}$ de la pizza.

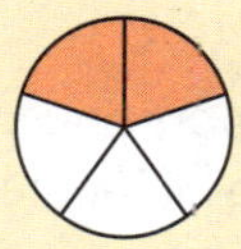

$\frac{2}{5}$ — 2 : **Numérateur** ; 5 : **Dénominateur** Il dénomme la fraction.

- Une **fraction décimale** est une fraction de dénominateur 10, 100, 1 000, …
  - $\frac{1}{10}$ (un **dixième**)
  - $\frac{1}{100}$ (un **centième**)
  - $\frac{1}{1\,000}$ (un **millième**)
  - $\frac{1}{10\,000}$ (un **dix-millième**)
- Une fraction décimale admet **plusieurs écritures**.
  - $\frac{10}{10} = \frac{100}{100} = \frac{1\,000}{1\,000} = 1$
  - $\frac{1}{10} = \frac{10}{100} = \frac{100}{1\,000}$
  - $\frac{1}{100} = \frac{10}{1\,000}$
- Cinq dixièmes plus deux dixièmes, c'est sept dixièmes : $\frac{5}{10} + \frac{2}{10} = \frac{7}{10}$
- **Lien avec les unités de mesures**
  - 1 **kilo**mètre = **mille** mètres
  - 1 **hecto**mètre = **cent** mètres
  - 1 **déca**mètre = **dix** mètres
  - 1 **déci**mètre = 1 **dixième** de m
  - 1 **centi**mètre = 1 **centième** de m
  - 1 **milli**mètre = 1 **millième** de m

★

1 Dans chaque cas, l'unité (en rouge) est partagée en parts égales.
Indiquer la fraction représentée par la partie coloriée.

a. 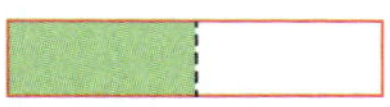 $\frac{1}{2}$
b. 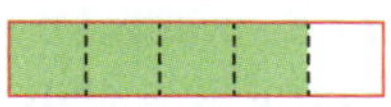 $\frac{4}{5}$
c. 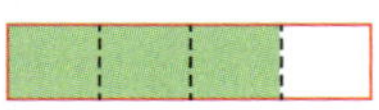 $\frac{3}{4}$
d. 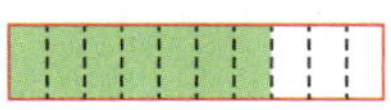 $\frac{7}{10}$

2 Compléter.
a. $1 = \frac{10}{10}$ **b.** $8 = \frac{80}{10}$ **c.** $1 = \frac{100}{100}$ **d.** $2 = \frac{200}{100}$

3 **1.** Indiquer la fraction du rectangle rouge qui a été coloriée :

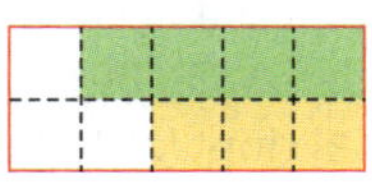

a. en vert : $\frac{4}{10}$ **b.** en jaune : $\frac{3}{10}$

2. Compléter pour obtenir la part totale coloriée du rectangle : $\frac{4}{10} + \frac{3}{10} = \frac{7}{10}$.

4 Compléter.
a. $\frac{3}{10} = \frac{30}{100}$ **b.** $\frac{57}{100} = \frac{570}{1\,000}$ **c.** $\frac{38}{1\,000} = \frac{380}{10\,000}$
d. $\frac{90}{100} = \frac{9}{10}$ **e.** $\frac{700}{1\,000} = \frac{7}{10}$ **f.** $\frac{2\,850}{1\,000} = \frac{285}{100}$

5 Compléter.
a. 1 dm = $\frac{1}{10}$ m **b.** 1 mm = $\frac{1}{1\,000}$ m
c. 23 cm = $\frac{23}{100}$ m **d.** 79 dm = $\frac{79}{10}$ m

★★

6 Le grand carré rouge ci-contre représente l'unité.

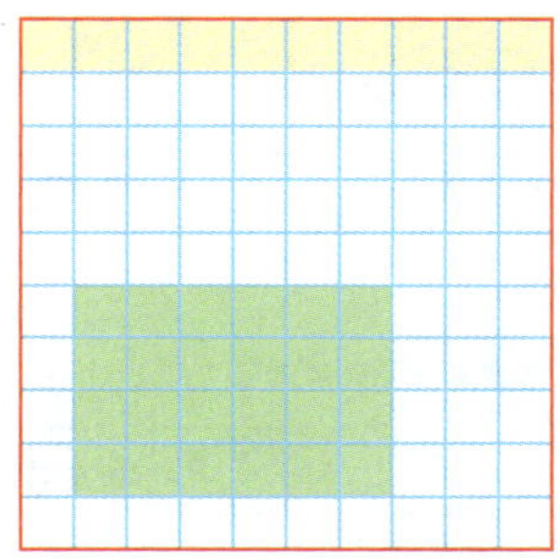

1. Donner deux fractions décimales égales à chacun des nombres représentés par les rectangles jaune et vert.

Jaune : $\frac{10}{100} = \frac{1}{10}$ Vert : $\frac{24}{100} = \frac{240}{1\,000}$

2. Représenter les nombres suivants dans le carré ci-contre :
a. $\frac{2}{10}$ en bleu ;
b. $\frac{3}{10} + \frac{7}{100}$ en rouge ;
c. $\frac{6}{100}$ en vert.

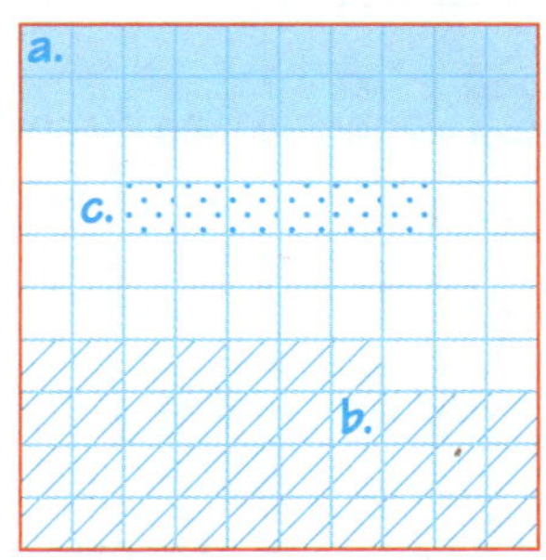

7 Compléter.
a. $\frac{3}{10} + \frac{4}{10} = \frac{7}{10}$ **b.** $\frac{23}{100} + \frac{6}{100} = \frac{29}{100}$

8 **1.** Compléter.
a. $\frac{7}{10} + \frac{23}{100} = \frac{70}{100} + \frac{23}{100} = \frac{93}{100}$
b. $\frac{8}{10} + \frac{7}{1\,000} = \frac{800}{1\,000} + \frac{7}{1\,000} = \frac{807}{1\,000}$

2. Écrire avec une seule fraction décimale.
a. $\frac{35}{10} + \frac{42}{100} = \frac{350}{100} + \frac{42}{100} = \frac{392}{100}$
b. $\frac{7}{10} + \frac{8}{1\,000} = \frac{700}{1\,000} + \frac{8}{1\,000} = \frac{708}{1\,000}$

CALCUL MENTAL

• .... • ....
• .... • ....
• .... • ....

BILAN ..../.......

FICHE **10**

Écriture décimale d'un nombre décimal

→ Un **nombre décimal** est un nombre qui peut s'écrire avec une fraction décimale. Ce nombre admet aussi une écriture avec une **virgule**, appelée **écriture décimale**.

• $\frac{1}{10} = 0{,}1$ • $\frac{1}{100} = 0{,}01$ • $\frac{1}{1\,000} = 0{,}001$ • $\frac{1}{10\,000} = 0{,}000\,1$

→ Tout nombre décimal est la somme d'un nombre entier (sa **partie entière**) et d'une fraction décimale inférieure à 1 (sa **partie décimale**).

$5{,}24 = 5 + \frac{24}{100} = 5 + 0{,}24$

5 ↑ partie entière ; 0,24 ↑ partie décimale

→ **Rang d'un chiffre**

Centaines de millions	Dizaines de millions	Millions	Centaines de milliers	Dizaines de milliers	Milliers	Centaines	Dizaines	Unités	Dixièmes	Centièmes	Millièmes	Dix-millièmes
					3	9	4	1,	0	4	5	

1 Donner l'écriture décimale de chaque nombre.

a. $\frac{27}{10} = 2{,}7$ **b.** $\frac{51}{100} = 0{,}51$ **c.** $\frac{1200}{1000} = 1{,}2$

2 Compléter.

a. $5{,}2 = \frac{52}{10}$ **b.** $3{,}47 = \frac{347}{100}$ **c.** $0{,}019 = \frac{19}{1000}$

3 Compléter.

	Partie entière	Partie décimale
73,418	73	0,418
0,28	0	0,28

4 Donner le rang du chiffre 3 dans chaque nombre.

a. 256,43 : 3 est le chiffre des centièmes

b. 10,403 : 3 est le chiffre des millièmes

c. 0,541 3 : 3 est le chiffre des dix-millièmes

5 Pour chaque nombre, entourer son chiffre des centaines, souligner son chiffre des dixièmes et encadrer son chiffre des millièmes.

• 5 231,047 • 438,650 2 • 2 050,962 5

6 Écrire de deux façons différentes le nombre 27,304 sans utiliser le mot « virgule ».

27 unités et 304 millièmes ou 27 304 millièmes

7 Réécrire chaque nombre en supprimant éventuellement les zéros inutiles.

a. 740,310 = 740,31 **b.** 023,107 = 23,107

c. 8 043,014 = 8 043,014 **d.** 7 400,00 = 7 400

8 Écrire en chiffres les quantités écrites en gras.

a. Un vélo coûte **mille trente-neuf euros quatre-vingt-dix-neuf** centimes. 1 039,99 €

b. Usain Bolt détient le record du monde du 100 m en **neuf secondes cinquante-huit centièmes.** 9,58 s

c. L'épaisseur d'une feuille de papier est **cent trois millièmes de millimètre.** 0,103 mm

d. Une fourmi pèse **cent cinquante-six dix-millièmes de gramme.** 0,015 6 g

9 Écrire le nombre décimal de six chiffres :
(1) qui a le même chiffre des centièmes que 703,942 ;
(2) dont le chiffre des centaines est le chiffre des millièmes de 845,326 1 ;
(3) dont le chiffre des dixièmes est le chiffre des dizaines de 74 356,89 ;
(4) dont le chiffre des dizaines est le chiffre des centièmes de 841,5 ;
(5) dont le chiffre des millièmes est égal au chiffre des dixièmes de 46,32 ;
(6) dont la somme des chiffres est 20.

(1) 4 **(2)** 6 **(3)** 5 **(4)** 0 **(5)** 3
(6) 20 − (4 + 6 + 5 + 0 + 3) = 2 donc le chiffre des unités est 2.
Le nombre est 602,543.

10 **Lors du cross d'un collège, les élèves ont parcouru 1 350 m.**

Exprimer cette distance en km, puis en cm.

$1\,350 \text{ m} = \frac{1\,350}{1\,000} \text{ km} = 1{,}35 \text{ km}$

$1\,350 \text{ m} = 1\,350 \times 100 \text{ cm} = 135\,000 \text{ cm}$

FICHE 11

Différentes écritures d'un nombre décimal

CALCUL MENTAL

• .... • ....
• .... • ....
• .... • ....

BILAN ..../........

→ Un **nombre décimal** admet différentes écritures.

• $304{,}76 = \frac{30\,476}{100}$ ← **fraction décimale**

• $304{,}76 = 304 + \frac{76}{100}$ ← **somme d'un nombre entier et d'une fraction décimale inférieure à 1**

• $304{,}76 = 3 \times 100 + 4 + \frac{7}{10} + \frac{6}{100}$ ← **décomposition selon le rang de chaque chiffre**

• $304{,}76 = \frac{3\,047}{10} + \frac{6}{100}$ et **3 047** est le **nombre de dixièmes** du nombre 304,76.

1 Compléter.

a. $2{,}3 = \frac{23}{10} = \frac{230}{100} = \frac{2\,300}{1\,000}$

b. $7{,}152 = \frac{7\,152}{1\,000} = \frac{71\,520}{10\,000}$

2 Écrire à l'aide d'une fraction décimale.

a. $7{,}56 = \frac{756}{100}$ b. $38{,}9 = \frac{389}{10}$ c. $17{,}923 = \frac{17\,923}{1\,000}$

3 Dans chaque cas, donner l'écriture décimale.

a. $7 \times 1\,000 + 5 \times 10 + \frac{4}{10} + \frac{7}{100} = 7\,050{,}47$

b. $3 \times 100 + \frac{5}{100} + \frac{2}{1\,000} = 300{,}052$

c. $5 \times 10\,000 + 2 + \frac{6}{10} + \frac{9}{1\,000} = 50\,002{,}609$

d. $4 \times 100\,000 + 3 \times 10 + \frac{7}{10} + \frac{1}{100} = 400\,030{,}71$

4 Décomposer chaque nombre selon le rang de chaque chiffre.

a. $806{,}53 = 8 \times 100 + 6 + \frac{5}{10} + \frac{3}{100}$

b. $7\,024{,}309 = 7 \times 1\,000 + 2 \times 10 + 4 + \frac{3}{10} + \frac{9}{1\,000}$

5 a. Compléter : $73{,}406 = \frac{734}{10} + \frac{6}{1\,000}$.

Le nombre de dixièmes de 73,406 est 734

b. Compléter : $2{,}987\,4 = \frac{298}{100} + \frac{74}{10\,000}$.

Le nombre de centièmes de 2,987 4 est 298

c. Quel est le nombre de dixièmes de 34,627 ?

Le nombre de dixièmes de 34,627 est 346.

En effet, $34{,}627 = \frac{346}{10} + \frac{27}{1\,000}$.

6 Écrire le nombre comme somme d'un nombre entier et d'une fraction décimale inférieure à 1.

a. $72{,}39 = 72 + \frac{39}{100}$

b. $5\,012{,}417 = 5\,012 + \frac{417}{1\,000}$

7 Écrire la fraction comme somme d'un nombre entier et d'une fraction décimale inférieure à 1.

a. $\frac{84}{10} = \frac{80}{10} + \frac{4}{10} = 8 + \frac{4}{10}$

b. $\frac{327}{100} = \frac{300}{100} + \frac{27}{100} = 3 + \frac{27}{100}$

c. $\frac{2\,024}{1000} = \frac{2\,000}{1000} + \frac{24}{1000} = 2 + \frac{24}{1000}$

8 Écrire avec une seule fraction décimale.

a. $5 + \frac{3}{10} + \frac{2}{100} = \frac{500}{100} + \frac{30}{100} + \frac{2}{100} = \frac{532}{100}$

b. $8 + \frac{4}{100} + \frac{6}{1000} = \frac{8\,000}{1000} + \frac{40}{1000} + \frac{6}{1000} = \frac{8\,046}{1000}$

9 Dans chaque cas, barrer celui des trois nombres qui n'est pas égal aux deux autres.

a.	**13 dixièmes**	$\frac{13}{10}$	~~0,13~~	$1 + \frac{3}{10}$
b.	**852 centièmes**	~~$8 + \frac{52}{10}$~~	$8 + \frac{52}{100}$	8,52
c.	**301 millièmes**	$\frac{3}{10} + \frac{1}{1000}$	$\frac{301}{1000}$	~~$3 + \frac{1}{1000}$~~

10 Encadrer l'écriture qui n'est pas égale aux trois autres.

a. • $\frac{102}{10}$ • $1 + \frac{2}{10}$ • 10,2 • $10 + \frac{2}{10}$

b. • $\frac{275}{100}$ • $27 + \frac{50}{100}$ • 27,5 • $\frac{270}{10} + \frac{500}{1000}$

11 Parmi les nombres ci-dessous, entourer ceux qui sont égaux à 5,34 et encadrer ceux qui sont égaux à 53,4.

• $\frac{534}{10}$ • $\frac{534}{100}$ • $\frac{5\,340}{100}$

• $5 \times 10 + \frac{34}{100}$ • $5 + \frac{34}{100}$ • $\frac{53}{10} + \frac{4}{100}$

• $\frac{5\,300}{10} + \frac{40}{100}$ • $\frac{5\,300}{100} + \frac{4}{10}$ • $5 \times 10 + \frac{34}{10}$

FICHE 12

Repérage sur une demi-droite graduée

CALCUL MENTAL

• .... • ....
• .... • ....
• .... • ....

BILAN ..../........

→ Sur une demi-droite graduée :
- chaque point est repéré par un nombre ;
- à chaque nombre correspond un point.

Le point A est repéré par le nombre 4.
Le point B est repéré par le nombre 2,5.
Le point C est repéré par un nombre compris entre 6 et 7.

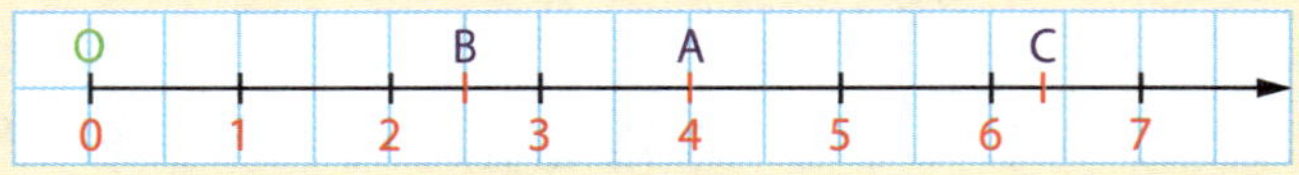

1 Indiquer le nombre repéré par chaque flèche.

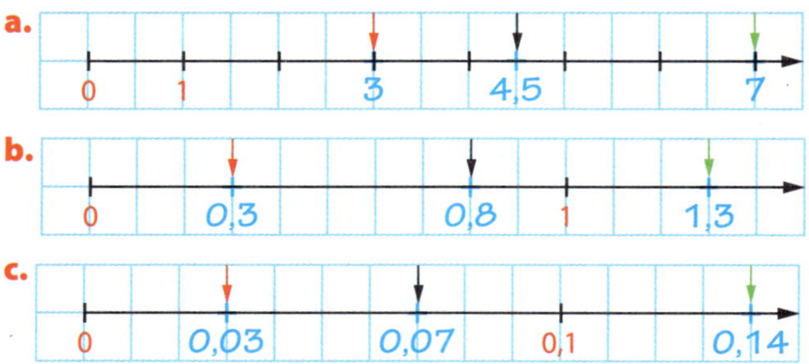

2 Indiquer le nombre repéré par chaque point.

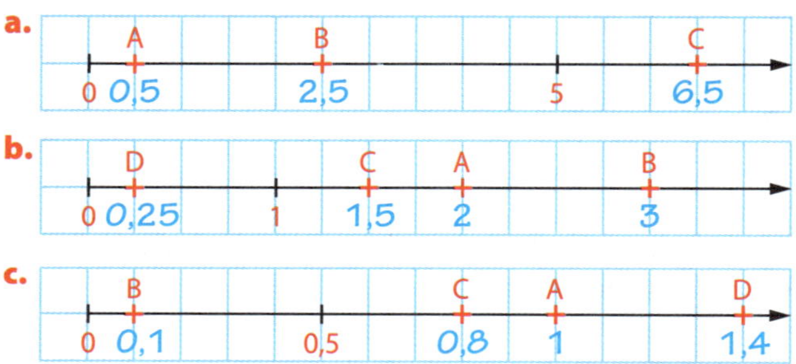

3 Indiquer le nombre repéré par chaque flèche.

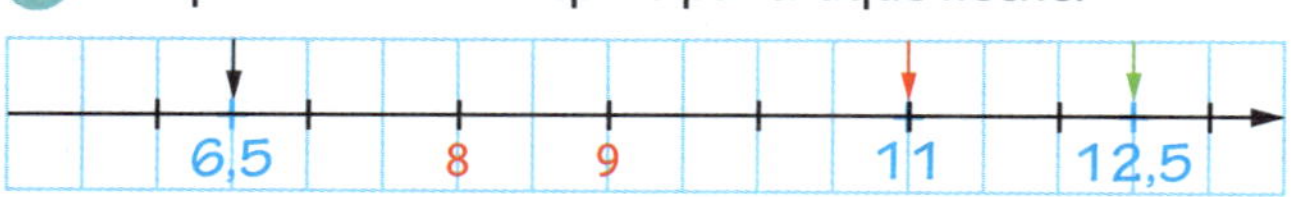

4 **a.** Placer les nombres :
- 0,3
- 0,9
- 1,3

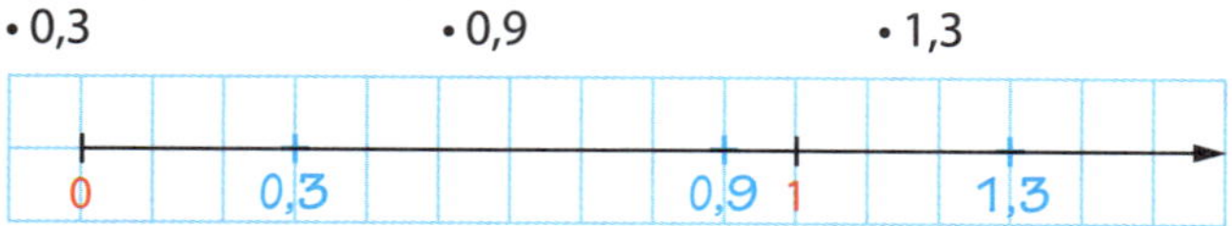

b. Placer les nombres :
- 0,04
- 0,08
- 0,15

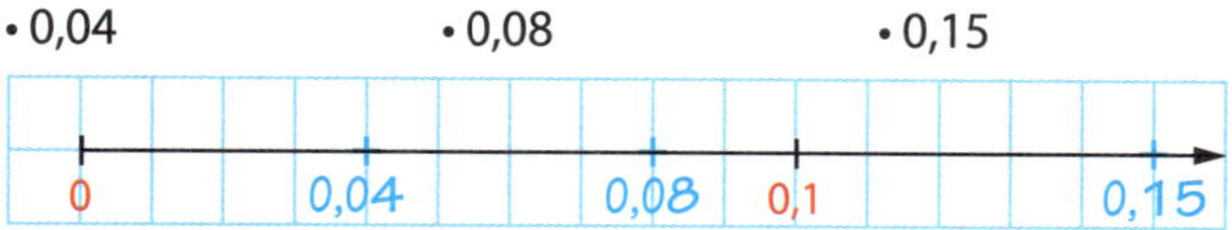

5 Placer les nombres :
- 7,38
- 7,46
- 7,52

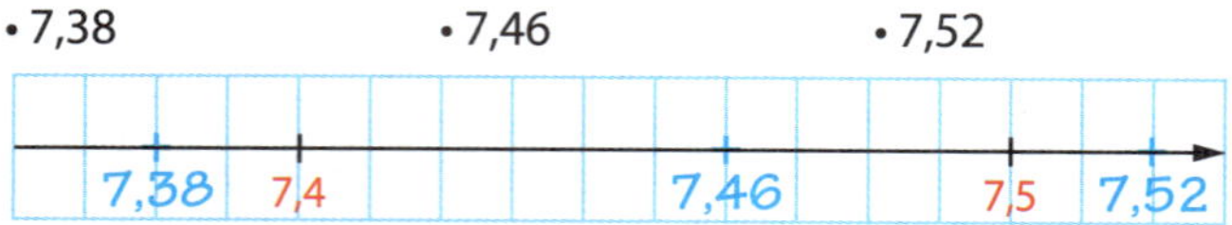

6 Dans chaque cas, donner, dans l'unité indiquée, la quantité d'eau contenue dans le récipient.

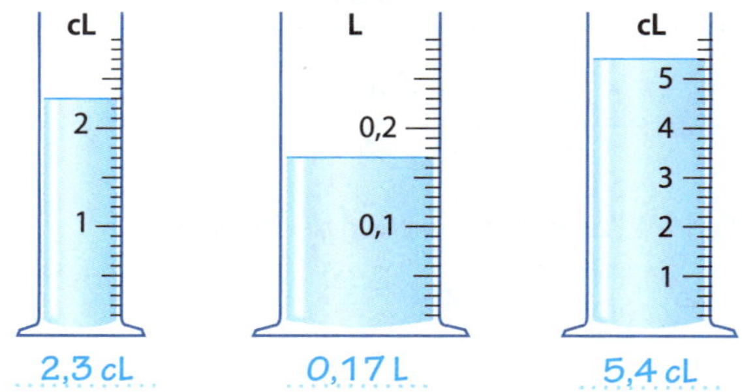

7 Donner les nombres repérés par les traits vert, rouge et bleu sur ce cadran.

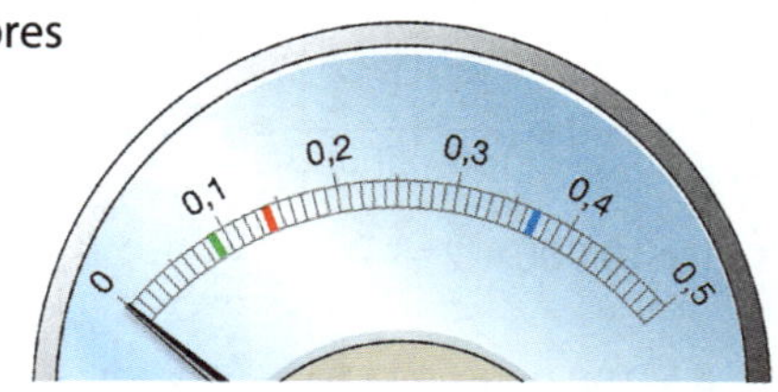

Vert : 0,09

Rouge : 0,14

Bleu : 0,37

8 Indiquer le nombre repéré par chaque flèche.

9 Placer le nombre 5,64 sur chacune de ces demi-droites graduées.

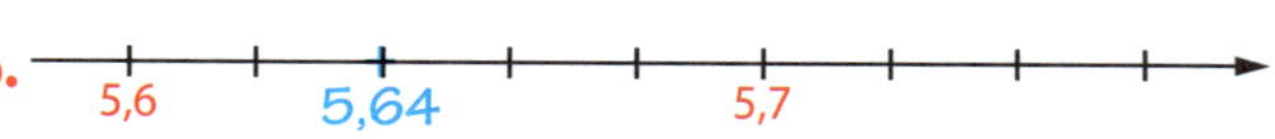

10 Indiquer le nombre repéré par chaque flèche.

4,630 9 4,631 5 4,632 3

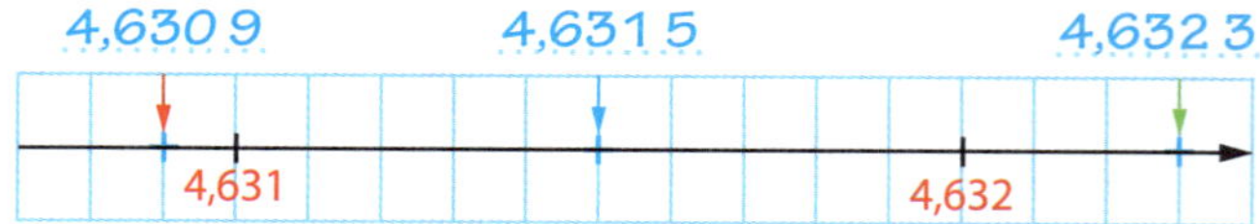

FICHE 13

Comparaison de nombres décimaux

CALCUL MENTAL

•............ •............
•............ •............
•............ •............

BILAN ..../........

→ Pour **comparer** deux nombres décimaux on compare d'abord les **parties entières**.
Si elles sont les mêmes, on compare les chiffres des dixièmes, puis les chiffres des centièmes, …

→ 20 < **27,6** < 30 est un **encadrement** d'**amplitude** 10 du nombre 27,6.
On dit aussi que 27,6 est **intercalé** entre 20 et 30.

Encadrement de 3,538	Amplitude	Valeurs approchées de 3,538	
3 < 3,538 < **4**	1	**3** et **4**	valeurs approchées à l'**unité** près
3,5 < 3,538 < **3,6**	0,1	**3,5** et **3,6**	valeurs approchées au **dixième** près
3,53 < 3,538 < **3,54**	0,01	**3,53** et **3,54**	valeurs approchées au **centième** près

★

1 Compléter par < ou > et expliquer.

a. 893,8 .. < .. 1 000. En effet, les parties entières de ces nombres sont différentes et 893 < 1 000.

b. 67,6 .. > .. 67,23. En effet, ces nombres ont la même partie entière, mais les chiffres des dixièmes sont différents et 6 > 2.

c. 0, 473 .. < .. 0,48. En effet, ces nombres ont la même partie entière et les mêmes chiffres des dixièmes, mais les chiffres des centièmes sont différents et 7 < 8.

2 Compléter par <, > ou =.

a. 2,8 .. < .. 6,7 **b.** 4,82 .. > .. 4,75 **c.** 6,40 .. = .. 6,4

d. 17,5 .. > .. 17,2 **e.** 13,25 .. < .. 13,7 **f.** 52,327 .. > .. 52,31

3 Entourer le plus grand nombre de cette liste et encadrer le plus petit.

15,6 (15,67) 15,245 15,605 [15,19] 15,36

4 Voici les nombres d'abonnés, en millions, aux pages d'un réseau social de six célébrités.

- Amel Bent : 2,093
- Angèle : 0,269 7
- Omar Sy : 1,414
- Louane : 0,802
- Soprano : 4,074
- Jenifer : 1,331 1

Ranger ces nombres dans l'ordre croissant.

0,269 7 < 0,802 < 1,331 1 < 1,414 < 2,093 < 4,074

5 Ranger ces nombres dans l'ordre décroissant.

54,15 40,20 49,1 54,2 40,9 49,06

54,2 > 54,15 > 49,1 > 49,06 > 40,9 > 40,20

6 Encadrer chaque nombre par deux nombres entiers consécutifs.

a. .. 6 .. < 6,9 < .. 7 .. **b.** .. 24 .. < 24,75 < .. 25 ..

c. .. 0 .. < 0,86 < .. 1 .. **d.** .. 99 .. < 99,7 < .. 100 ..

★★

7 Voici les cinq meilleurs temps, en s, lors de la finale du 200 m féminin aux Jeux olympiques de Tokyo en août 2021.

- M. Ta Lou : 22,27
- S. Fraser-Pryce : 21,94
- E. Thompson-Herah : 21,53
- C. Mboma : 21,81
- G. Thomas : 21,87

Retrouver le classement de cette finale.

21,53 < 21,81 < 21,87 < 21,94 < 22,27
D'où le classement :
1. E. Thompson-Herah 2. C. Mboma
3. G. Thomas 4. S. Fraser-Pryce 5. M. Ta Lou

8 Donner une valeur approchée :

a. à l'unité près du nombre 34,86. 34 ou 35

b. au dixième près du nombre 63,961. 63,9 ou 64,0

c. au centième près du nombre 5,836 1. 5,83 ou 5,84

9 Dans chaque cas, intercaler un nombre.

a. 24 < .. 25 .. < 27 **b.** 47 < .. 47,6 .. < 48

c. 8,4 < .. 8,43 .. < 8,5 **d.** 0,5 < .. 0,508 .. < 0,51

10 Dans chaque cas, intercaler deux nombres.

a. 15,8 < .. 15,82 .. < .. 15,85 .. < 15,9

b. 9,95 < .. 9,952 .. < .. 9,953 .. < 9,96

11 Voici les diamètres, en mm, de quatre grains de sable, mesurés par un scientifique.

A : 0,6 B : 0,8 C : 0,32 D : 0,47

Le scientifique utilise cette échelle de classement.

Sable	Fin	Moyen-fin	Fin-épais
Diamètre (en mm)	Inférieur à 0,465	Entre 0,465 et 0,75	Supérieur à 0,75

Classer les quatre grains de sable selon cette échelle.

A et D : moyen-fin ; B : fin-épais ; C : fin.

Perfectionnement

CALCUL MENTAL
• .... • ....
• .... • ....
• .... • ....
BILAN ..../.......

1 Écrire le nombre **cinq centaines trois unités vingt-huit millièmes** sous la forme :

a. d'une écriture décimale ;
b. d'une fraction décimale ;
c. de la somme d'un nombre entier et d'une fraction décimale inférieure à 1 ;
d. de la décomposition selon le rang de chaque chiffre.

a. $503{,}028$ *b.* $\frac{503028}{1000}$

c. $503+\frac{28}{1000}$ *d.* $5\times100+3+\frac{2}{100}+\frac{8}{1000}$

2 **Un technicien a relevé le débit (en mégabits par seconde) d'une connexion Internet à différents instants.**

7,49	7,6	7,51	7,45	7,57

a. Ranger ces débits dans l'ordre croissant.

$7{,}45 < 7{,}49 < 7{,}51 < 7{,}57 < 7{,}6$

b. Graduer cette demi-droite puis placer ces débits.

3 Ranger les nombres ci-dessous dans l'ordre croissant. Expliquer.

A = six cent trois centièmes $B=\frac{63}{10}+\frac{7}{1000}$ $C=\frac{631}{100}$

$D=6+\frac{37}{1000}$ $E=\frac{6\,003}{1000}$ $F=6+\frac{3}{10}+\frac{1}{100}+\frac{2}{1000}$

• *On détermine l'écriture décimale de chaque nombre.*
$A=6{,}03$; $B=\frac{6300}{1000}+\frac{7}{1000}=\frac{6307}{1000}=6{,}307$;
$C=6{,}31$; $D=6+0{,}037=6{,}037$; $E=6{,}003$; $F=6{,}312$
• Ainsi, $E<A<D<B<C<F$.

4 Placer les nombres $\frac{42}{100}$ et 0,23 sur cette demi-droite graduée.

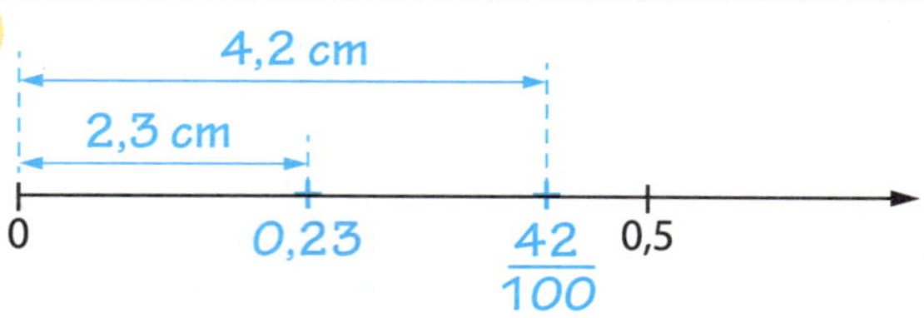

0,5 correspond à 5 cm, donc 0,1 correspond à 1 cm et 0,01 correspond à 1 mm.

5 **Ce diagramme indique la température moyenne à Lyon pour certaines années.**

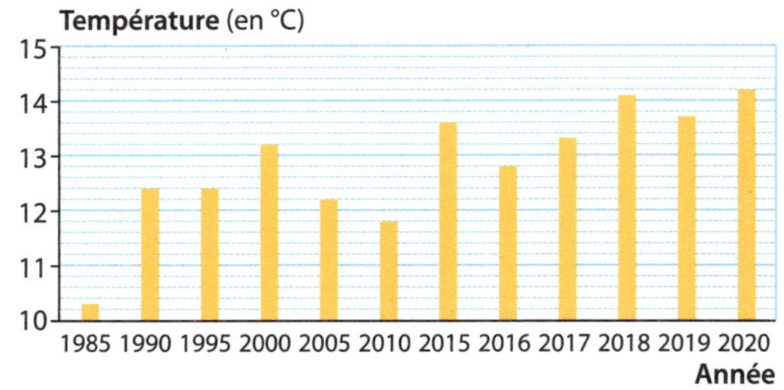

Source : infoclimat.fr

1. En quelle année la température moyenne a-t-elle été :

a. la plus basse ? 1985 **b.** la plus haute ? 2020

c. Indiquer les températures moyennes de ces deux années.

1985 : 10,3 °C 2020 : 14,2 °C

2. Depuis que les températures sont relevées, la température moyenne à Lyon est 12,21 °C.

a. Sur ce diagramme, quelle est l'année la plus récente pour laquelle la température moyenne a été inférieure à cette valeur ?

C'est en 2010.

b. Indiquer la température moyenne cette année-là.

La température moyenne est 11,8 °C.

6 **1.** Donner un encadrement du nombre 56,398 7 :

a. d'amplitude 0, 1 ; **b.** d'amplitude 0,001.

2. Donner une valeur approchée de 56,3987 :

a. à l'unité près ; **b.** au centième près.

1. a. $56{,}3 < 56{,}398\,7 < 56{,}4$
b. $56{,}398 < 56{,}398\,7 < 56{,}399$
2. a. 56 *ou* 57
b. 56,39 *ou* 56,40

7 **1.** En utilisant chacune des cinq cartes ci-dessous une seule fois, écrire le nombre :

a. le plus petit possible ; **b.** le plus grand possible.

4	9	83	,	5

2. Écrire ces deux nombres sous la forme d'une fraction décimale.

1. a. 4,583 9 **b.** 9 835,4

2. $4{,}583\,9=\frac{45839}{10\,000}$ *et* $9\,835{,}4=\frac{98354}{10}$

FICHE 15

QCM & jeux

QCM

Voici un questionnaire à choix multiples.
Pour chaque question, entourer la (ou les) réponse(s) exacte(s).

Bilan ..... / 6

A	Le nombre $\frac{643}{100}$ s'écrit aussi ...	643,100	$6+\frac{43}{100}$	$6+\frac{4}{10}+\frac{3}{100}$
B	Pour le nombre 2 715,43 ...	1 est le chiffre des dizaines	4 est le chiffre des dixièmes	la partie décimale est 0,43
C	Le nombre 6,4 est bien repéré sur la ou (les) droite(s) graduée(s) ...	6 6,4 7	6 6,4 7 8	6 6,4 7 8
D	$3\times100+2+\frac{5}{10}+\frac{7}{100}$ s'écrit …	32,57	302,57	302,057
E	Il est exact d'écrire …	5,3 > 5,18	$\frac{42}{1000}=0,042$	62,325 < 62,34
F	Un nombre que l'on peut intercaler entre 7,26 et 7,27 est …	7,248	7,3	7,263

jeu 1

Écrire quatre mots avec les lettres qui repèrent sur la demi-droite graduée ci-dessous les cinq nombres :

$$7{,}320\ ;\ \frac{736}{100}\ ;\ 7+\frac{40}{100}\ ;\ 7{,}29 \text{ et } 7+\frac{4}{10}+\frac{3}{100}.$$

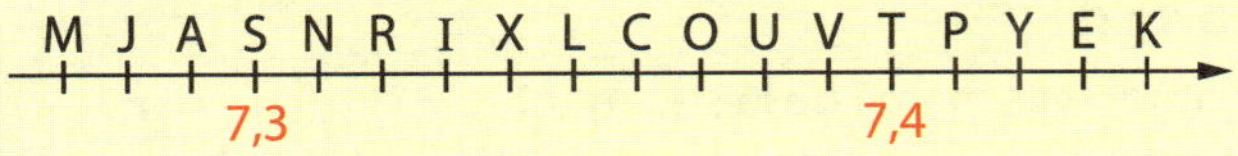

• $7{,}320=7{,}32\rightarrow R$ $\frac{736}{100}=7{,}36\rightarrow C$

$7+\frac{40}{100}=7{,}4\rightarrow T$; $7{,}29\rightarrow A$; $7+\frac{4}{10}+\frac{3}{100}=7{,}43\rightarrow E$

• *Avec les lettres R, C, T, A et E, on peut écrire par exemple : CARTE, ECART, TRACE et ACTER.*

jeu 2

Sur ce mur de pierres, l'escargot ne peut se déplacer que pour monter vers un nombre plus grand ou descendre vers un nombre plus petit, sans jamais repasser sur la même pierre.
Il ne peut pas se déplacer horizontalement.
Dessiner un chemin pris par l'escargot pour aller de 0 à 30 (*il y a plusieurs possibilités*).

	23,7	19,2	15	8,32	9,9	13,1	15,8	30	Arrivée
	20,4	18,5	20,4	10	9,6	9,95	12	21,4	9,12
	24	25	8,5	7,62	8,49	9,05	1,7	9,3	
	16,12	23,1	14,13	5,2	5,02	7,12	2,707	20	8,9
	16,5	14,7	6,4	4,8	5	3,6	2,65	2,24	
	17	15,2	4,5	3,3	3,5	2,9	4,85	2,1	3,01
Départ	0	5,8	3,21	3,48	2,16	3,14	4,56	3,05	

jeu 3

Compléter ces trois inégalités en utilisant une seule fois chacun des nombres :

3,17 3,14 3,146 3,125 3,161

• 3,14 > 3,13 > 3,125

• 3,142 < 3,146 < 3,15

• 3,161 < 3,17

jeu 4

Placer les nombres $\frac{314}{10}$, $\frac{312}{10}+\frac{3}{100}$, $30+\frac{14}{100}$, $31+\frac{243}{100}$, $\frac{312}{10}$, $\frac{310}{10}+\frac{24}{100}$, $30+\frac{3}{10}$ et $\frac{3121}{100}$ dans les cases de façon que chaque flèche se dirige vers un nombre plus grand.

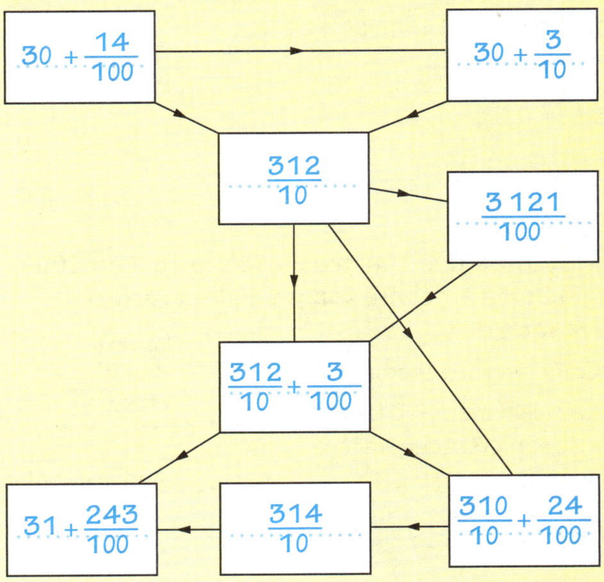

CALCUL MENTAL
• .... • ....
• .... • ....
• .... • ....
BILAN ..../........

FICHE 16

Addition : calcul mental, en ligne et sens de l'opération

→ Le résultat obtenu en **additionnant** deux nombres est la **somme** de ces deux **termes**.

15,2 + **3,7** = **18,9** **18,9** est la somme des deux termes **15,2** et **3,7**.

→ Pour calculer une somme, on peut :

• modifier l'ordre des termes ; • regrouper différemment les termes.

2,5 + 3 + 7,5 = 2,5 + 7,5 + 3, c'est-à-dire 2,5 + 3 + 7,5 = 10 + 3 = 13.

★

1 Calculer mentalement ou en ligne puis compléter.

a. 5,3 + 2,1 = 7,4 **b.** 6,8 + 42 = 48,8

c. 5,74 + 13,2 = 18,94 **d.** 27,62 + 62,13 = 89,75

e. 85,7 + 7,3 = 93 **f.** 39,75 + 0,25 = 40

2 Compléter ce ruban d'additions.

	+ 2,4	+ 40	+ 1,17	+ 3,2
23	25,4	65,4	66,57	69,77

3 Un joueur de basket mesure, bras tendus, 2,15 m et lors d'un saut, il s'élève de 0,8 m.

À quelle hauteur peut-il contrer un ballon ?

2,15 m + 0,8 m = 2,95 m

Il peut contrer un ballon à 2,95 m de hauteur.

4 Voici les boissons que Léa a emportées pour un voyage.

Quelle quantité de liquide a-t-elle emportée ?

0,33 L 0,5 L

0,33 L + 0,5 L = 0,83 L

Léa a emporté 0,83 L de liquide.

5 En courant le 100 m en 9,58 s le 16 août 2009, Usain Bolt a amélioré son précédent record du monde de 0,11 s.

a. Compléter ce schéma.

b. Calculer le temps d'Usain Bolt lors de son précédent record du monde.

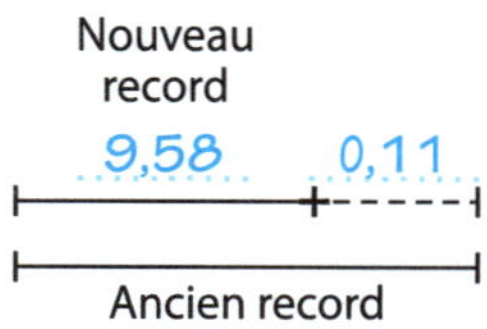

9,58 s + 0,11 s = 9,69 s

Son précédent record était de 9,69 s.

★★

6 Lucie possède 46,50 €. Il lui manque 3,40 € pour acheter ce pull.

Compléter ce schéma puis calculer le prix du pull.

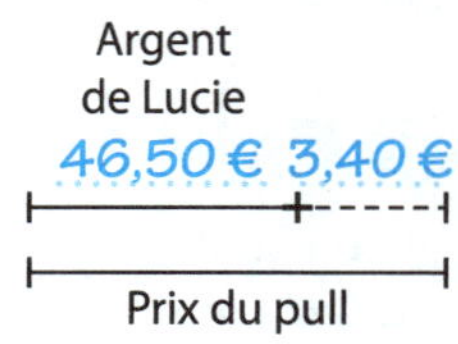

46,50 € + 3,40 € = 49,90 €

Le pull coûte 49,90 €.

7 Le sac de Louise pèse 11,2 kg et sa valise pèse 4,5 kg de plus.

Réaliser un schéma de la situation.

Déterminer la masse totale des bagages de Louise.

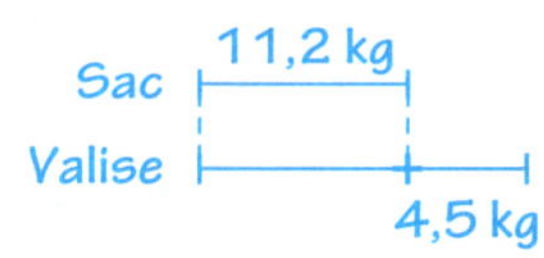

• 11,2 kg + 4,5 kg = 15,7 kg
La valise de Louise pèse 15,7 kg.
• 11,2 kg + 15,7 kg = 26,9 kg
La masse totale des bagages de Louise est 26,9 kg.

8 Regrouper astucieusement puis calculer.

A = 8,6 + 24,76 + 1,4 B = 0,25 + 7,83 + 1,75

A = 8,6 + 1,4 + 24,76 B = 0,25 + 1,75 + 7,83

A = 10 + 24,76 = 34,76 B = 2 + 7,83 = 9,83

9 Voici le trajet effectué par Juliette.

Quelle distance Juliette a-t-elle parcourue ?

2,65 km + 4,25 km + 2 km = 6,9 km + 2 km = 8,9 km

Juliette a parcouru 8,9 km.

FICHE 17

Addition : technique

CALCUL MENTAL

• .... • ....

• .... • ....

• .... • ....

BILAN ..../........

→ Lorsqu'on pose une addition, il faut veiller à aligner les virgules, disposer les chiffres de même rang les uns sous les autres et commencer les calculs par la droite.

Calcul posé de 15,9 + 7,25

15,9 + 7,25 = 23,15

	1	1			← Retenues
	1	5,	9	0	← 15,9 = 15,90
+		7,	2	5
	2	3,	1	5

→ Pour obtenir **un ordre de grandeur** d'une somme, on additionne un ordre de grandeur de chaque terme.

1 Effectuer ces deux additions.

a.

	1	1	1	
	2	5,	3	6
+	6	8,	6	7
	9	4,	0	3

b.

	1	1	1		
	4	7	3,	8	
+	2	5	6,	5	4
	7	3	0,	3	4

2 **a.** Donner un ordre de grandeur du nombre : 908,7 + 68 + 10,85.

908,7 + 68 + 10,85 est proche de 910 + 70 + 10, c'est-à-dire de 990.

b. Calculer la somme ci-contre.

		1	1		
	9	0	8,	7	
+		6	8		
+		1	0,	8	5
	9	8	7,	5	5

3 Calculer à la main.

a. 348,6 + 617 + 53,73

	1	1	1		
	3	4	8,	6	
+	6	1	7		
+		5	3,	7	3
1	0	1	9,	3	3

b. 59,2 + 0,95 + 629

		1	1		
		5	9,	2	
+			0,	9	5
+	6	2	9		
	6	8	9,	1	5

4 Compléter par les chiffres qui conviennent.

a.

	1	1		
	6	5	4	3
+	4	9	8	6
1	1	5	2	9

b.

	1	1	1		
	2	7,	4	7	0
+	3	4,	5	6	8
	6	2,	0	3	8

5 Léo achète un magazine à 2,95 €, une bande dessinée à 13,50 € et un stylo à 3,20 €.

Combien paie-t-il au total ? *Calculer en ligne.*

2,95 € + 13,50 € + 3,20 € = 19,65 €

Donc Léo paie 19,65 € au total.

6 Un ostréiculteur vend 96,5 kg d'huîtres à un restaurateur, puis 67,85 kg à un autre et enfin 227 kg à un troisième.

Quelle masse d'huîtres a-t-il vendue ?

Poser l'opération ci-contre.

Il a vendu 391,35 kg d'huîtres.

	1	2	1		
		9	6,	5	
+		6	7,	8	5
+	2	2	7		
	3	9	1,	3	5

7 Calculer la longueur et la largeur de ce court de tennis.

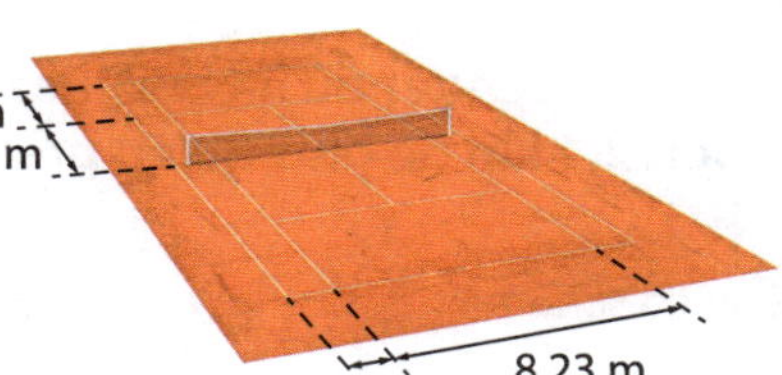

• 5,5 m + 6,4 m = 11,9 m

11,9 m + 11,9 m = 23,8 m

Donc la longueur du court est 23,8 m.

• La largeur du court est 10,97 m.

	1		1	
		1,	3	7
+		1,	3	7
+		8,	2	3
	1	0,	9	7

8 **a.** Quel nombre obtient-on avec ce programme de calcul lorsqu'on choisit 7,25 ?

• Choisir un nombre.
• Ajouter 13,9.
• Ajouter 8,46.

b. Écrire un programme plus court équivalent à ce programme.

a. • 7,25 + 13,9 = 21,15

• 21,15 + 8,46 = 29,61

On obtient 29,61 si l'on choisit 7,25.

b. 13,9 + 8,46 = 22,36, donc un programme équivalent est :

• Choisir un nombre.
• Ajouter 22,36.

CALCUL MENTAL

• .... • ....
• .... • ....
• .... • ....

BILAN ..../.......

FICHE 18

Soustraction : calcul mental, en ligne et sens de l'opération

→ Le résultat obtenu en **soustrayant** deux nombres est la **différence** entre ces deux **termes**.

28,6 – 7,2 = 21,4 **21,4** est la différence des deux termes **28,6** et **7,2**.

Remarque : on soustrait le plus petit des deux termes au plus grand, donc on ne peut pas modifier l'ordre des termes d'une soustraction.

★

1 Calculer mentalement ou en ligne puis compléter.

a. 9,7 – 3,2 = 6,5 **b.** 67,6 – 43,5 = 24,1

c. 98,78 – 52,7 = 46,08 **d.** 561,48 – 260,4 = 301,08

e. 37,5 – 0,6 = 36,9 **f.** 81,3 – 0,5 = 80,8

g. 40 – 4,5 = 35,5 **h.** 3 – 1,25 = 1,75

2 **Avant un entraînement, Elsa se pèse : 50,5 kg. Juste après cette séance, elle se pèse à nouveau : 49,3 kg.**

Quelle masse Elsa a-t-elle perdue lors de cette séance ?

50,5 kg – 49,3 kg = 1,2 kg

Elsa a perdu 1,2 kg.

3 **En prenant le sentier du littoral, Enzo parcourt 9,750 km, soit 2,4 km de plus qu'en prenant la piste forestière.**

a. Compléter ce schéma.

b. Calculer la longueur de la piste forestière.

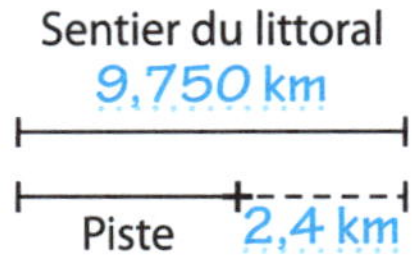

9,750 km – 2,4 km = 7,350 km

La longueur de la piste forestière est 7,350 km.

4 **Pour préparer 0,75 L d'une boisson, Louise verse 0,2 L de jus d'ananas et du jus d'orange.**

a. Compléter ce schéma.

b. Calculer la quantité de jus d'orange versé.

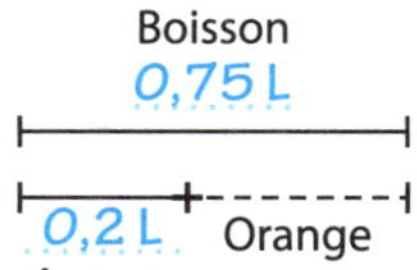

0,75 L – 0,2 L = 0,55 L

Louise verse 0,55 L de jus d'orange.

5 **On passe d'une case à la case située à droite en soustrayant un même nombre.**

Compléter.

46,9	42,7	38,5	34,3	30,1

★★

6 Dans chaque cas, compléter l'égalité.

a. 3,4 + 5,2 = 8,6 **b.** 20,2 + 17,3 = 37,5

c. 6,3 + 11,45 = 17,75 **d.** 7,1 + 9,43 = 16,53

e. 4,5 + 0,9 = 5,4 **f.** 8,2 + 7,8 = 16

7 Quelle est la taille, en Go (gigaoctets), des fichiers qui sont sur cette clé USB ?

28,8 Go – 18,2 Go = 10,6 Go

La taille des fichiers est 10,6 Go.

8 **Ce soir, la température est de 29,6 °C. Elle est montée de 8,4 °C depuis ce matin.**

Réaliser un schéma puis calculer la température de ce matin.

29,6 °C – 8,4 °C = 21,2 °C

Ce matin, la température était de 21,2 °C.

9 Répondre à chaque question après avoir représenté la situation par un schéma.

a. Anne choisit un nombre. Elle lui ajoute 21,4 et elle trouve 65,6. Quel nombre a-t-elle choisi ?

b. Au nombre 1 400,7 Brice soustrait un nombre qu'il a choisi. Il trouve 600,3.

Quel nombre a-t-il choisi de soustraire ?

a.

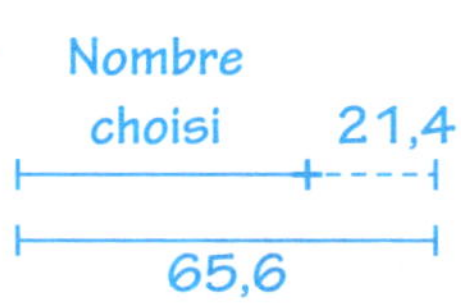

65,6 – 21,4 = 44,2

Anne a donc choisi 44,2.

b.

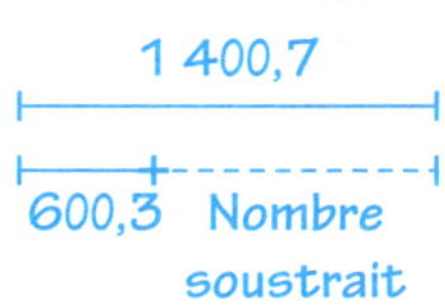

1 400,7 – 600,3 = 800,4

Brice a choisi de soustraire 800,4.

Soustraction : technique

CALCUL MENTAL
• .... • ....
• .... • ....
• .... • ....
BILAN ..../........

→ Lorsqu'on pose une soustraction, il faut veiller à aligner les virgules, disposer les chiffres de même rang les uns sous les autres et commencer les calculs par la droite.

Calcul posé de 35,2 – 12,85
35,2 – 12,85 = 22,35

35,2 = 35,20 →

	3	5,	$_1$2	$_1$0
–	1	2,	8	5
		1	1	
	2	2,	3	5

← On ne peut pas effectuer 0 – 5 alors on effectue 10 – 5.

→ Pour obtenir **un ordre de grandeur** d'une différence, on soustrait un ordre de grandeur de chaque terme.

---

1 Effectuer chacune de ces soustractions.

a.

	1	$_1$2,	9	$_1$0
–		8,	6	3
	1		1	
	0	4,	2	7

b.

	6	$_1$1	$_1$6,	$_1$2
–	2	5	9,	4
	1	1	1	
	3	5	6,	8

2 Effectuer chacune de ces soustractions.

a.

	7	8,	$_1$4	5
–	3	2,	6	0
		1		
	4	5,	8	5

b.

	7	6	$_1$4,	8	$_1$0
–	1	4	9,	2	8
		1		1	
	6	1	5,	5	2

3 Calculer à la main chacune de ces différences.

a. 52,14 – 17,5

	5	$_1$2,	$_1$1	4
–	1	7,	5	0
	1	1		
	3	4,	6	4

b. 523,4 – 267,18

	5	$_1$2	$_1$3,	4	$_1$0
–	2	6	7,	1	8
	1	1		1	
	2	5	6,	2	2

4 Lors d'une course de 2,5 km de long, Martin apprend qu'il a encore 1,775 km à parcourir.
Quelle distance a-t-il déjà parcourue ?
Poser l'opération ci-contre.

	2,	$_1$5	$_1$0	$_1$0
–	1,	7	7	5
	1	1	1	
	0,	7	2	5

Martin a déjà parcouru ....
0,725 km. ....

5 Pour chaque soustraction, entourer le résultat juste parmi les trois propositions en utilisant des ordres de grandeur.

a.	**676,8 – 39,25**	716,05	**(637,55)**	284,3
b.	**1 254 – 320,7**	**(933,3)**	195,3	9 333
c.	**108,5 – 37,72**	80,78	**(70,78)**	146,22

---

6 **a.** Compléter par les chiffres qui conviennent.

	7	9	5,	$_1$3
–	4	5	2,	6
			1	
	3	4	2,	7

	7	8,	$_1$5	$_1$4
–	2	5,	6	9
		1	1	
	5	2,	8	5

b. Vérifier à l'aide de la calculatrice.

7 **a. Les calottes glaciaires continentales sont réparties sur l'Antarctique et le Groenland. Leur volume total est estimé à 29,2 millions de km³ dont 2,55 millions de km³ au Groenland.**

Quel est le volume de la calotte de l'Antarctique ?

b. Les climatologues redoutent une hausse de 2,25 m du niveau des océans d'ici à 2100. La fonte des calottes glaciaires créerait une élévation de 1,8 m ; celle des glaciers le reste.
Quelle élévation du niveau des océans serait due à la fonte des glaciers ?

a. Le volume de la calotte de l'Antarctique est 26,65 millions de km³.
b. 2,25 m – 1,80 m = 0,45 m
Une élévation de 0,45 m du niveau des océans serait due à la fonte des glaciers.

	2	9,	$_1$2	$_1$0
–		2,	5	5
		1	1	
	2	6,	6	5

8 **Nils pense à un nombre. Il lui retranche 6,4 et au résultat il ajoute 13,8. Il annonce : « Je trouve 22,5. »**
Compléter ce schéma et conclure sur le nombre auquel Nils a pensé.

15,1 —(– 6,4)→ 8,7 —(+ 13,8)→ 22,5
15,1 ←(+ 6,4)— 8,7 ←(– 13,8)— 22,5

Nils a pensé à 15,1. ....

Perfectionnement

CALCUL MENTAL
• .... • ....
• .... • ....
• .... • ....
BILAN ..../........

1 Compléter cette pyramide où le nombre inscrit dans une case est la somme des nombres situés dans les cases juste au-dessous.

	85		
	44,1	40,9	
21,3	22,8	18,1	
9,25	12,05	10,75	7,35

2 **Ronny, qui dispose de 300 €, achète ce vélo, ce casque et un sac à dos. Après avoir payé, il lui reste 3,20 €.**

239,95 €

29,50 €

Quel est le prix du sac à dos ?

• 239,95 € + 29,50 € = 269,45 €.
Le vélo et le casque coûtent 269,45 €.
• 300 € − 3,20 € = 296,80 €
Les trois articles coûtent 296,80 €.
• D'après le calcul posé ci-contre, le casque coûte 27,35 €.

	2	9	¹6,	8	¹0
−	2	6	9,	4	5
		1		1	
		2	7,	3	5

3 **Voici un relevé du nombre de personnes, en millions, qui ont reçu deux doses de vaccin contre le coronavirus en France en 2021.**
• 30 juin : 22,627 • 31 juillet : 35,143

a. Calculer le nombre de personnes qui ont reçu leur deuxième dose en juillet.
b. 8,826 millions de personnes supplémentaires ont reçu leur deuxième dose en août.
Combien de personnes ont reçu deux doses de vaccin avant le 31 août au soir.
c. Combien de personnes ont reçu leur deuxième dose entre le 1er juillet et le 31 août ?

a. 35,143 − 22,627 = 12,516
12,516 millions de personnes ont reçu leur deuxième dose en juillet.
b. 35,143 + 8,826 = 43,969
43,969 millions de personnes ont reçu deux doses avant le 31 août au soir.
c. 12,516 + 8,826 = 21,342
ou 43,969 − 22,627 = 21,342.
21,342 millions de personnes ont reçu leur deuxième dose entre le 1er juillet et le 31 août.

4 **Algo** **Voici un script Scratch.**

a. Quel nombre le lutin énonce-t-il à la fin de l'exécution du script ?

Le lutin énonce le nombre 21,04.

b. Indiquer comment simplifier ce script en remplaçant la boucle par une seule instruction.

On remplace la boucle « répéter 4 fois » par l'instruction ci-dessous.

5 **Le 5 août 2021, en finale du 400 m aux Jeux olympiques de Tokyo, Anthony Zambrano, arrivé second, a couru en 44,08 s. Il a terminé à 0,23 s du vainqueur Steven Gardiner mais il a devancé Kirani James de 0,11 s.**

a. Déterminer les temps de Steven Gardiner et de Kirani James.
b. Quel était l'écart entre ces deux coureurs ?

a. 44,08 s − 0,23 s = 43,85 s
44,08 s + 0,11 s = 44,19 s
Steven Gardiner a couru en 43,85 s et Kirani James a couru en 44,19 s.
b. 0,23 s + 0,11 s = 0,34 s
ou 44,19 s − 43,85 s = 0,34 s.
L'écart entre ces deux coureurs était 0,34 s.

6 **Voici des distances entre différents lieux indiqués ci-dessous.**
Plage-Collège : 12,5 km ;
Plage-École : 9,76 km ;
Collège-Stade : 8,1 km.

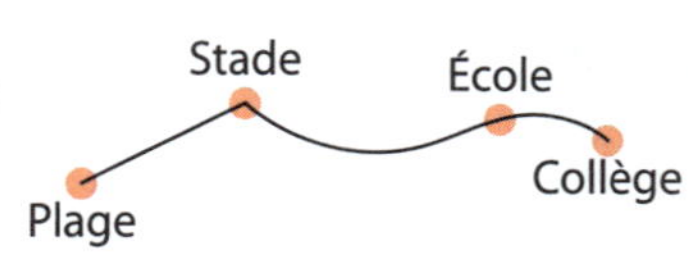

Calculer la distance entre le Stade et l'École.

• 12,5 km − 9,76 km = 2,74 km
La distance entre l'École et le Collège est 2,74 km.
• 8,1 km − 2,74 km = 5,36 km
La distance entre le Stade et l'École est 5,36 km.

QCM & jeux

QCM

Voici un questionnaire à choix multiples.
Pour chaque question, entourer la (ou les) réponse(s) exacte(s).

Bilan ..... / 5

A	16,63 est égal à …	12,4 + 4,23	11,52 + 5,11	19,75 −3,12
B	Dans l'égalité 51,2 + … = 120 le terme manquant est égal à …	120 − 51,2	51,2 − 120	68,8
C	Une addition correctement effectuée est …	1 6 5, 7 + 4 9, 5 2 1 4, 1 2	7 4 6, 8 + 2 7 3, 9 7 1 0 2 0, 7 7	6 2, 3 5 + 4 3, 0 2 1 0 5, 3 7
D	Une soustraction correctement effectuée est …	7 3 0, 2 5 − 2 3 1, 0 7 4 9 9, 1 8	8 5, 4 − 1 3, 6 7 2, 2	2 3 7, 4 − 5 3, 1 2 1 8 4, 2 8
E	Avec 25,10 €, Elsa a 3,60 € de plus que Justin. Alors …	Justin a 21,50 €	Justin a 28,70 €	à eux deux, Elsa et Justin ont 53,80 €

jeu 1

On dispose de 5 objets de masses :
2,4 kg, 3,6 kg, 4,8 kg, 6 kg et 7,2 kg.
Le mobile ci-dessous est en équilibre.
Indiquer la masse de chaque objet pour qu'il en soit ainsi.

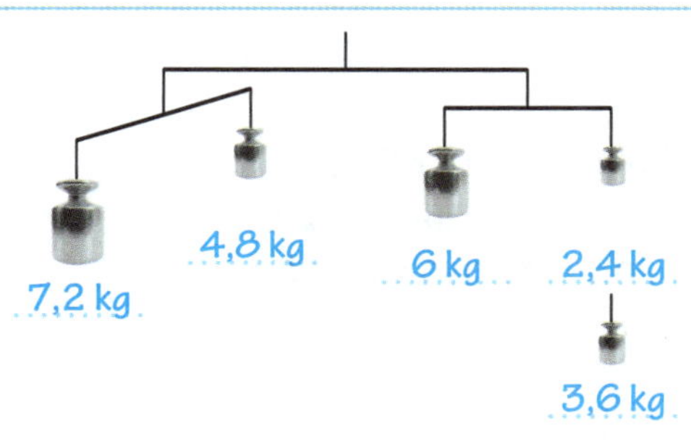

2,4 kg + 3,6 kg + 4,8 kg + 6 kg + 7,2 kg = 24 kg
La somme des cinq masses est 24 kg.
24 kg : 2 = 12 kg, donc il y a 12 kg sur chaque bras.
On remarque que :
7,2 kg + 4,8 kg = 12 kg,
6 kg + 2,4 kg + 3,6 kg = 12 kg
et 2,4 kg + 3,6 kg = 6 kg.

jeu 2

Cette égalité est fausse.
Sans rien changer d'autre, placer des virgules afin que cette égalité soit vraie.

Réponse : 2 3,4 + 5,7 6 + 8 9,6 4 = 1 1 8,8

jeu 3

Compléter.

• 11,50 − 7,55 = 3,95, donc  = 3,95.
• 11,50 − 5,20 = 6,30, donc  = 6,30.
• 3,95 + 6,30 = 10,25

jeu 4

Associer chaque nombre de la première ligne à un nombre de la seconde ligne afin de retrouver les cinq paires de nombres qui ont la même différence.

3,45 7,76 3,76 7 3,105

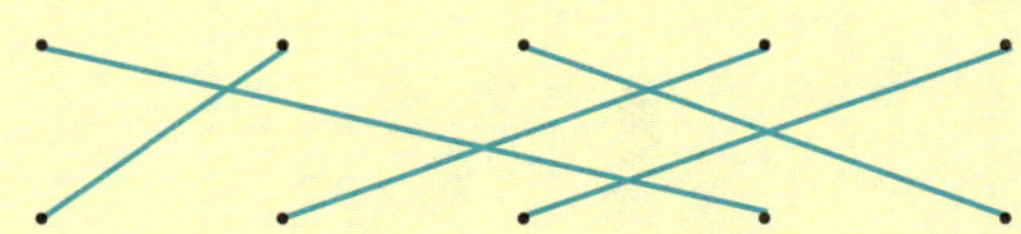

5 4,24 5,865 6,21 6,52

• 6,21 − 3,45 = 2,76
• 7,76 − 5 = 2,76
• 7 − 4,24 = 2,76
• 5,865 − 3,105 = 2,76
• 6,52 − 3,76 = 2,76

CALCUL MENTAL

• .... • ....
• .... • ....
• .... • ....

BILAN ..../........

FICHE 22 Multiplication par 10, 100, 1 000, par 0,1 ou 0,5

→ Quand on **multiplie** un nombre par **10** (ou **100** ou **1 000**), le chiffre des **unités** devient le chiffre des **dizaines** (ou des **centaines** ou des **milliers**).

• 21,65 × **10** = 216,5 • 15,1 × **100** = 1 510 • 24,05 × **1 000** = 24 050

→ Quand on **multiplie** un nombre par **0,1**, le chiffre des **unités** devient le chiffre des **dixièmes**.

• **78** × 0,1 = 78 dixièmes = 7,**8**

→ **Multiplier** un nombre par **0,5** revient à pendre la **moitié** de ce nombre, c'est-à-dire à le diviser par 2.

• 18 × 0,5 = 18 : 2 = 9

1 Compléter.

a. 23 × 100 = 2 300 **b.** 7,6 × 1 000 = 7 600
c. 0,48 × 10 = 4,8 **d.** 27,3 × 10 000 = 273 000

2 Compléter.

a. 78 × 1 000 = 78 000 **b.** 5,1 × 100 = 510
c. 6,83 × 10 = 68,3 **d.** 0,14 × 1 000 = 140

3 **Pour un spectacle, 1 000 billets ont été vendus. Les places sont toutes au tarif de 16,50 €.**
Quel est le montant de la recette ?

1 000 × 16,50 € = 16 500 €
La recette est de 16 500 €.

4 Compléter. **a.** 74,2 × 0,1 = 7,42
b. 8 300 × 0,1 = 830 **c.** 0,03 × 0,1 = 0,003

5 **Une bouteille remplie de 1 L d'une eau minérale contient 0,1 g de calcium.**
Louise boit chaque mois environ 45 L de cette eau.
Quelle quantité de calcium absorbe-t-elle chaque mois ?

45 × 0,1 g = 4,5 g
Chaque mois, Louise absorbe 4,5 g de calcium.

6 Compléter : **a.** 24 × 0,5 = 12
b. 9 × 0,5 = 4,5 **c.** 7,4 × 0,5 = 3,7

7 **Une éleveuse a acheté 17 de ces paquets pour ses chiens.**
Quelle masse d'aliment a-t-elle acheté ?

17 × 0,5 kg = 17 kg : 2 = 8,5 kg
Elle a acheté 8,5 kg d'aliment.

8 **a.** On sait que 1 km = 1 000 m. Exprimer 5,4 km en m.
5,4 km = 5,4 × 1 km = 5,4 × 1 000 m = 5 400 m
b. On sait que 1 L = 100 cL. Exprimer 0,6 L en cL.
0,6 L = 0,6 × 1 L = 0,6 × 100 cL = 60 cL
c. On sait que 1 dag = 10 g. Exprimer 3,2 dag en g.
3,2 dag = 3,2 × 1 dag = 3,2 × 10 g = 32 g

9 **a.** On sait que 1 dg = 0,1 g. Exprimer 78 dg en g.
78 dg = 78 × 1 dg = 78 × 0,1 g = 7,8 g
b. On sait que 1 mm = 0,1 cm. Exprimer 8,3 mm en cm.
8,3 mm = 8,3 × 1 mm = 8,3 × 0,1 cm = 0,83 cm

10 **a.** Compléter : 0,1 × 0,1 = 0,01
b. On sait que 1 centime = 0,01 €.
Exprimer 547 centimes en euros.
547 × 0,01 € = 547 × 0,1 × 0,1 € = 54,7 × 0,1 €
Donc 547 centimes = 5,47 €.

11 **Il s'écoule chaque semaine 0,5 daL d'eau d'un robinet qui fuit.**

a. Quelle quantité d'eau, en daL, s'écoule-t-il en 52 semaines ?
b. Sachant que 1 daL = 10 L, exprimer cette quantité en L.

a. 52 × 0,5 daL = 26 daL
Il s'écoule 26 daL d'eau du robinet en 52 semaines.
b. 26 daL = 26 × 10 L = 260 L
Il s'écoule 260 L en 52 semaines (soit en un an).

12 Regrouper astucieusement les facteurs puis calculer.
a. 2 × 71,48 × 5 **b.** 25 × 3,567 × 4

a. 2 × 5 × 71,48 = 10 × 71,48 = 714,8
b. 4 × 25 × 3,567 = 100 × 3,567 = 356,7

FICHE 23

Multiplication d'un nombre décimal par un nombre entier

CALCUL MENTAL

• .... • ....
• .... • ....
• .... • ....

BILAN ..../........

→ Lorsqu'on pose la multiplication d'un nombre décimal par un nombre entier :

• on commence les calculs par la droite, sans tenir compte de la virgule ;

• on place dans le résultat le même nombre de chiffres après la virgule que dans le nombre décimal.

Calcul posé de $24{,}3 \times 16$

$24{,}3 \times 16 = 388{,}8$

	2	4,	3
×		1	6
1	4	5	8
2	4	3	0
3	8	8,	8

← 243 × 6 unités = 1 458 unités

← 243 × 1 dizaine = 243 dizaines = 2 430 unités

← Un chiffre après la virgule, comme dans 24,3

★

1 Effectuer ces deux multiplications puis vérifier à l'aide de la calculatrice.

a.

		3,	6	5
×			3	8
	2	9	2	0
1	0	9	5	0
1	3	8,	7	0

b.

			6	7,	4
×			7	9	3
		2	0	2	2
	6	0	6	6	0
4	7	1	8	0	0
5	3	4	4	8,	2

2 **$A = 3{,}7 \times 64$ et $B = 74 \times 0{,}39$.**

a. Donner un ordre de grandeur de chaque produit.

Pour A : $4 \times 60 = 240$

Pour B : $70 \times 0{,}4 = 28$

b. Effectuer le calcul posé de A puis de B.

Calcul de A

		3,	7
×		6	4
	1	4	8
2	2	2	0
2	3	6,	8

Calcul de B

		7	4
×	0,	3	9
	6	6	6
2	2	2	0
2	8,	8	6

3 Compléter en calculant mentalement.

a. $2 \times 1{,}3 =$ 2,6

b. $5 \times 0{,}02 =$ 0,1

c. $3 \times 0{,}07 =$ 0,21

d. $80 \times$ 0,6 $= 48$

4 **Voici les calculs exacts de Numa.**

$3{,}2 \times 11 = 3{,}2 \times 10 + 3{,}2 \times 1 = 32 + 3{,}2 = 35{,}2.$

$3{,}2 \times 19 = 3{,}2 \times 2 \times 10 - 3{,}2 \times 1 = 64 - 3{,}2 = 60{,}8$

Calculer de la même façon que Numa :

a. $7{,}8 \times 11$ **b.** $6{,}4 \times 21$ **c.** $5{,}2 \times 19$

a. $7{,}8 \times 10 + 7{,}8 \times 1 = 78 + 7{,}8 = 85{,}8$

b. $6{,}4 \times 2 \times 10 + 6{,}4 \times 1 = 128 + 6{,}4 = 134{,}4$

c. $5{,}2 \times 2 \times 10 - 5{,}2 \times 1 = 104 - 5{,}2 = 98{,}8$

★★

5 **La tour First à Paris-Courbevoie est composée de 52 étages dont la hauteur moyenne est 4,3 m.**

Calculer la hauteur de cette tour.

$4{,}3\text{ m} \times 52 = 4{,}3\text{ m} \times 5 \times 10 + 4{,}3\text{ m} \times 2$

Donc $4{,}3\text{ m} \times 52 = 21{,}5\text{ m} \times 10 + 8{,}6\text{ m} = 223{,}6\text{ m}$.

La hauteur de la tour First est environ 223,6 m.

6 **En voyage à Londres, Julie souhaite acheter ce blouson et ce bonnet. Elle peut changer 1 £ (livre sterling) contre 1,18 €.**

Quelle somme, en €, doit-elle changer pour effectuer ces achats ?

£69

£17

• $69\text{ £} + 17\text{ £} = 86\text{ £}$

Julie a besoin de 86 £.

• $86 \times 1{,}18\text{ €} = 101{,}48\text{ €}$

Julie doit changer au minimum 101,48 €.

		1,	1	8
×			8	6
		7	0	8
	9	4	4	0
1	0	1,	4	8

7 **En 1962, Montpellier comptait 126 000 habitants. Depuis, cette population a été multipliée par 2,34.**

Calculer la population actuelle de Montpellier.

• 126 000 = 126 milliers

• D'après le calcul posé ci-contre, la population de Montpellier est 294,84 milliers d'habitants, soit 294 840 habitants.

		1	2	6
×		2,	3	4
		5	0	4
	3	7	8	0
2	5	2	0	0
2	9	4,	8	4

FICHE 24

Multiplication de deux nombres décimaux

CALCUL MENTAL
- .... - ....
- .... - ....
- .... - ....

BILAN ..../........

→ Lorsqu'on pose une **multiplication** de deux nombres décimaux :
- on effectue d'abord les calculs sans tenir compte des virgules ;
- dans le résultat, on place le même nombre de chiffres après la virgule que le nombre total de chiffres après la virgule dans les deux facteurs.

$1{,}95 \times 4{,}2 = 8{,}19$

	1,	9	5
×		4,	2
	3	9	0
7	8	0	0
8,	1	9	0

3 chiffres après la virgule dans les deux facteurs

Donc 3 chiffres après la virgule dans le résultat

1 Effectuer chacune de ces multiplications.

a.

		9	0,	4
×			2,	8
	7	2	3	2
1	8	0	8	0
2	5	3,	1	2

b.

			1	3,	5
×			9,	0	4
			5	4	0
1	2	1	5	0	0
1	2	2,	0	4	0

2 **A = 67,9 × 50,7 et B = 84,07 × 7,35.**

a. Donner un ordre de grandeur de chaque produit.

Pour A : 70 × 50 = 3 500

Pour B : 80 × 7 = 560

b. Poser et effectuer le calcul de A puis celui de B.

Calcul de A

			6	7,	9
×			5	0,	7
		4	7	5	3
3	3	9	5	0	0
3	4	4	2,	5	3

Calcul de B

			8	4,	0	7
×				7,	3	5
		4	2	0	3	5
	2	5	2	2	1	0
5	8	8	4	9	0	0
6	1	7,	9	1	4	5

3 Compléter en calculant mentalement.

a. 0,7 × 0,4 = 0,28

b. 0,6 × 0,08 = 0,048

c. 3,5 × 0,2 = 0,7

d. 1,3 × 0,3 = 0,39

4 Compléter en calculant mentalement.

a. 0,01 × 73 = 0,73

b. 0,001 × 8,9 = 0,008 9

c. 248 × 0,01 = 2,48

d. 0,67 × 0,001 = 0,000 67

5 **a.** Compléter.

A = 7,5 × 2,4 = 7,5 × 2 + 7,5 × 4 × 0,1 = 15 + 30 × 0,1

Donc A = 15 + 3 = 18.

b. Calculer de même B = 4,3 × 3,2.

B = 4,3 × 3 + 4,3 × 2 × 0,1 = 12,9 + 8,6 × 0,1

Donc B = 12,9 + 0,86 = 13,76.

6 Compléter à l'aide de cet écran de calculatrice.

103×42 4326

a. 1,03 × 4,2 = 4,326

b. 10,3 × 4,2 = 43,26

c. 1,03 × 420 = 432,6

d. 0,103 × 4,2 = 0,432 6

7 Compléter par le nombre qui convient.

a. 3 148 × 0,01 = 31,48

b. 75,3 × 0,1 = 7,53

c. 14,6 × 100 = 1 460

d. 3,14 × 0,01 = 0,031 4

8 **Lucie affirme : « 1,6 × 1,89 = 0,084 × 36 ».**

Cette affirmation est-elle exacte ?

	1,	8	9
×		1,	6
1	1	3	4
1	8	9	0
3,	0	2	4

0,	0	8	4
×		3	6
	5	0	4
2	5	2	0
3,	0	2	4

L'affirmation de Lucie est donc exacte.

9 Avec ces lunettes, quel est le diamètre observé d'une tache de diamètre 6,7 mm ?

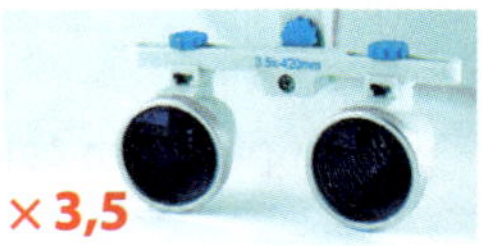

× 3,5

D'après le calcul posé ci-contre :
3,5 × 6,7 mm = 23,45 mm.
Le diamètre observé de cette tache est 23,45 mm.

		6,	7
×		3,	5
	3	3	5
2	0	1	0
2	3,	4	5

10 Compléter par le produit des deux nombres écrits sur chaque ligne et chaque colonne.

0,8	2,1	→ 1,68
1,9	0,6	→ 1,14
↓ 1,52	↓ 1,26	

FICHE 25

Situations multiplicatives

CALCUL MENTAL

• .... • ....
• .... • ....
• .... • ....

BILAN ..../.......

1 Calculer l'aire, en cm², de chacun de ces quadrilatères.
a. Un carré de côté 4,7 cm
b. Un rectangle de dimensions 6,8 cm et 9,3 cm.

a.

		4,	7
×		4,	7
	3	2	9
1	8	8	0
2	2,	0	9

L'aire d'un carré de côté 4,7 cm est 22,09 cm².

b.

		6,	8
×		9,	3
	2	0	4
6	1	2	0
6	3,	2	4

L'aire d'un rectangle de dimensions 6,8 cm et 9,3 cm est 63,24 cm².

2 **1 kg de poisson coûte 23,70 €.**
Quel est le prix de 6,8 kg de ce poisson ?

D'après le calcul posé ci-contre :
6,8 × 23,7 € = 161,16 €.
Le prix de 6,8 kg de ce poisson est 161,16 €.

		2	3,	7
×			6,	8
	1	8	9	6
1	4	2	2	0
1	6	1,	1	6

3 **On se propose de calculer le prix à payer pour l'achat ci-contre.**
Écrire le calcul et l'effectuer en ligne.

600 g = 0,600 kg
8,70 € × 0,6 = 5,22 €
Le prix de cet achat est 5,22 €.

4 **1 L d'huile d'olive pèse 0,85 kg.**
Effectuer le calcul en ligne et déterminer la masse de :
a. 5 L d'huile d'olive ;
b. 0,72 L d'huile d'olive.

a. 5 × 0,85 kg = 4,25 kg
La masse de 5 L de d'huile d'olive est 4,25 kg.
b. 0,72 × 0,85 kg = 0,7 × 0,85 kg + 0,02 × 0,85 kg
0,72 × 0,85 kg = 0,595 kg + 0,017 kg = 0,612 kg
La masse de 0,72 L d'huile d'olive est 0,612 kg.

5 **Une terrasse de 17,5 m² est équipée d'un récupérateur d'eau de pluie qui contenait hier 125 L d'eau.**
Aujourd'hui, il est tombé 6,5 L d'eau par m².
Quelle quantité d'eau y a-t-il à présent dans le récupérateur ?

• D'après le calcul posé ci-contre, on a récupéré aujourd'hui :
17,5 × 6,5 L = 113,75 L.
• 125 L + 113,75 L = 238,75 L
Il y a donc à présent 238,75 L d'eau dans le récupérateur.

		1	7,	5
×			6,	5
		8	7	5
1	0	5	0	0
1	1	3,	7	5

6 **Gabriel peut-il acheter 1,4 kg de ce fromage avec 25 € ?**
Si oui, combien lui restera-t-il ?
Si non, combien lui manque-t-il ?

15,70 € le kg

• D'après le calcul posé ci-contre :
1,4 × 15,70 € = 21,98 €
Gabriel peut acheter 1,4 kg de ce fromage.
• 25 € − 21,98 € = 3,02 €
Il lui restera 3,02 €.

	1	5,	7
×		1,	4
	6	2	8
1	5	7	0
2	1,	9	8

7 **En 2019, il y avait 2,16 millions de personnes à Paris et 4,65 fois plus de personnes dans le reste de la région Île-de-France.**
Quelle était la population de l'Île-de-France en 2019 ?

• 10,044 millions d'habitants vivaient dans le reste de la région.
• 2,16 + 10,044 = 12,204
12,204 millions d'habitants au total vivaient en Île-de-France.

			4,	6	5
×			2,	1	6
		2	7	9	0
		4	6	5	0
	9	3	0	0	0
1	0,	0	4	4	0

8 **Eva a parcouru 6,2 km par heure pendant 2,5 h avant de faire une pause.**
Quelle distance lui reste-t-il à parcourir pour terminer sa randonnée de 21,3 km ?

• 2,5 × 6,2 km = 2 × 6,2 km + 0,5 × 6,2 km
Donc 2,5 × 6,2 km = 12,4 km + 3,1 km = 15,5 km.
Eva a parcouru 15,5 km.
• 21,3 km − 15,5 km = 5,8 km
Il lui reste 5,8 km à parcourir.

FICHE **26**

Priorités opératoires

CALCUL MENTAL

• ………… • …………
• ………… • …………
• ………… • …………

BILAN ……/……

→ Les calculs entre parenthèses sont prioritaires.

A = 2,1 × (3,7 + 5,3)

A = 2,1 × 9

A = 18,9

On effectue d'abord les calculs entre parenthèses.

→ La multiplication est prioritaire sur les additions et les soustractions.

B = 17 – 5 × 3,2

B = 17 – 16

B = 1

On effectue d'abord la multiplication.

---

1 **a.** Compléter.

A = 12 + 4 × 2,5
A = 12 + 10
A = 22

B = (3,5 + 4) × 6
B = 7,5 × 6
B = 45

b. Décomposer les calculs comme ci-dessus.

C = (7 – 3,8) × 4
C = 3,2 × 4
C = 12,8

D = 15 – 2 × 3,5
D = 15 – 7
D = 8

2 Pour chaque expression, souligner le calcul prioritaire, puis effectuer le calcul en ligne.

a. (6,8 – 6,79) × 4,3 = 0,01 × 4,3 = 0,043

b. 3,8 + 1,2 × 0,3 = 3,8 + 0,36 = 4,16

c. 46,8 × (0,3 + 0,2) = 46,8 × 0,5 = 23,4

d. 910 – 0,83 × 1 000 = 910 – 830 = 80

3 **a.** Barrer les parenthèses inutiles.

A = (14,2 × 3) – 12   B = (2,5 – 1,8) × 3 + (5 × 2,1)

b. Effectuer ces deux calculs.

• A = 14,2 × 3 – 12 = 42,6 – 12 = 30,6
• B = (2,5 – 1,8) × 3 + 5 × 2,1
B = 0,7 × 3 + 10,5
B = 2,1 + 10,5 = 12,6

4 Calculer en ligne.

A = 0,5 × (14 – 1,6) = 0,5 × 12,4 = 6,2

B = 7,8 + 100 × 3,2 = 7,8 + 320 = 327,8

C = 0,6 × 0,9 + 0,8 × 1,2 = 0,54 + 0,96 = 1,5

---

5 **Voici deux expressions :**
A = 14,7 + 5,4 × 2 et B = 14 – (3,7 + 5,6)

a. Quel calcul doit-on effectuer en premier :

• pour A ? La multiplication.

• pour B ? Le calcul entre parenthèses.

b. Calculer A et B.

A = 14,7 + 5,4 × 2 = 14,7 + 10,8 = 25,5

B = 14 – (3,7 + 5,6) = 14 – 9,3 = 4,7

6 **Lors d'une course de 23,2 km les coureurs effectuent 6 tours d'un circuit de 2,9 km puis traversent une ville.**

a. Écrire une expression qui permet de calculer la longueur de la traversée de la ville.
b. Calculer cette longueur puis conclure.

a. 23,2 km – 6 × 2,9 km
b. 23,2 km – 6 × 2,9 km = 23,2 km – 17,4 km = 5,8 km
La longueur de la traversée de la ville est 5,8 km.

7 **Voici deux programmes de calculs.**

Programme 1	**Programme 2**
• Choisir un nombre. • Ajouter 0,7. • Multiplier par 2,4.	• Choisir un nombre. • Multiplier par 0,2. • Ajouter 6,4.

a. Quels nombres obtient-on avec chacun de ces deux programmes si le nombre choisi est 5,3 ?
b. Traduire par une expression chacun de ces deux programmes quand le nombre choisi est 5,3.

a. Avec le programme 1 :
5,3 → 5,3 + 0,7 = 6 → 6 × 2,4 = 14,4
Avec le programme 2 :
5,3 → 5,3 × 0,2 = 1,06 → 1,06 + 6,4 = 7,46
Si le nombre choisi est 5,3, on obtient 14,4 avec le programme 1 et 7,46 avec le programme 2.
b. Avec le programme 1 : (5,3 + 0,7) × 2,4
Avec le programme 2 : 5,3 × 0,2 + 6,4

Perfectionnement

CALCUL MENTAL
• .... • ....
• .... • ....
• .... • ....
BILAN ..../........

1 **Un camion transporte 100 palettes. Chaque palette contient 10 packs de 6 bouteilles d'eau minérale de 1,5 L.**

Combien de litres d'eau minérale transporte ce camion ?

$100 \times 10 \times 6 \times 1{,}5$ L $= 1\,000 \times 9$ L $= 9\,000$ L

Ce camion transporte 9 000 L d'eau minérale.

2 **Passer une annonce dans un journal coûte 23,50 €, puis il faut ajouter 8,50 € par ligne.**

Quel est le prix de cette annonce ?

À Gassin, vends 3 pièces, 60 m²
Terrasse 12 m² 255 000 €
E-mail : flotsbleus@mail.com

$23{,}50$ € $+ 3 \times 8{,}50$ € $= 23{,}50$ € $+ 25{,}50$ € $= 49$ €

Le prix de cette annonce est 49 €.

3 **Lou pratique la course à pied. Elle part de chez elle en courant, fait 4 tours du lac, puis rentre chez elle (toujours en courant). Le tour du lac mesure 1,3 km et il y a 350 m entre la maison de Lou et le lac.**

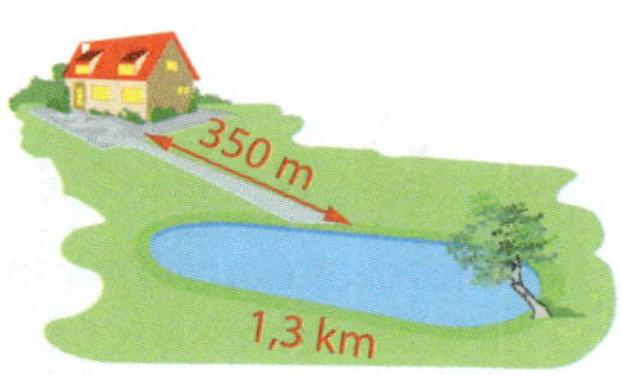

Quelle distance, en km, Lou parcourt-elle au total ?

• $4 \times 1{,}3$ km $= 5{,}2$ km
• 350 m $= 0{,}35$ km
• $5{,}2$ km $+ 2 \times 0{,}35$ km $= 5{,}2$ km $+ 0{,}7$ km $= 5{,}9$ km
Donc Lou parcourt 5,9 km.

4 **Max le cuisinier a sa recette de « spaghettis Valentino ». Pour 1 kg de spaghettis, il prévoit 0,2 kg de sauce. Pour 1 kg de sauce, il utilise 0,8 kg de tomates.**

Quelle quantité de tomates Max doit-il utiliser pour préparer 7,5 kg de « spaghettis Valentino » ?

• $7{,}5 \times 0{,}2 = 1{,}5$
Max doit prévoir 1,5 kg de sauce.
• $1{,}5 \times 0{,}8 = 1{,}2$
Max doit utiliser 1,2 kg de tomates.

5 **Algo** **Avec un billet de 20 €, Yana a acheté 1,5 kg de café à 9,60 € le kg et 0,4 kg de thé à 4,30 € le kg. Voici les instructions Scratch qui permettent de calculer la somme rendue à Yana.**

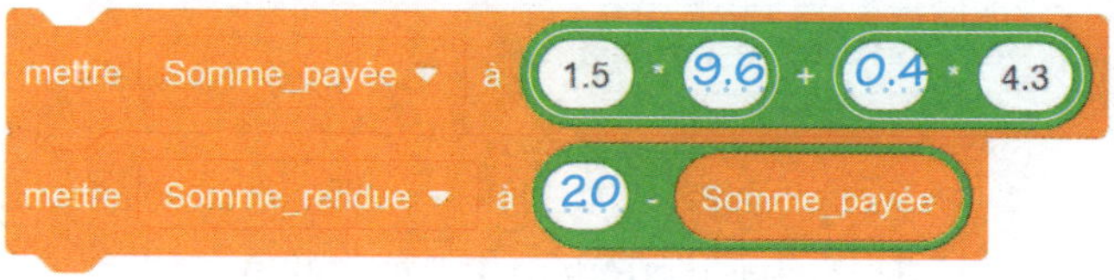

a. Compléter les nombres manquants.
b. Calculer la somme que le vendeur rend à Yana.

$1{,}5 \times 9{,}6$ € $+ 0{,}4 \times 4{,}3$ € $= 16{,}12$ €
et 20 € – 16,12 € = 3,88 €. Le vendeur rend donc 3,88 € à Yana.

6 **Voici un extrait d'une carte anglaise. Il y a 34,1 miles entre Sunderland et Darlington.**

Sachant que 1 mile ≈ 1,6 km, calculer la distance, en km, entre :
a. Durhan et Sunderland ;
b. Durhan et Darlington.

a. D'après le calcul posé ci-contre, il y a 24,960 km entre Durhan et Sunderland.

	1	5,	6
×		1,	6
	9	3	6
1	5	6	0
2	4,	9	6

b. • D'après le calcul posé ci-contre, il y a 54,560 km entre Sunderland et Darlington.
• $54{,}56$ km $- 24{,}96$ km $= 29{,}6$ km.
Donc il y a 29,600 km entre Durhan et Darlington.

	3	4,	1
×		1,	6
2	0	4	6
3	4	1	0
5	4,	5	6

7 **En 1960, 9,5 milliards de tonnes de CO_2 ont été émises sur Terre. Ces émissions ont été multipliées par 2,5 entre 1960 et 1990, et par 3,6 entre 1960 et 2018.**

Calculer l'augmentation, en milliard de tonnes, des émissions de CO_2 entre 1990 et 2018.

• $9{,}5 \times 2{,}5 = 23{,}75$ et $9{,}5 \times 3{,}6 = 34{,}2$.
Les émissions de CO_2 étaient de 23,75 milliards de tonnes en 1990 et de 34,2 milliards de tonnes en 2018.
• $34{,}2 - 23{,}75 = 10{,}45$
Les émissions de CO_2 ont augmenté de 10,45 milliards de tonnes entre 1990 et 2018.

FICHE 28

QCM & jeux

QCM

Voici un questionnaire à choix multiples.
Pour chaque question, entourer la (ou les) réponse(s) exacte(s).

Bilan ..... / 8

A	16,3 × 100 est égal à …	16 300	1 630	16,300
B	85,4 × 0,1 est égal à …	8,54	0,854	854
C	53 × 0,5 est égal à …	53 : 2	50 : 2 + 3 : 2	26,5
D	Il n'y a pas d'erreur dans l'opération (ou les opérations) …	3 8, 2 × 5, 7 1 9 1 0 2 6 7 4 0 2 8 6, 5 0	3 8, 2 × 5, 7 2 6 7 4 1 9 1 0 0 2 1 7, 7 4	3 8, 2 × 5, 7 2 6 7 4 1 9 1 0 0 2 1 7 7, 4
E	Un ordre de grandeur de 41,8 × 695,7 est …	40 × 700	280 000	28 000
F	7,6 × 2,5 est égal à …	7,6 × 2 + 7,6 × 0,5	7,6 × 2 + 7,6	15,2 + 3,8
G	Pour calculer le prix de 2,3 kg de fruits à 5,90 € le kilogramme, on peut effectuer …	2,3 × 5,90 €	2 × 5,90 € + 0,30 €	2 × 5,90 € + 5,90 €
H	5,4 + 4,6 × 0,2 est égal à …	10 × 0,2	14,6	6,32

jeu 1

Pour chaque cible, écrire, avec certains des cinq nombres proposés, un produit égal à la cible.
Pour chaque cible, un nombre ne peut être utilisé qu'une seule fois au plus.

8 0,06 0,4 0,5 10

Cible 1 : 0,3 **Cible 2 :** 0,24 **Cible 3 :** 32 **Cible 4 :** 1,92

Cible 1 : 0,06 × 0,5 × 10 = 0,03 × 10 = 0,3
Cible 2 : 0,06 × 8 × 0,5 = 0,48 × 0,5 = 0,24
ou 0,06 × 0,4 × 10 = 0,024 × 10 = 0,24
Cible 3 : 0,4 × 8 × 10 = 3,2 × 10 = 32
Cible 4 : 0,4 × 8 × 0,06 × 10 = 3,2 × 0,6 = 1,92

jeu 2

Compléter cette multiplication.

		3	2,	6	9
×				5,	7
	2	2	8	8	3
1	6	3	4	5	0
1	8	6,	3	3	3

jeu 3

Résoudre les deux énigmes ci-dessous proposées par le druide gaulois Mathématix à ses élèves.

« Si je calcule le produit :
1,000 006 × 2,000 000 7 × 3,000 000 08 × 4,000 000 009,
combien de chiffres après la virgule a ce produit et quel est le dernier chiffre après la virgule ? »

• On ajoute le nombre de chiffres après la virgule de chaque facteur.
6 + 7 + 8 + 9 = 30
Le produit a 30 chiffres après la virgule.
• On multiplie les derniers chiffres après la virgule de chaque facteur.
6 × 7 × 8 × 9 = 3 024
Le dernier chiffre après la virgule est 4.

FICHE 29

Atelier problèmes

Apprendre à chercher

1 Utiliser les nombres entiers

Au 1er janvier 2021, la population de L'Union européenne à 27 États membres comptait quatre cent quarante-sept millions d'habitants.
À la même date, la population de l'Italie était de cinquante-neuf millions deux cent cinquante-sept mille, soit neuf millions huit cent soixante-treize mille de plus que celle de l'Espagne et huit millions cent quatre-vingt-deux mille de moins que celle de la France.

a. Écrire en chiffres les nombres écrits en vert dans ce texte.

b. Déterminer le nombre de personnes de l'Union européenne qui ne vivaient pas dans les trois pays cités.

a. • 447 000 000 • 59 257 000 • 9 873 000 • 8 182 000

b. • 59 257 000 − 9 873 000 = 49 384 000
La population de l'Espagne était de 49 384 000 habitants.
• 59 257 000 + 8 182 000 = 67 439 000
La population de la France était de 67 439 000 habitants.
• 59 257 000 + 49 384 000 + 67 439 000 = 176 080 000
176 080 000 personnes vivaient dans ces trois pays.
• 447 000 000 − 176 080 000 = 270 920 000
Ainsi, 270 920 000 habitants de l'Union européenne ne vivaient pas dans ces trois pays.

	5	1 9	1 2	1 5	7
−		9	8	7	3
	1	1	1		
	4	9	3	8	4

	4	1 4	7	1 0	1 0	0
−	1	7	6	0	8	0
	1		1	1		
	2	7	0	9	2	0

2 Utiliser diverses écritures d'un nombre décimal

Un jeu est constitué de 16 cartes portant des nombres ; elles sont réparties en quatre familles.

Famille 1 : nombres décimaux en écriture décimale

Famille 2 : fractions de dénominateur 100

Famille 3 : fractions de dénominateur 1 000

Famille 4 : fractions de dénominateur autre que 100 ou 1 000

Dans chaque famille figurent les quatre mêmes nombres, mais avec des écritures différentes.

a. Compléter les cartes vides.

Famille 1	1,3	0,7	1,5	0,25
Famille 2	$\frac{130}{100}$	$\frac{70}{100}$	$\frac{150}{100}$	$\frac{25}{100}$
Famille 3	$\frac{1300}{1\,000}$	$\frac{700}{1\,000}$	$\frac{1500}{1\,000}$	$\frac{250}{1\,000}$
Famille 4	$\frac{13}{10}$	$\frac{7}{10}$	$\frac{3}{2}$	$\frac{1}{4}$

b. Placer les quatre nombres de ce jeu, en écriture décimale, sur la demi-droite graduée ci-dessous.

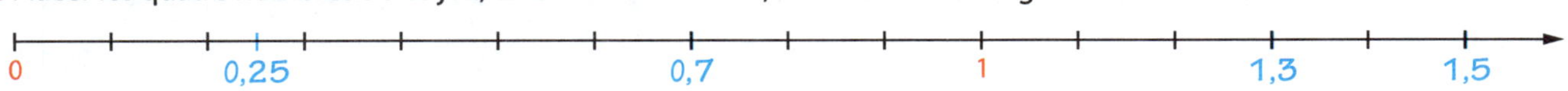

3 Calculer en ligne avec des nombres décimaux

Émile, qui a 50 €, souhaite acheter deux cahiers, un agenda, un paquet de feuilles doubles et un rapporteur. Il a le choix entre le magasin A, qui se trouve à 50 m de chez lui, et le magasin B, à 5 km de chez lui. L'aller-retour en autobus au magasin B coûte 1,50 €.

	Magasin A	Magasin B
Classeur	2,80 €	2,45 €
Cahier	1,50 €	1,70 €
Agenda	7,80 €	7,60 €
Paquet de feuilles simples	2,70 €	2,50 €
Paquet de feuilles doubles	2,90 €	3,00 €
Rapporteur	2,20 €	2,00 €

a. Quel magasin peut-on conseiller à Émile pour faire ses achats ?

b. Quelle somme restera-t-il à Émile après ses achats ?

a. • Magasin A
$2 \times 1{,}5 + 7{,}8 + 2{,}9 + 2{,}2 = 3 + 7{,}8 + 2{,}2 + 2{,}9 = 3 + 10 + 2{,}9 = 15{,}9$
Donc la dépense au magasin A sera de 15,90 €.
• Magasin B
$1{,}5 + 2 \times 1{,}7 + 7{,}6 + 3 + 2 = 1{,}5 + 3{,}4 + 7{,}6 + 5 = 1{,}5 + 11 + 5 = 17{,}5$
Donc la dépense au magasin B sera de 17,50 €.
On peut donc conseiller à Émile de faire ses achats dans le magasin A.
b. $50 - 15{,}9 = 50 - 16 + 0{,}1 = 34 + 0{,}1 = 34{,}1$
Il restera 34,10 € à Émile après ses achats dans le magasin A.

4 Utiliser des informations

• Le rayon de la planète Mercure est environ 2 400 km.
• Celui de Mars est 1,4 fois plus grand, et ceux de la Terre et de Vénus environ 2,5 fois plus grands.
• Les rayons de Neptune et Uranus sont environ 4 fois plus grands que celui de la Terre.
• Le rayon de Saturne est environ 17 fois celui de Mars, et celui de Jupiter 1,2 fois celui de Saturne.

Calculer ces rayons à l'aide de la calculatrice et ranger ces planètes dans l'ordre décroissant de leurs rayons.

• Mars : 2 400 km × 1,4 = 3 360 km
Terre et Vénus : 2 400 km × 2,5 = 6 000 km
Neptune et Uranus : 6 000 km × 4 = 24 000 km
Saturne : 3 360 km × 17 = 57 120 km
Jupiter : 57 120 km × 1,2 = 68 544 km

• Dans l'ordre décroissant des rayons de ces planètes :
Jupiter, Saturne, Neptune et Uranus, Terre et Vénus, Mars, Mercure

5 Interpréter une expérience

Lucie a fait évaporer 1 L d'eau de mer dans un récipient afin de récupérer le sel. Le schéma ci-contre montre le résultat de son expérience.

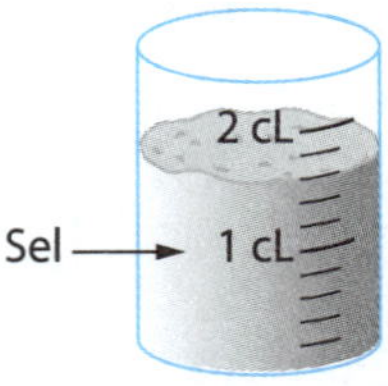

Sachant que 1 cL de sel pèse 21,6 g, calculer la masse de sel, en kg, contenue dans 1 000 L d'eau de cette eau de mer.

• Avec 1 L d'eau de mer, Lucie a récupéré 1,6 cL de sel.
1,6 × 21,6 g = 34,56 g, donc 1 L d'eau de mer contient 34,56 g de sel.
• 1 000 × 34,56 g = 34 560 g
1 000 L d'eau de cette eau mer contiennent donc 34 560 g de sel, soit 34,560 kg de sel.

	2	1,	6
×		1,	6
1	2	9	6
2	1	6	0
3	4,	5	6

FICHE 30

Division euclidienne de deux nombres entiers

CALCUL MENTAL

• .... • ....
• .... • ....
• .... • ....

BILAN ..../.......

→ Effectuer la division euclidienne de **185** par 7 c'est trouver le quotient **26** et le reste **3** tels que :

$185 = 26 \times 7 + 3$ et $3 < 7$.

Dividende → 1	8	5	7 ← Diviseur	
− 1	4		2	6 ← Quotient
	4	5		
	− 4	2		
Reste →		3		

1 **a.** Compléter : $48 = 5 \times 9 + 3$ et $3 < 9$.
Donc dans la division euclidienne de 48 par 9, le quotient est 5 et le reste est 3.

b. Marco affirme : « $54 = 5 \times 9 + 9$ donc dans la division euclidienne de 54 par 9, le quotient q est 5 et le reste r est 9. » Est-ce exact ? Si non expliquer.

Marco se trompe, car le reste ne peut pas être égal au diviseur 9. En fait, $54 = 6 \times 9 + 0$ donc $q = 6$ et $r = 0$.

2 **a.** Combien de piles de 6 assiettes peut-on faire avec 32 assiettes ? Combien d'assiettes reste-t-il ?

$32 = 5 \times 6 + 2$

On peut faire 5 piles et il restera 2 assiettes.

b. Combien de tables de 4 faut-il prévoir pour un repas de 27 personnes ? Combien reste-t-il de places libres ?

$27 = 6 \times 4 + 3$

Il faut prévoir 7 tables et il reste 1 place libre ($4 - 3 = 1$).

3 **1.** Compléter chaque division euclidienne.

a.

	3	5	1	4
−	3	2		8 7
		3	1	
	−	2	8	
			3	

b.

	5	7	8	6
−	5	4		9 6
		3	8	
	−	3	6	
			2	

2. À l'aide de ces divisions, compléter ces égalités.

a. $351 = 87 \times 4 + 3$ **b.** $578 = 96 \times 6 + 2$

4 **a.** Effectuer dans le cadre ci-contre la division euclidienne de 608 par 7.

b. À l'aide des touches 2nde ÷ ou ⊢ de la calculatrice, vérifier le résultat obtenu.

	6	0	8	7
−	5	6		8 6
		4	8	
	−	4	2	
			6	

5 À l'aide de cette division, répondre à chacune des questions ci-dessous.

1	0	9	8
−	8		1 3
	2	9	
−	2	4	
		5	

a. Combien de paquets identiques de 8 gâteaux peut-on faire avec 109 gâteaux ?

On peut faire 13 paquets et il reste 5 gâteaux.

b. Combien de clés USB de 8 Go faut-il prévoir au minimum pour stocker 109 Go de données ?

Il faut prévoir 14 clés au minimum.

c. 109 personnes sont logées dans des dortoirs de 8. Les dortoirs doivent être complets. Combien y a-t-il de places libres dans le dernier dortoir ?

$8 - 5 = 3$, donc il y a 3 places libres.

d. Milly qui a 109 BD fait des rangées de 8 BD. Combien peut-elle faire de rangées et combien de BD lui manque-t-il pour faire une rangée de plus ?

Elle peut faire 13 rangées et il lui manque 3 BD.

6 Compléter ce tableau à l'aide de la calculatrice.

Dividende	Diviseur	Quotient	Reste
1 613	18	89	11
1 329	57	23	18
150	29	5	5

7 À l'aide de cet écran de calculatrice, déterminer le quotient q et le reste r de la division euclidienne :

DEG
1326⊢48
Q=27 R=30

a. de 1 326 par 48 ; **b.** de 1 326 par 27.

a. $q = 27$ et $r = 30$.
b. L'affichage permet d'écrire :
$1\,326 = 27 \times 48 + 30$ mais $30 > 27$.
$1\,326 = 48 \times 27 + 27 + 3 = 49 \times 27 + 3$ et $3 < 27$.
Donc $q = 49$ et $r = 3$.

FICHE 31

Critères de divisibilité par 2, 3, 5, 9, 10

CALCUL MENTAL

• .... • ....
• .... • ....
• .... • ....

BILAN ..../........

→ Dire par exemple que « 36 est **divisible** par 4 » (36 : 4 = 9) se traduit aussi par « 4 est un **diviseur** de 36 » ou par « 36 est un **multiple** de 4 » (36 = 4 × 9).

→ Un nombre entier est divisible par :
- **2** lorsque son chiffre des **unités** est **0**, **2**, **4**, **6** ou **8** ;
- **5** lorsque son chiffre des **unités** est **0** ou **5** ;
- **10** lorsque son chiffre des **unités** est **0** ;
- **3** lorsque la **somme de ses chiffres** est divisible par **3** ;
- **9** lorsque la **somme de ses chiffres** est divisible par **9**.

1 Compléter.

42 = 7 × 6, donc 42 est divisible par 7.

On dit aussi que 42 est un mutiple de 7

ou que 7 est un diviseur de 42.

2 Voici une liste de nombres entiers.

4 | 10 | 25 | 27 | 39 | 51 | 58 | 65 | 72

Parmi ces nombres lesquels sont :

a. divisibles par 2 ? 4, 10, 58 et 72.

b. divisibles par 5 ? 10, 25 et 65.

c. divisibles par 3 ? 27, 39, 51 et 72.

d. divisibles par 9 ? 27 et 72.

3 Dans chaque cas, dire à si l'affirmation est vraie ou fausse. Justifier les réponses.

a. 43 est un multiple de 20.

Fausse car 43 = 20 × 2 + 3.

b. 4 est un diviseur de 32.

Vraie car 32 = 4 × 8.

c. 24 est divisible par 4 et par 3.

Vraie car 24 : 4 = 6 et 24 : 3 = 8.

d. 30 est un multiple de 6 et un diviseur de 150.

Vraie car 30 = 6 × 5 et 150 : 30 = 5.

4 **a.** Expliquer pourquoi 6 534 est un multiple de 3 et de 9.

b. Quel est le plus petit multiple de 9 supérieur à 6 535 ?

a. 6 + 5 + 3 + 4 = 18
Or 18 est divisible par 3 et par 9, donc 6 534 est divisible par 3 et par 9.
Ainsi, 6 534 est un multiple de 3 et de 9.
b. Le plus petit multiple de 9 supérieur à 6 535 est 6 534 + 9, c'est-à-dire 6 543.

5 Compléter ce tableau (par oui ou par non pour les deux dernières lignes).

Nombre	**507**	**829**	**531**	**825**	**3 456**
Somme des chiffres	12	19	9	15	18
Le nombre est divisible par 3	oui	non	oui	oui	oui
Le nombre est divisible par 9	non	non	oui	non	oui

6 Compléter ce tableau par oui ou par non.

est divisible	**par 2**	**par 3**	**par 5**	**par 9**
42	oui	oui	non	non
100	oui	non	oui	non
684	oui	oui	non	oui
825	non	oui	oui	non
5 796	oui	oui	non	oui

7 L'année de naissance de Carmen est un multiple de 9 et elle est divisible par 2.

Souligner ci-dessous cette année de naissance.

1935 • 1938 • 1942 • 1944 • 1946 • 1949

8 Déterminer le code de la carte bancaire de Nina sachant qu'il s'agit d'un nombre entier :
- supérieur à 3 519 et inférieur 3 530 (non compris) ;
- divisible par 3 et par 5.

• Le code s'écrit sous la forme 352▲, où ▲ est un chiffre.
• Le code est divisible par 5, donc ▲ est 0 ou 5.
• Si ▲ = 0, alors 3 + 5 + 2 + 0 = 10, mais 10 n'est pas divisible par 3.
• Si ▲ = 5, alors 3 + 5 + 2 + 5 = 15 et 15 est divisible par 3.
Donc le code de la carte de Nina est 3525.

FICHE **32**

Division décimale de deux nombres entiers

CALCUL MENTAL

•............ •............
•............ •............
•............ •............

BILAN ..../........

→ Effectuer la **division décimale** d'un nombre entier ▲ par un nombre entier ■ différent de 0, c'est trouver un nombre appelé **quotient** par lequel multiplier ■ pour obtenir ▲.

Dividende ▲ = **quotient** × ■ Diviseur

quotient = ▲ : ■

• La division décimale de 14 par 4 « tombe juste ».

14 : 4 = 3,5

c'est-à-dire

3,5 × 4 = 14.

				u	$\frac{1}{10}$
	1	4,	0	4	
−	1	2		u	$\frac{1}{10}$
		2	0	3,	5
	−	2	0		
			0		

• La division décimale de 8 par 3 « ne se termine pas ». On donne une valeur approchée du quotient :

8 : 3 ≈ 2,66 (au centième près).

	u	$\frac{1}{10}$	$\frac{1}{100}$			
	8,	0	0	3		
−	6			u	$\frac{1}{10}$	$\frac{1}{100}$
	2	0		2,	6	6
−	1	8				
		2	0			
	−	1	8			
			2			

1 Compléter.

a. 2 × ■ = 19 donc ■ = 19 : 2 = 9,5

b. 4 × ■ = 10 donc ■ = 10 : 4 = 2,5

2 Compléter en calculant mentalement.

a. 12 : 2 = 6 b. 5 : 2 = 2,5 c. 1 : 5 = 0,2

d. 17 : 2 = 8,5 e. 26 : 13 = 2 f. 13 : 10 = 1,3

3 Compléter.

a.

	3	0,	0	4
−	2	8		7, 5
		2	0	
	−	2	0	
			0	

b.

	6,	0	0	8		
−	0			0,	7	5
	6	0				
−	5	6				
		4	0			
	−	4	0			
			0			

4 Un lot de 5 boîtes de conserve identiques pèse 4 kg.

Calculer la masse, en kg, de chacune de ces boîtes.

D'après la division ci-contre, une boîte pèse 0,8 kg.

	4,	0	5
−	0		0, 8
	4	0	
−	4	0	
		0	

5 Calculer le prix d'une de ces tulipes.

8 tulipes 20 €

D'après la division ci-contre, une tulipe coûte 2,50 €

	2	0,	0	8
−	1	6		2, 5
		4	0	
	−	4	0	
			0	

6 Calculer :

a. la contenance, en L, d'une de ces bouteilles ;

b. le prix, en €, d'une de ces bouteilles.

6 bouteilles • 9 L • 3 €

a.

	9,	0	6
−	6		1, 5
	3	0	
−	3	0	
		0	

Une bouteille contient 1,5 L.

b.

	3,	0	6
−	0		0, 5
	3	0	
−	3	0	
		0	

Une bouteille coûte 0,50 €.

7 Un sachet de sept figurines coûte 18 €.

a. Encadrer le prix d'une figurine par deux nombres entiers consécutifs.

b. Utiliser la calculatrice pour calculer le prix, en €, d'une figurine.

Donner une valeur approchée au centième près.

a. 7 × 2 < 18 < 7 × 3, donc le prix d'une figurine est compris entre 2 € et 3 €.

b. 18:7 2,571428571

Le prix d'une figurine est environ 2,57 € (ou 2,58 €).

8 Un industriel a utilisé 6 L de produit pour remplir entièrement 400 mini-flacons identiques.

Utiliser la calculatrice pour calculer la contenance, en L, d'un mini-flacon.

6:400 0,015

La contenance d'un mini-flacon est 0,015 L (ou 1,5 cL).

FICHE **33**

Division d'un nombre décimal par un nombre entier

CALCUL MENTAL

● .... ● ....
● .... ● ....
● .... ● ....

BILAN ..../........

→ Effectuer la **division décimale** d'un nombre décimal ▲ par un nombre entier ■ différent de 0, c'est trouver le nombre, appelé **quotient**, par lequel multiplier ■ pour obtenir ▲.

▲ = **quotient** × ■ **quotient** = ▲ : ■

La division décimale de 9,2 par 4 « tombe juste » :

9,2 : 4 = 2,3, c'est-à-dire 4 × 2,3 = 9,2

	u	$\frac{1}{10}$		
	9,	2	4	
−	8		u	$\frac{1}{10}$
	1	2	2,	3
−	1	2		
		0		

★

1 **1.** Compléter.

a. 3 × ■ = 1,2 donc ■ = ..1,2.. : ..3.. = ..0,4..

2. Compléter chacune de ces égalités.

a. 8 × ..0,4.. = 3,2 **b.** ..0,9.. × 6 = 5,4

2 Compléter en calculant mentalement.

a. 2,4 : 3 = ..0,8.. **b.** 5,6 : 7 = ..0,8.. **c.** 2,4 : 6 = ..0,4..

d. 3 : 5 = ..0,6.. **e.** 0,63 : 9 = ..0,07.. **f.** 0,1 : 2 = ..0,05..

3 **a.** Comment déterminer, à l'aide de la calculatrice, le nombre manquant dans l'égalité ... × 27 = 11,61 ?
b. Déterminer de même une valeur approchée au centième près du nombre manquant dans l'égalité ... × 9 = 42,1.

a. On calcule le quotient 11,61 : 27.
Le nombre manquant est 0,43.
b. Une valeur approchée au centième près du nombre manquant est 4,67 ou 4,68.

11,61:27
0,43

42,1:9
4,677777778

4 Effectuer ces divisions décimales.

a.

	4,	5	0	6		
−	0			0,	7	5
	4	5				
−	4	2				
		3	0			
	−	3	0			
			0			

b.

	3	4,	6	0	5		
−	3	0			6,	9	2
		4	6				
	−	4	5				
			1	0			
		−	1	0			
				0			

5 Effectuer la division décimale de 12,2 par 4 puis vérifier à l'aide de la calculatrice.

	1	2,	2	0	4		
−	1	2			3,	0	5
		0	2				
	−	0	0				
			2	0			
		−	2	0			
				0			

★★

6 Calculer chaque nombre manquant.

Affiche 1

Prix : 53,70 €
Masse : 6 kg
Prix au kg : ..8,95.. €

Affiche 2

Prix : 18,50 €
Masse : ..3,7.. kg
Prix au kg : 5 €

Affiche 1

5 3, 7 0	6
− 4 8	8, 9 5
5 7	
− 5 4	
3 0	
− 3 0	
0	

Affiche 2

1 8, 5	5
− 1 5	3, 7
3 5	
− 3 5	
0	

7 **Lia a préparé 1,5 L de jus d'orange qu'elle veut verser équitablement dans sept grands verres.**
À l'aide de la calculatrice, déterminer une valeur approchée au centième près de la quantité, en L, de jus d'orange versé dans un verre.

La quantité de jus d'orange versé dans un verre est environ 0,21 L ou 0,22 L.

1,5:7
0,214285714

8 **Les sept poteaux de cette barrière sont régulièrement espacés et ont la même largeur.**

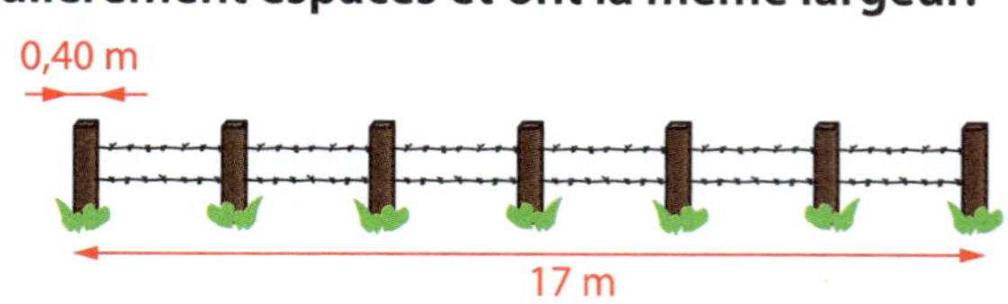

À l'aide de la calculatrice, déterminer une valeur approchée au centième près de la distance, en m, qui sépare deux poteaux consécutifs.

• 7 × 0,4 m = 2,8 m et 17 m − 2,8 m = 14,2 m.
• Chacune des six distances entre deux poteaux consécutifs est environ 2,36 m ou 2,37 m.

14,2:6
2,366666667

FICHE 34

Division d'un nombre décimal par 10, 100, 1 000

CALCUL MENTAL

• .... • ....
• .... • ....
• .... • ....

BILAN ..../........

→ Quand on divise un nombre décimal par **10** (ou **100** ou **1 000**), le chiffre des unités devient le chiffre des **dixièmes** (ou des **centièmes** ou des **millièmes**).

• 78,3 : 10 = 7,83 • 78,3 : 100 = 0,783 • 78,3 : 1 000 = 0,078 3

→ Diviser un nombre décimal par **10** revient à le multiplier par **0,1**.

• 2,6 : 10 = 2,6 × 0,1 = 0,26 • 0,75 : 10 = 0,75 × 0,1 = 0,075

1 Compléter en calculant mentalement.

a. 42 : 100 = 0,42
b. 57 : 1 000 = 0,057
c. 3,6 : 10 = 0,36
d. 836,2 : 100 = 8,362
e. 9,8 : 1 000 = 0,009 8
f. 2,5 : 100 = 0,025

2 Compléter en calculant mentalement.

a. 78 : 10 = 7,8
b. 250 : 100 = 2,5
c. 13,9 : 100 = 0,139
d. 3,7 : 1 000 = 0,003 7

3 Compléter chacun de ces schémas.

a. 1 230 —(: 100)→ 12,3 —(: 1 000)→ 0,012 3
1 230 —(× 0,01)→ 12,3 —(× 0,001)→ 0,012 3

b. 786,5 —(: 10)→ 78,65 —(: 100)→ 0,786 5
786,5 —(× 0,1)→ 78,65 —(× 0,01)→ 0,786 5

4 Un paquet de 1 000 feuilles a une hauteur de 19 cm. Quelle est l'épaisseur d'une feuille, en cm ?

19 cm : 1 000 = 0,019 cm

L'épaisseur d'une feuille est 0,019 cm.

5 Une voiture consomme 4,3 L de carburant pour 100 km. Quelle est sa consommation pour 1 km ?

4,3 L : 100 = 0,043 L

Cette voiture consomme 0,043 L pour 1 km.

6 Une ville de 10 000 habitants produit 3 540 000 kg d'ordures ménagères par an.

Quelle quantité d'ordures ménagères, en kg, produit en moyenne un habitant en une année ?

3 540 000 kg : 10 000 = 354 kg, donc un habitant produit en moyenne 354 kg d'ordures ménagères.

7 Le foyer d'un collège commande 100 dés à jouer pour 26 €, prix auquel il faut rajouter 6 € de frais de livraison.

Quel est le prix d'un dé finalement ?

• 26 € + 6 € = 32 €
Les 100 dés coûtent finalement 32 €.
• 32 € : 100 = 0,32 €
Le prix d'un dé est finalement 0,32 €.

8 Marion achète 10 pains au chocolat au prix de 1,30 € l'un et 100 baguettes. Elle paie 108 €.

Quel est le prix d'une baguette ?

• 10 × 1,30 € = 13 €
Les 10 pains au chocolat coûtent 13 €.
• 108 € − 13 € = 95 €
Les 100 baguettes coûtent 95 €.
• 95 € : 100 = 0,95 €.
Une baguette coûte 0,95 €.

9 Pour réaliser 100 colliers identiques à celui-ci, Julia a utilisé 85 kg de perles de même masse.

Calculer la masse d'une perle, en g.

• Il y a 10 perles dans un collier.
• 100 × 10 = 1 000
Julia a utilisé 1 000 perles.
• 85 kg : 1 000 = 0,085 kg
Une perle pèse 0,085 kg, soit 85 g.

**10 En 2021, la population mondiale était d'environ 7,85 milliards de personnes.
La population de la ville de Fort-de-France (Martinique) était environ 100 000 fois moins importante.**

Estimer le nombre d'habitants à Fort-de-France en 2021.

• 7,85 milliards = 7 850 000 000
7 850 000 000 : 100 000 = 78 500
Il y avait 78 500 habitants à Fort-de-France en 2021.

FICHE 35

Perfectionnement

CALCUL MENTAL

•............ •............
•............ •............
•............ •............

BILAN ..../.........

1 **On a représenté dans le tableau ci-dessous les deux premières rangées A et B des sièges d'un bateau qui sont répartis autour d'une allée centrale.**

9	10	11	12	**B**	13	14	15	16
1	2	3	4	**A**	5	6	7	8

Le siège 11 est à la rangée B et il est noté B11.
Il y a au total 26 rangées.

Sur quelle rangée se trouve le siège :

a. 52 ? **b.** 155 ?

a.
```
  5 2 | 8
- 4 8 |----
    4 | 6
```
Le siège 52 est à la 7e rangée donc à la rangée G.

b.
```
  1 5 5 | 8
-   8   |-----
    7 5 | 1 9
  - 7 2
      3
```
Le siège 155 est à la 20e rangée donc à la rangée T.

2 **Le futur escalier d'un skate-park est représenté ci-dessous. Il est constitué de cinq marches identiques et d'une plate-forme de 62 cm.**

Calculer

a. la hauteur d'une marche ;

b. la largeur d'une marche.

a.
```
  9 9, 0 | 5
- 5      |--------
  4 9    | 1 9, 8
- 4 5
    4 0
  - 4 0
      0
```
La hauteur d'une marche est 19,8 cm.

b. 160,8 − 62 = 98,8
```
  9 8, 8 | 4
- 8      |--------
  1 8    | 2 4, 7
- 1 6
    2 8
  - 2 8
      0
```
La largeur d'une marche est 24,7 cm.

3 **Une entreprise de parfum conditionne en deux parts égales sa production dans deux types de flacons : « Grand » et « Mini ». Cette semaine, l'entreprise a conditionné 300 flacons « Grand » et 1 600 flacons « Mini ».**

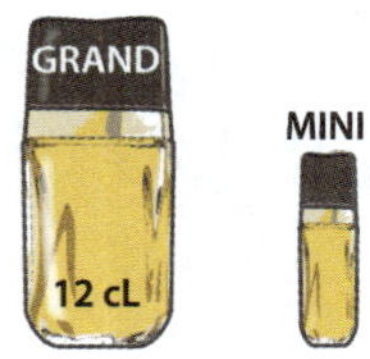

Calculer la contenance, en mL, d'un flacon « Mini ».

• 300 × 12 cL = 3 600 cL, donc 300 flacons « Grand » contiennent 3 600 cL de parfum.
• 3 600 cL : 1 600 = 2,25 cL

3600:1600 2,25

Donc un flacon « Mini » contient 2,25 cL, soit 22,5 mL de parfum.

4 **Pour encadrer chacune de ses œuvres, un artiste utilise 14 plaques en bois rectangulaires identiques.**

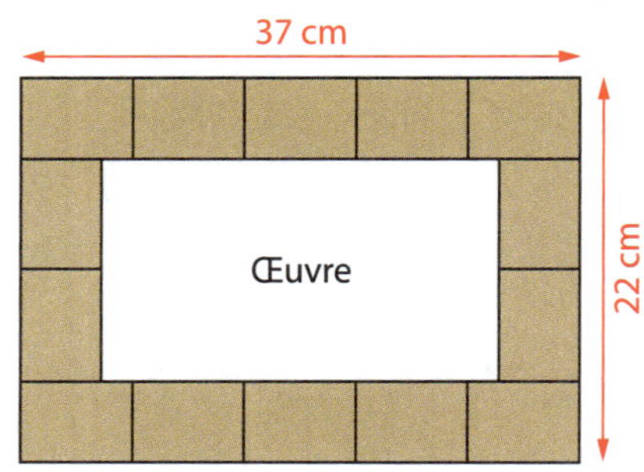

1. L'artiste a payé 640 € pour 1 000 plaques.

a. Quel est le prix d'une plaque ?

b. Combien d'œuvres peut-il encadrer ?

c. Combien de plaques lui manque-t-il pour encadrer une œuvre supplémentaire ?

2. Calculer la longueur puis la largeur d'une plaque.

1. a. 640 € : 1 000 = 0,64 €
Donc le prix d'une plaque est 0,64 €.

b. D'après la division ci-contre, il peut encadrer 71 œuvres.
```
  1 0 0 0 | 1 4
-   9 8   |------
      2 0 | 7 1
    - 1 4
        6
```
c. 14 − 6 = 8
Donc il lui manque 8 plaques.

2. • 37 cm : 5 = 7,4 cm
Donc la longueur d'une plaque est 7,4 cm.
• 22 cm − 2 × 7,4 cm = 22 cm − 14,8 cm = 7,2 cm
7,2 cm : 2 = 3,6 cm
Donc la largeur d'une plaque est 3,6 cm.

FICHE 36

QCM & jeux

QCM

Voici un questionnaire à choix multiples.
Pour chaque question, entourer la (ou les) réponse(s) exacte(s).

Bilan ..... / 6

A	On sait que 167 = 5 × 32 + 7. Alors pour la division euclidienne …	de 167 par 32, le quotient est 5 et le reste est 7	de 167 par 5, le quotient est 32 et le reste est 7	de 167 par 5, le quotient est 33 et le reste est 2
B	On souhaite acheter 172 serviettes. Les serviettes sont vendues par paquets de 12. Alors …	il faut acheter 14 paquets	il faut acheter 15 paquets	il y aura 8 serviettes en trop
C	528 est …	un diviseur de 2	un multiple de 3	divisible par 2
D	Dans la division décimale de 84 par 5, le quotient est …	16	16,4	16,8
E	Pour connaître le nombre manquant dans l'égalité 11 × … = 25,6, on effectue …	25,6 : 11	11 : 25,6	25,6 − 11
F	35,8 : 10 est égal à …	3,58	358	35,8 × 0,1

jeu 1

On peut juxtaposer deux dominos lorsque les deux parties qui se touchent désignent le même nombre.
Placer les sept dominos disponibles sur le circuit.

Le circuit

Haut : 18 : 4 | 18 : 5 — 360 : 100 | 19 : 20 — 5,7 : 6 | 6 : 5

Droite : 4,8 : 4 | 0,5 : 2

Bas : 3,2 : 8 | 16 : 2 — 48 : 6 | 0,35 : 5 — 7 : 100 | 25 : 100

Gauche : 27 : 6 | 40 : 100

Les dominos

48 : 6 | 0,35 : 5	4,8 : 4 | 0,5 : 2
360 :100 | 19 : 20	27 : 6 | 40 : 100
5,7 : 6 | 6 : 5	3,2 : 8 | 16 : 2
7 : 100 | 25 : 100	

jeu 2

Pour déchiffrer le message caché ci-contre, relier les multiples de 3 dans l'ordre croissant.

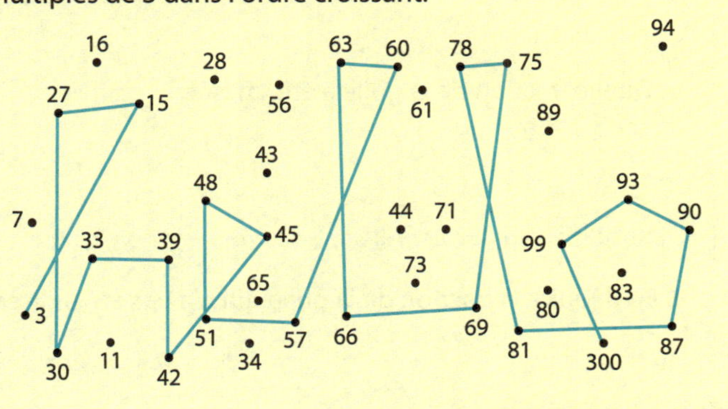

Source : Sciences et Vie Junior, B. Myers

jeu 3

Compléter cette division euclidienne en utilisant chacun des six chiffres 1, 2, 3, 4, 5 et 6 une seule fois.

2 5 3 | 4 2
  1 | 6

jeu 4

Qui de 60 ou de 100 a le plus de diviseurs ? 60

60 a 12 diviseurs : 1, 2, 3, 4, 5, 6, 10, 12, 15, 20, 30 et 60.
100 a 9 diviseurs : 1, 2, 4, 5, 10, 20, 25, 50 et 100.

FICHE 37

Addition de fractions de même dénominateur

CALCUL MENTAL

• .... • ....
• .... • ....
• .... • ....

BILAN ..../........

→ Pour **additionner** deux fractions de **même dénominateur**, on ajoute les numérateurs et on conserve le dénominateur.

$$\frac{♦}{♥}+\frac{♣}{♥}=\frac{♦+♣}{♥}$$

• $\frac{1}{5}+\frac{3}{5}=\frac{1+3}{5}=\frac{4}{5}$

• $\frac{7}{3}+\frac{13}{3}=\frac{7+13}{3}=\frac{20}{3}$

★

1 Compléter chaque phrase.

a. Un quart plus deux quarts est égal à trois quarts.

b. Deux dixièmes plus un dixième est égal à trois dixièmes.

c. Deux tiers plus cinq tiers est égal à sept tiers.

d. Trois demis plus six demis est égal à neuf demis.

2 **1.** Colorier afin de représenter la fraction donnée.

a. $\frac{5}{3}$

b. $\frac{4}{3}$

c. $\frac{9}{3}$

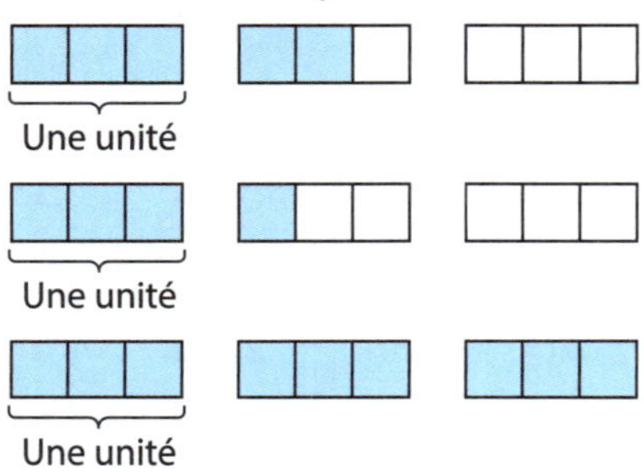

2. Compléter : $\frac{5}{3}+\frac{4}{3}=\frac{5+4}{3}=\frac{9}{3}=3$.

3 Compléter.

a. $\frac{4}{11}+\frac{6}{11}=\frac{4+6}{11}=\frac{10}{11}$

b. $\frac{8}{4}+\frac{13}{4}=\frac{8+13}{4}=\frac{21}{4}$

c. $\frac{3}{9}+\frac{2}{9}=\frac{5}{9}$

4 **Charlotte utilise $\frac{9}{20}$ de son paquet de farine pour faire une pizza puis $\frac{7}{20}$ pour un gâteau.**

a. Quelle fraction de son paquet utilise-t-elle ?

$\frac{9}{20}+\frac{7}{20}=\frac{16}{20}$, donc elle utilise $\frac{16}{20}$ de son paquet.

b. Charlotte veut ensuite faire des crêpes.
Elle a besoin des $\frac{4}{20}$ du paquet de farine.
A-t-elle assez de farine ?

$\frac{16}{20}+\frac{4}{20}=\frac{20}{20}=1$, donc elle a assez de farine.

★★

5 **Esteban parcourt $\frac{5}{9}$ d'un circuit à vélo, puis $\frac{2}{9}$ du circuit en nageant.**

a. Quelle fraction du circuit a-t-il parcourue ?

$\frac{5}{9}+\frac{2}{9}=\frac{7}{9}$, donc il a parcouru $\frac{7}{9}$ du circuit.

b. Esteban parcourt le reste du circuit en marchant.
Quelle fraction du circuit parcourt-il à pied ?

$\frac{7}{9}+\frac{2}{9}=\frac{9}{9}=1$

Donc Esteban parcourt $\frac{2}{9}$ du circuit à pied.

6 **Le jeu Tic Tac Toe consiste à aligner 5 croix ou 5 ronds sur une grille de 25 cases. Chacun des deux joueurs coche une case à tour de rôle. Abel a déjà placé 5 croix et Zoé a dessiné 4 ronds.**

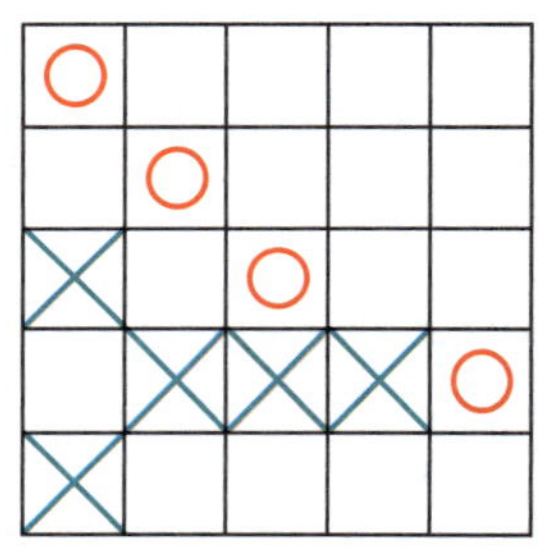

a. Quelle fraction de la grille est occupée par :
• les croix ? • les ronds ?

Il y a 25 cases dans le jeu.
Donc la fraction de la grille occupée :
• par les croix est $\frac{5}{25}$;
• par les ronds est $\frac{4}{25}$.

b. Quelle fraction de la grille a été utilisée ?

$\frac{5}{25}+\frac{4}{25}=\frac{9}{25}$

Donc la fraction de la grille utilisée est $\frac{9}{25}$.

c. En déduire la fraction de la grille qui n'a pas été utilisée.

On remarque que $\frac{9}{25}+\frac{16}{25}=\frac{25}{25}=1$, donc la fraction de la grille qui n'a pas été utilisée est $\frac{16}{25}$.

FICHE 38

Interprétation de la moitié, du quart, ...

CALCUL MENTAL

• .... • ....
• .... • ....
• .... • ....

BILAN ..../........

→ Pour prendre la **moitié** d'un nombre, on le multiplie par $\frac{1}{2}$, c'est-à-dire par 0,5.
Calculer **50 %** d'un nombre, c'est multiplier ce nombre par $\frac{1}{2}$.

→ Pour prendre le **quart** d'un nombre, on le multiplie par $\frac{1}{4}$, c'est-à-dire par 0,25.
Calculer **25 %** d'un nombre, c'est multiplier ce nombre par $\frac{1}{4}$.

1 Déterminer mentalement et compléter.

a. La moitié de 48 est ...24... .

b. $28 \times \frac{1}{2}$ c'est la ...moitié... de 28, c'est-à-dire ...14... .

c. La moitié de 50 c'est $50 \times \frac{1}{2}$, c'est-à-dire ...25... .

d. $\frac{1}{2} \times 26$ est égal à ...13... .

e. $68 \times 0,5$ c'est la ...moitié... de 68, c'est-à-dire ...34... .

2 Déterminer mentalement et compléter.

a. Le quart de 12 est ...3... .

b. $20 \times \frac{1}{4}$ c'est le ...quart... de 20, c'est-à-dire ...5... .

c. Le quart de 44 c'est $44 \times \frac{1}{4}$, c'est-à-dire ...11... .

d. $\frac{1}{4} \times$ ...36... est égal à 9.

e. $40 \times 0,25$ c'est le ...quart... de 40, c'est-à-dire ...10... .

3 Déterminer mentalement et compléter les égalités.

a. $\frac{1}{2} \times 120 =$ 60

b. $0,5 \times 72 =$ 36

c. $\frac{1}{4} \times 28 =$ 7

d. $50\ \% \times 32 =$ 16

e. $0,25 \times 16 =$ 4

f. $25\ \% \times 80 =$ 20

g. $\frac{1}{2} \times 20 \times 50\ \% =$ 5

h. $24 \times 0,25 \times \frac{1}{2} =$ 3

4 Compléter le schéma ci-dessous.

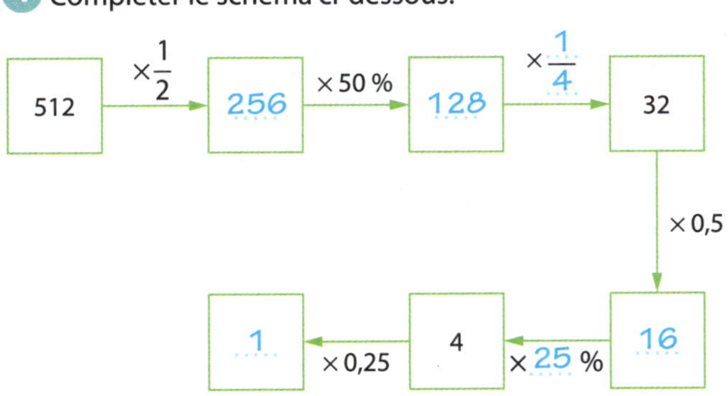

5 Déterminer mentalement et compléter.

a. Le tiers de 18 est ...6... .

b. $15 \times \frac{1}{3}$ c'est le ...tiers... de 15, c'est-à-dire ...5... .

c. Le tiers de 27 c'est $27 \times \frac{1}{3}$, c'est-à-dire ...9... .

d. $\frac{1}{3} \times$ ...33... est égal à 11.

6 **Une plaque de chocolat contient 12 carrés. Alex en mange $\frac{1}{3}$, Béa le quart et Célia le reste.**

Combien de carrés chaque enfant mange-t-il ?

• $\frac{1}{3} \times 12 = 4$, donc Alex a mangé 4 carrés.

• $\frac{1}{4} \times 12 = 3$, donc Béa a mangé 3 carrés.

• $12 - 4 - 3 = 5$, donc Célia a mangé 5 carrés.

7 **Dans une classe de 6ᵉ, il y a 24 élèves. $\frac{3}{4}$ des élèves sont des garçons. La moitié des garçons sont externes et $\frac{1}{3}$ des garçons viennent au collège en bus.**

a. Quelle fraction de filles y a-t-il dans cette classe ?

b. Dans cette classe, combien y a-t-il :
• de filles ? • de garçons ?

c. Dans cette classe, combien y a-t-il de garçons :
• externes ? • qui viennent en bus ?

a. $\frac{3}{4}$ des élèves sont des garçons, donc $\frac{1}{4}$ sont des filles.

b. $\frac{1}{4} \times 24 = 6$, donc il y a 6 filles.

$24 - 6 = 18$, donc il y a 18 garçons.

c. • $0,5 \times 18 = 9$, donc il y a 9 garçons externes.

• $\frac{1}{3} \times 18 = 6$, donc 6 garçons viennent en bus.

FICHE **39**

Quotients et fractions

CALCUL MENTAL
- .... - ....
- .... - ....
- .... - ....

BILAN ..../.......

$\blacklozenge$ et $\bullet$ désignent des nombres entiers, $\bullet \neq 0$.

→ Le **quotient** $\blacklozenge : \bullet$ est aussi noté $\frac{\blacklozenge}{\bullet}$ à l'aide d'une **fraction**.

$\blacklozenge : \bullet = \frac{\blacklozenge}{\bullet}$

Ainsi, la fraction $\frac{\blacklozenge}{\bullet}$ est le nombre qui multiplié par $\bullet$ donne $\blacklozenge$.

$\frac{\blacklozenge}{\bullet} \times \bullet = \blacklozenge$

- $\frac{3}{4} \times 4 = 3$
- $\frac{2}{7} \times 7 = 2$

★

1 Compléter par l'écriture décimale du quotient.

a. $\frac{13}{2} =$ 6,5 **b.** $\frac{15}{3} =$ 5 **c.** $\frac{9}{10} =$ 0,9

2 Compléter chaque phrase.

a. Le nombre qui multiplié par 3 donne 2 est $\frac{2}{3}$.

b. Le nombre qui multiplié par 5 donne 4 est $\frac{4}{5}$.

c. Le nombre qui multiplié par 7 donne 3 est $\frac{3}{7}$.

3 Compléter chaque égalité.

a. $\frac{4}{7} \times 7 =$ 4 **b.** $\frac{5}{3} \times 3 =$ 5 **c.** $\frac{2}{5} \times 5 =$ 2

4 Compléter chaque égalité.

a. $\frac{5}{4} \times$ 4 $= 5$ **b.** $\frac{8}{3} \times$ 3 $= 8$ **c.** 5 $\times \frac{9}{5} = 9$

5 Compléter par une fraction.

a. $\frac{3}{5} \times 5 = 3$ **b.** $\frac{14}{11} \times 11 = 14$ **c.** $3 \times \frac{7}{3} = 7$

6 Compléter la suite de calculs ci-dessous.

7 $\xrightarrow{\times \frac{3}{7}}$ 3 $\xrightarrow{\times \frac{4}{3}}$ 4 $\xrightarrow{:9}$ $\frac{4}{9}$ $\xrightarrow{\times 9}$ 4

7 Compléter afin d'obtenir un encadrement de la fraction par deux nombres entiers consécutifs.

a. 2 $< \frac{11}{5} <$ 3 **b.** 6 $< \frac{45}{7} <$ 7

8 Compléter.

$7 \times \frac{2}{7} \times \frac{4}{3} \times 3 =$ 2 $\times$ 4 $=$ 8

★★

9 **Algo** **Un bricoleur achète une planche de bois de 7 m de longueur. Il doit la partager en 3 morceaux de même longueur.**

a. L'instruction Scratch ci-dessous doit calculer la longueur d'un morceau.
La compléter par les nombres qui conviennent.

mettre Longueur_morceau ▾ à ((1) / (3)) * (7)

b. À l'aide de la calculatrice, donner une valeur approchée au dixième près de la longueur, en cm, d'un morceau.

La longueur d'un morceau est environ 2,3 m.

7:3 2,333333333

10 **Un fleuriste vend 3 roses pour 8 €.**

a. Donner le prix exact de l'une de ces roses.
b. À l'aide de la calculatrice, donner une valeur approchée au centième près du prix, en €, d'une rose.

a. Le prix exact d'une rose est le quotient de 8 € par 3.
Une rose coûte donc exactement $\frac{8}{3}$ €.
b. Le prix d'une rose est environ 2,67 € (ou 2,66 €).

8:3 2,666666667

11 **Huit amis se partagent équitablement 125 €.**

À l'aide de la calculatrice, donner une valeur approchée au centième près de la part, en €, de chacun.

La part de chacun est environ 15,63 € (ou 15,62 €).

125:8 15,625

Perfectionnement

CALCUL MENTAL
• .... • ....
• .... • ....
• .... • ....
BILAN ..../........

1 Un jardin de 40 m^2 est aménagé selon les proportions suivantes :
• la moitié de la surface est consacrée aux légumes ;
• $\frac{1}{4}$ est occupé par une serre servant aux semis ;
• $\frac{1}{10}$ est occupé par des fraisiers ;
• le reste est occupé par des plantes aromatiques.

a. Déterminer la surface, en m^2, occupée par :
• les légumes ; • les semis ; • les fraisiers.

b. Quelle fraction de la surface du jardin les plantes aromatiques occupent-elles ?

a. • $\frac{1}{2} \times 40\ m^2 = 20\ m^2$, donc les légumes occupent 20 m^2.
• $\frac{1}{4} \times 40\ m^2 = 10\ m^2$, donc les semis occupent 10 m^2.
• $\frac{1}{10} \times 40 m^2 = \frac{1}{10} \times 10 \times 4 m^2 = 4\ m^2$, donc les fraisiers occupent 4 m^2.
b. $40\ m^2 - 20\ m^2 - 10\ m^2 - 4\ m^2 = 6\ m^2$
Ainsi, les semis occupent $\frac{6}{40}$ de la surface du jardin.

2 Trois frères souhaitent acheter un jeu vidéo. Lucas possède $\frac{4}{7}$ du prix de ce jeu, Tom $\frac{3}{7}$ et Mathéo $\frac{2}{7}$.

a. Ont-ils assez d'argent à eux trois pour acheter ce jeu ensemble ? Expliquer.

b. Le jeu coûte 105 €.
En remarquant que $105 = 7 \times 15$, déterminer la somme d'argent, en €, que chaque frère possède.

c. Combien d'argent ont-ils en trop à eux trois ?

a. $\frac{4}{7} + \frac{3}{7} + \frac{2}{7} = \frac{4+3+2}{7} = \frac{9}{7}$
$\frac{9}{7} > 1$, donc ils peuvent acheter ce jeu ensemble.
b. Lucas : $\frac{4}{7} \times 105\ € = \frac{4}{7} \times 7 \times 15\ € = 4 \times 15\ € = 60\ €$
Tom : $\frac{3}{7} \times 105\ € = \frac{3}{7} \times 7 \times 15\ € = 3 \times 15\ € = 45\ €$
Mathéo : $\frac{2}{7} \times 105\ € = \frac{2}{7} \times 7 \times 15\ € = 2 \times 15\ € = 30\ €$
c. $60\ € + 45\ € + 30\ € = 135\ €$
À eux trois, ils ont 135 €.
$135\ € - 105\ € = 30\ €$, donc ils ont 30 € en trop à eux trois.

3 Une usine allemande exporte $\frac{3}{5}$ de ses produits vers la France et $\frac{2}{3}$ de ce qui reste vers l'Espagne.
Ce qui n'est pas exporté est distribué en Allemagne.

a. Sur le dessin ci-dessous, colorier en rouge la part des exportations vers la France et en bleu celle vers l'Espagne.

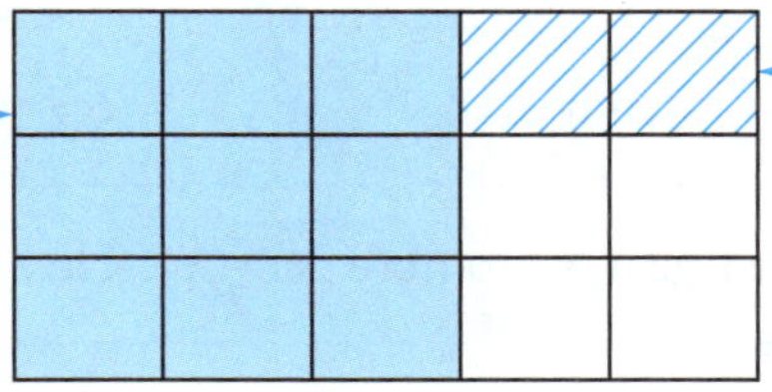

b. Compléter la phrase :
« L'usine exporte $\frac{9}{15}$ de ses produits vers la France et $\frac{2}{15}$ vers l'Espagne. »

c. En déduire la part des produits vendus en Allemagne.

$\frac{9}{15} + \frac{2}{15} = \frac{11}{15}$ et $\frac{11}{15} + \frac{4}{15} = \frac{15}{15} = 1$, donc l'usine vend $\frac{4}{15}$ de ses produits en Allemagne.

4 Des amis se partagent équitablement des pizzas. La part de chaque ami est représentée en vert ci-dessous.

Dans chaque cas, déterminer le nombre de pizzas que les amis se sont partagées.

a. Il y avait 4 amis.

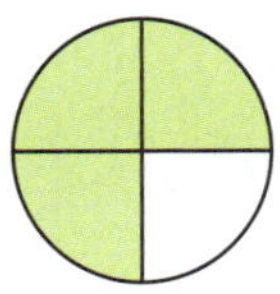

b. Il y avait 6 amis.

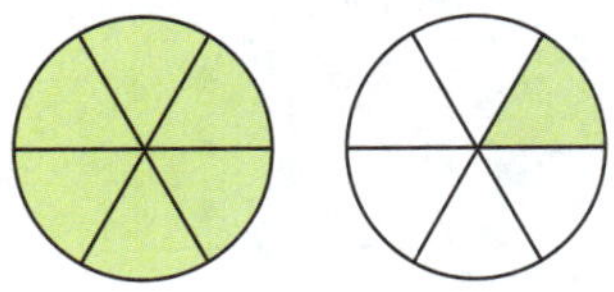

a. La part d'une personne est $\frac{3}{4}$ de pizza.
Il y avait 4 amis et $\frac{3}{4} \times 4 = 3$.
Donc ils se sont partagé 3 pizzas.
b. La part d'une personne est $\frac{7}{6}$ de pizza.
Il y avait 6 amis et $\frac{7}{6} \times 6 = 7$.
Donc ils se sont partagé 7 pizzas.

FICHE 41

QCM & jeux

QCM

Voici un questionnaire à choix multiples.
Pour chaque question, entourer la (ou les) réponse(s) exacte(s).

Bilan ..... / 8

A	$\frac{3}{7}+\frac{1}{7}$ est égal à …	**$\frac{4}{7}$**	$\frac{4}{14}$	$\frac{6}{7}$
B	Niels a bu les $\frac{2}{7}$ d'une bouteille d'eau, puis les $\frac{3}{7}$. Il reste donc …	**$\frac{2}{7}$ de la bouteille**	$\frac{5}{7}$ de la bouteille	$\frac{5}{14}$ de la bouteille
C	$1+\frac{2}{3}$ est égal à …	$\frac{3}{3}$	$\frac{4}{3}$	**$\frac{5}{3}$**
D	Multiplier un nombre par $\frac{1}{2}$, c'est le …	**multiplier par 50 %**	**diviser par 2**	multiplier par 2
E	Calculer 25 % d'un nombre, c'est le …	**multiplier par $\frac{1}{4}$**	multiplier par 4	**diviser par 4**
F	$\frac{5}{7}\times 7$ est égal à …	35	**5**	**$\frac{35}{7}$**
G	Un rectangle de longueur 7 cm a pour aire 23 cm². Sa largeur est …	3 cm	3,3 cm	**$\frac{23}{7}$ cm**
H	Trois T-shirts identiques coûtent 25 €. Une valeur approchée au centième près du prix d'un T-shirt est …	8,333 €	8,35 €	**8,33 €**

jeu 1

On tire trois cartes dans un jeu de 54 cartes :
- la 1re parmi les figures : Valet (1 point), Dame (2 points), Roi (3 points), As (4 points), Joker (5 points) ;
- la 2e et la 3e parmi le reste du jeu.

Au nombre de points de la 1re carte tirée, on ajoute la fraction de numérateur la valeur de la 2e carte et de dénominateur la valeur de la 3e carte.

Par exemple :

5 points

$5+\frac{7}{3}=\frac{15}{3}+\frac{7}{3}=\frac{22}{3}$

Ambre et Cloé jouent à ce jeu. La gagnante est celle qui obtient la plus grande fraction, sinon la partie est nulle. Voici leur tirage.

Ambre

Cloé

Quelle est l'issue de cette partie ?

- Fraction d'Ambre : $3+\frac{4}{6}=\frac{18}{6}+\frac{4}{6}=\frac{22}{6}=\frac{11}{3}$
- Fraction de Cloé : $1+\frac{8}{3}=\frac{3}{3}+\frac{8}{3}=\frac{11}{3}$

La partie est donc nulle.

jeu 2

Chaque symbole ●, ★ et ■ représente un nombre entier ou une fraction.

●	●
★	●

$=3+\frac{1}{3}$

■	★
■	■

$=4+\frac{1}{3}$

Quelle est la valeur du lot ci-contre ?

●	■	★

- ● représente le nombre 1 et ★ représente le nombre $\frac{1}{3}$.
- $3\times$ ■ $=4$, donc ■ $=\frac{4}{3}$.
- ● + ★ + ■ $=1+\frac{1}{3}+\frac{4}{3}=\frac{3}{3}+\frac{5}{3}=\frac{8}{3}$

Donc la valeur du lot est $\frac{8}{3}$.

jeu 3

$\frac{\triangle}{\square}=3$ et $\triangle+\square=28$

Quels sont les deux nombres △ et □ ?

$\triangle=3\times\square$ d'où $\square+\square+\square+\square=28$
d'où $4\times\square=28$. Donc $\square=7$ et $\triangle=21$.

FICHE 42

Proportionnalité et linéarité

CALCUL MENTAL
• .... • ....
• .... • ....
• .... • ....
BILAN ..../........

→ Pour résoudre un problème de **proportionnalité**, on peut utiliser :
- l'**addition** (ou la **soustraction**) de quantités ;
- la **multiplication** (ou la **division**) d'une quantité par un nombre différent de 0.

1,5 kg de fraises coûte 13,50 € et 4 kg coûtent 36 €.
1,5 kg + 4 kg = 5,5 kg et 13,50 € + 36 € = 49,50 €, donc 5,5 kg de fraises coûtent 49,50 €.
2 × 4 kg = 8 kg et 2 × 36 € = 72 €, donc 8 kg de fraises coûtent 72 €.

★

1 En 15 tours de circuit, une voiture parcourt 100 km à une vitesse constante.

Compléter.

• En 30 tours, cette voiture parcourt ..2.. fois plus de km qu'en 15 tours, soit ..200.. km.

• En 3 tours, cette voiture parcourt ..5.. fois moins de km qu'en 15 tours, soit ..20.. km.

2 Un robinet permet de remplir, à débit constant, 6 seaux en 2 min et 9 seaux en 3 min. Les seaux sont tous identiques.

Combien de minutes faut-il à ce robinet pour remplir :
a. 15 seaux ? **b.** 24 seaux ?

a. 6 + 9 = 15
2 min + 3 min = 5 min
Le robinet remplit donc 15 seaux en 5 min.
b. 24 = 4 × 6
4 × 2 min = 8 min.
Le robinet remplit donc 24 seaux en 8 min.

3 Une tranche de fromage de 150 g coûte 4,35 €.

a. Combien coûtent 300 g de ce fromage ?
b. Combien coûtent 100 g de ce fromage ?
c. Combien coûtent 550 g de ce fromage ?

a. 2 × 150 g = 300 g
2 × 4,35 € = 8,70 €
Donc 300 g de ce fromage coûtent 8,70 €.
b. 300 g : 3 = 100 g
8,70 € : 3 = 2,90 €
Donc 100 g de ce fromage coûtent 2,90 €.
c. 550 g = 300 g + 100 g + 150 g
8,70 € + 2,90 € + 4,35 € = 15,95 €
Donc 550 g de fromage coûtent 15,95 €.

★★

4 La distance qui sépare un observateur d'un orage est proportionnelle à la durée entre l'instant où il voit un éclair et l'instant où il entend le coup de tonnerre.
On sait que s'il y a 21 s entre ces deux instants, alors l'orage est à environ 7 km de l'observateur.

À quelle distance l'orage se situe-t-il de l'observateur si la durée est :
a. 3 s ? **b.** 9 s ? **c.** 12 s ?

a. 3 s = 21 s : 7
7 km : 7 = 1 km
Donc l'orage se situe à 1 km de l'observateur.
b. 9 s = 3 × 3 s
3 × 1 km = 3 km
Donc l'orage se situe à 3 km de l'observateur.
c. 12 s = 3 s + 9 s et 1 km + 3 km = 4 km.
Donc l'orage se situe à 4 km de l'observateur.

5 Un hippocampe se déplace à vitesse constante dans son aquarium.
Il met 5 min pour faire 25 cm.
Le périmètre de son aquarium est 4,5 m.

a. Combien de temps, en h et min, met-il pour faire le tour de son aquarium ?
b. Quelle distance, en m, parcourt-il en 35 min ?

a. 4,5 m = 450 cm
450 cm = 18 × 25 cm
L'hippocampe mettra donc 18 × 5 min, soit 90 min, c'est-à-dire 1 h 30 min pour faire le tour.
b. 7 × 5 min = 35 min
7 × 25 cm = 175 cm
L'hippocampe parcourt 175 cm, soit 1,75 m en 35 min.

CALCUL MENTAL

• .... • ....
• .... • ....
• .... • ....

BILAN ..../........

FICHE 43

Passage par l'unité

→ Pour résoudre un problème de **proportionnalité**, on peut utiliser le **passage par l'unité**.

4 kg de poires coûtent 12 €, donc 1 kg de poires coûte 3 €.
Ainsi, 1,5 kg de poires coûte 1,5 × 3 €, c'est-à-dire 4,50 €.

★

1 Au marché, les kiwis sont vendus à l'unité. Trois kiwis coûtent 2,70 €.

a. Quel est le prix d'un kiwi ?

2,70 € : 3 = 0,90 €, donc un kiwi coûte 0,90 €.

b. Quel est le prix de onze kiwis ?

11 × 0,90 € = 9,90 €, donc 11 kiwis coûtent 9,90 €.

2 Dans une boulangerie, 8 bretzels identiques coûtent 20 €.

a. Quel est le prix d'un bretzel ?
b. Combien coûtent 15 de ces bretzels ?

a. Les bretzels sont identiques, donc le prix est proportionnel au nombre de bretzels.
8 bretzels coûtent 20 €, donc 1 bretzel coûte 20 € : 8, c'est-à-dire 2,50 €.
b. 15 bretzels coûtent 15 × 2,50 €, c'est-à-dire 37,50 €.

3 Alex parcourt 420 m en 3 min à une vitesse constante.

a. Combien de mètres parcourt-il en 1 min ?
b. Quelle distance, en m, peut-il parcourir à cette vitesse constante en 5 min ?

a. La vitesse d'Alex est constante, donc la distance parcourue est proportionnelle à la durée du parcours.
En 3 min, il parcourt 420 m, donc en 1 min il parcourt 420 m : 3, c'est-à-dire 140 m.
b. En 5 min il parcourt 5 × 140 m, c'est-à-dire 700 m.

4 Pour faire pousser du gazon, Hakim utilise trois poignées de graines pour recouvrir 6,3 m².

Calculer la surface recouverte par une poignée puis par 5 poignées de graines.

• $6{,}3\ m^2 : 3 = 2{,}1\ m^2$
Avec 1 poignée de graines, il recouvre $2{,}1\ m^2$.
• $2{,}1\ m^2 \times 5 = 10{,}5\ m^2$
Avec 5 poignées de graines, il recouvre $10{,}5\ m^2$.

★★

5 Un employé est payé à l'heure. Lundi, il travaille 6 h et gagne 81 €. Mardi, il travaille 5 h 30 min.

Combien gagne-t-il le mardi ?

• 81 € : 6 = 13,50 €.
Donc cet employé est payé 13,50 € de l'heure.
• 5 h 30 min = 5,5 h
5,5 × 13,50 € = 74,25 €
Donc mardi, cet employé a gagné 74,25 €.

6 Voici le plan de deux chambres.

Calculer l'aire de la chambre 2.

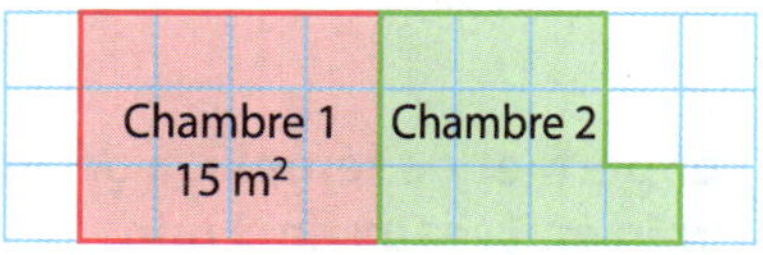

• La chambre 1 occupe 12 carreaux.
$15\ m^2 : 12 = 1{,}25\ m^2$
Donc 1 carreau représente $1{,}25\ m^2$.
• La chambre 2 occupe 10 carreaux.
$10 \times 1{,}25\ m^2 = 12{,}5\ m^2$
Donc l'aire de la chambre 2 est $12{,}5\ m^2$.

7 Abel remet leur argent de poche à trois enfants Xéli, Yaël et Zoé, proportionnellement à leur âge. Xéli reçoit 4 €, Yaël reçoit 2,50 € et Zoé le reste. La somme des âges des enfants est 23 ans.

a. Yaël a 5 ans. Quels sont les âges de Xéli et Zoé ?
b. Quel est l'argent de poche de Zoé ?
c. Quelle somme d'argent de poche Abel a-t-il remis au total ?

a. Yaël a 5 ans et reçoit 2,50 €.
Or 5 = 2,5 × 2, donc 1 € correspond à 2 ans.
Ainsi, Xéli a 4 fois 2 ans, donc elle a 8 ans et Zoé a 10 ans. En effet, 23 – 5 – 8 = 10.
b. Yaël a 5 ans et possède 2,50 €, donc pour 1 an d'âge on reçoit 0,50 €.
Zoé a donc 10 fois plus d'argent, c'est-à-dire 5 €.
c. 4 € + 2,50 € + 5 € = 11,50 €
Donc Abel a remis 11,50 € au total.

FICHE 44

Coefficient de proportionnalité

CALCUL MENTAL

• .... • ....
• .... • ....
• .... • ....

BILAN ..../........

→ Pour un robinet à débit régulier, il s'écoule 18 L d'eau en 3 min.

Pour connaître la quantité d'eau écoulée en 5 min, on peut utiliser un **tableau de proportionnalité**.

Durée (en min)	3	1	5
Quantité d'eau (en L)	18	6	30

× 6

Le coefficient de proportionnalité est le nombre par lequel il faut multiplier 3 pour obtenir 18, c'est-à-dire 6.
Ainsi, en 1 min, il s'écoule 6 L d'eau.

Pour obtenir la quantité d'eau, en L, qui s'écoule en 5 min, on multiplie cette durée par 6.
$5 \times 6 = 30$, donc en 5 min, il s'écoule 30 L d'eau.

1 En passant de l'état liquide à l'état solide, l'eau augmente de volume.
Le volume, en L, de glace est proportionnel au volume, en L, d'eau liquide.
On sait que 5 L d'eau liquide donnent 5,4 L de glace.

Par quel nombre le volume d'eau liquide est-il multiplié lors du passage à l'état solide ?

5 L d'eau liquide donnent 5,4 L de glace donc le coefficient de proportionnalité est 5,4 : 5, c'est-à-dire 1,08. Le volume de l'eau est multiplié par 1,08.

2 La distance parcourue, en km, par un satellite de communication en orbite autour de la Terre est proportionnelle à la durée, en s, du parcours.
En 4 s, il parcourt 30 km.
Voici un tableau de proportionnalité.

Durée (en s)	4	7
Distance (en km)	30	52,5

× 7,5

a. Compléter le coefficient de proportionnalité et l'interpréter.

30 : 4 = 7,5, donc en 1 s, le satellite parcourt 7,5 km.

b. Compléter la case vide du tableau. Interpréter la réponse.

$7 \times 7{,}5 = 52{,}5$, donc en 7 s, le satellite parcourt 52,5 km.

3 Mathéo achète 6 mini-viennoiseries pour 5,40 €.
Les mini-viennoiseries coûtent toutes le même prix.
Voici un tableau de proportionnalité

Nombre de mini-viennoiseries	6	15
Prix (en €)	5,40	13,5

× 0,9

a. Compléter le coefficient de proportionnalité. L'interpréter.

5,40 : 6 = 0,9, donc 1 mini-viennoiserie coûte 0,90 €.

b. Compléter la case vide du tableau. Interpréter la réponse.

$15 \times 0{,}9 = 13{,}5$, donc 15 mini-viennoiseries coûtent 13,50 €.

4 Une voiture de course consomme 12 L pour 100 km parcourus.
Sa consommation, en L, est proportionnelle à la distance parcourue, en km.

a. Compléter ce tableau de proportionnalité.

Distance (en km)	100	225	275
Quantité (en L)	12	27	33

× 0,12

• 12 : 100 = 0,12, donc le coefficient de proportionnalité est 0,12.
• $225 \times 0{,}12 = 27$, donc la voiture consomme 27 L d'essence pour 225 km.
• 12 L : 2 = 6 L et 100 km : 2 = 50 km.
Or 33 = 27 + 6, donc avec 33 L d'essence, la voiture peut parcourir 225 km + 50 km, soit 275 km.

b. La voiture a un réservoir de 60 L.
Quelle distance, en km, peut-elle parcourir au maximum ?

60 L = 27 L + 33 L et 225 km + 275 km = 500 km.

Elle peut parcourir 500 km au maximum avec un plein.

5 En aéronautique, l'altitude est exprimée en pieds. Un avion qui vole à 15 000 pieds se situe à une altitude d'environ 4 500 m.

Utiliser le tableau de proportionnalité ci-dessous pour déterminer l'altitude, en km, d'un avion qui vole à 20 000 pieds.

Altitude (en pieds)	15 000	20 000
Altitude (en m)	4 500	6 000

× 0,3

• 4 500 : 15 000 = 0,3, donc le coefficient de proportionnalité est 0,3.
• $20\,000 \times 0{,}3 = 6\,000$, donc l'altitude de l'avion est environ 6 000 m, soit 6 km.

FICHE 45

Application d'un pourcentage

CALCUL MENTAL

• .... • ....

• .... • ....

• .... • ....

BILAN ..../........

→ t désigne un nombre. Prendre t % d'une quantité, c'est multiplier cette quantité par $\frac{t}{100}$.

Un pot de crème de 250 g contient 12 % de matière grasse, c'est-à-dire 30 g.

En effet, $\frac{12}{100} \times 250\text{ g} = 0{,}12 \times 250\text{ g} = 30\text{ g}$.

→ Prendre **25 %** d'une quantité, c'est en prendre le **quart**.
Prendre **50 %** d'une quantité, c'est en prendre la **moitié**.
Prendre **75 %** d'une quantité, c'est en prendre les **trois quarts**.

★

1 Calculer 25 % de 12 kg.

$\frac{25}{100} \times 12\text{ kg} = \frac{1}{4} \times 12\text{ kg} = 3\text{ kg}$

2 Compléter.

Pour calculer 60 % de 80 L on effectue :

$\frac{60}{100} \times 80\text{ L} = 0{,}6 \times 80\text{ L} = 48\text{ L}$.

Donc 60 % de 80 L font 48 L.

3 **En masse, le corps d'un adulte contient 65 % d'eau.**

Quelle quantité d'eau, en L, contient le corps d'un adulte qui pèse 80 kg ?

$\frac{65}{100} \times 80\text{ kg} = 0{,}65 \times 80\text{ kg} = 52\text{ kg}$

Le corps d'un adulte de 80 kg contient 52 kg d'eau.
1 L d'eau pèse 1 kg, donc le corps d'un adulte de 80 kg contient 52 L d'eau.

4 **Dans une classe de 6ᵉ de 25 élèves, chaque élève choisit une activité sportive en début d'année scolaire. Voici un tableau qui donne quelques informations.**

Activité	Football	Tennis	Natation	Total
Effectif	15	6	4	25
Pourcentage	60	24	16	100

(× 4)

a. Compléter la ligne « Effectif ».

• Il y a 25 élèves dans la classe, donc le total est 25.

• 6 élèves font du tennis. En effet, $25 - 15 - 4 = 6$.

b. En utilisant la proportionnalité, compléter la deuxième ligne du tableau.

• $100 : 25 = 4$ • $15 \times 4 = 60$

• $6 \times 4 = 24$ • $4 \times 4 = 16$

★★

5 Algo **Dans un club de cyclistes, il y a 120 membres dont 80 % de garçons. Voici les instructions Scratch qui permettent de déterminer le nombre de garçons et le nombre de filles de ce club.**

```
mettre Nbr_Garçons à ((80 / 100) * 120)
mettre Nbr_Filles à (120 - Nbr_Garçons)
```

a. Compléter les valeurs manquantes

b. Donner les résultats obtenus.

Il y a 96 garçons et 24 filles dans ce club.

6 **Une marque de jus de fruits propose une bouteille « Promo » contenant 20 % de boisson supplémentaire.**

Quelle quantité de jus de fruits contient la bouteille « Promo » ?

$\frac{20}{100} \times 75\text{ cL} = 0{,}2 \times 75\text{ cL} = 15\text{ cL}$

$75\text{ cL} + 15\text{ cL} = 90\text{ cL}$

La bouteille « Promo » contient 90 cL de jus de fruits.

7 **Un pantalon coûte initialement 80 €.**

Quel est son prix un jour de « Black Friday » ?

$\frac{70}{100} \times 80\text{ €} = 0{,}7 \times 80\text{ €} = 56\text{ €}$

$80\text{ €} - 56\text{ €} = 24\text{ €}$

Le prix du pantalon soldé est 24 €.

CALCUL MENTAL

•............ •............
•............ •............
•............ •............

BILAN ..../........

FICHE 46

Agrandissement ou réduction d'une figure

→ Pour **agrandir** (ou **réduire**) une figure, on **multiplie** toutes les longueurs de cette figure par un même nombre supérieur à 1 (ou compris entre 0 et 1).

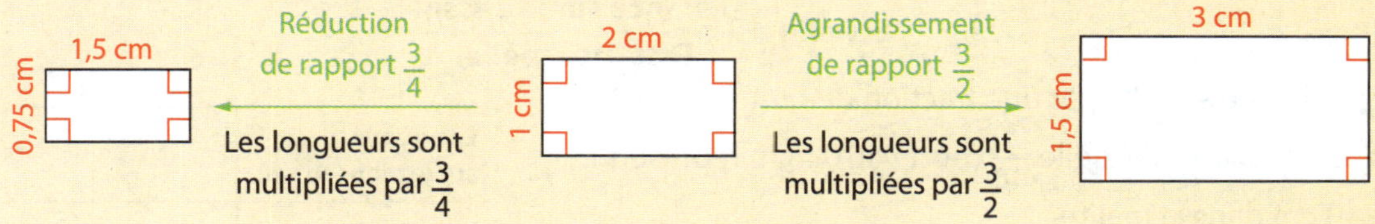

★

1 **Le format d'une photo est 10 cm sur 15 cm. Un photographe propose d'agrandir cette photo de façon que sa longueur soit 45 cm.**

Quelle est alors sa largeur ?

$45 : 15 = 3$, donc le rapport d'agrandissement est 3.

3×10 cm $= 30$ cm, donc sa largeur est 30 cm.

2 **Jules souhaite tracer un agrandissement de rapport 2,5 du triangle ci-contre.**

Quel est le périmètre, en cm, du triangle agrandi ?

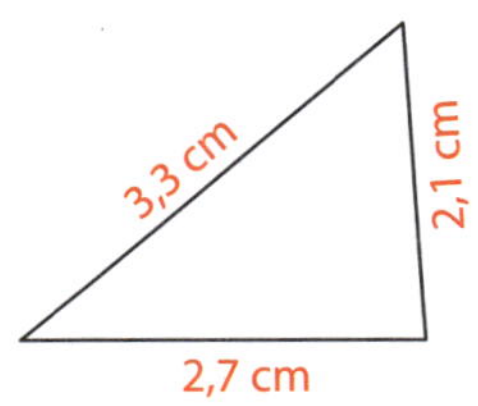

• Les côtés du triangle agrandi mesurent :
$2,5 \times 2,7$ cm $= 6,75$ cm ;
$2,5 \times 3,3$ cm $= 8,25$ cm ;
$2,5 \times 2,1$ cm $= 5,25$ cm.
• $6,75$ cm $+ 8,25$ cm $+ 5,25$ cm $= 20,25$ cm
Le périmètre du triangle agrandi est donc 20,25 cm.

3 **Une pièce de monnaie circulaire a pour diamètre 32 mm.**

Représenter une réduction de cette pièce dans le rapport 0,75.

$0,75 \times 32$ mm $= 24$ mm
24 mm $= 2,4$ cm
Le rayon de la pièce réduite est donc 2,4 cm : 2, c'est-à-dire 1,2 cm.

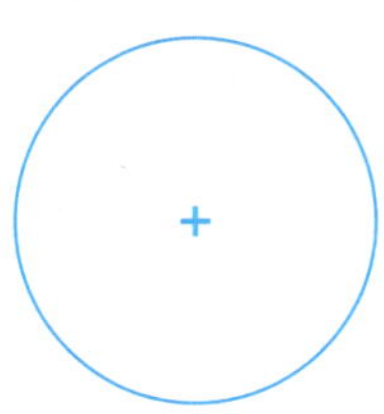

★★

4 **Un carré et un triangle équilatéral ont 7 cm de côté.**

Construire la réduction de ce carré et la réduction de ce triangle équilatéral dans le rapport 0,3.

$0,3 \times 7$ cm $= 2,1$ cm, donc le côté du carré et celui du triangle équilatéral ont pour longueur 2,1 cm.

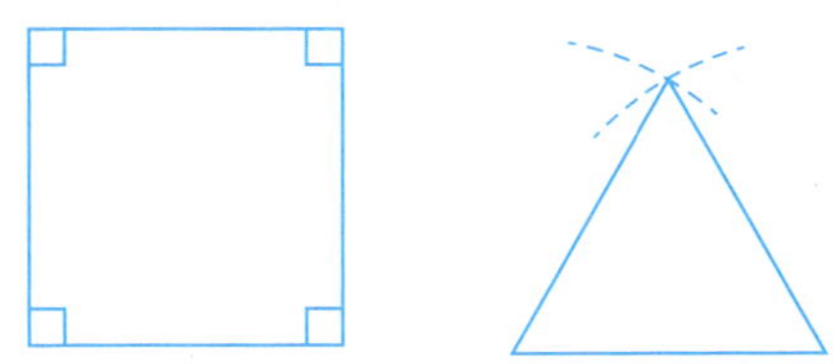

5 **Le puzzle ci-dessous forme un carré.**

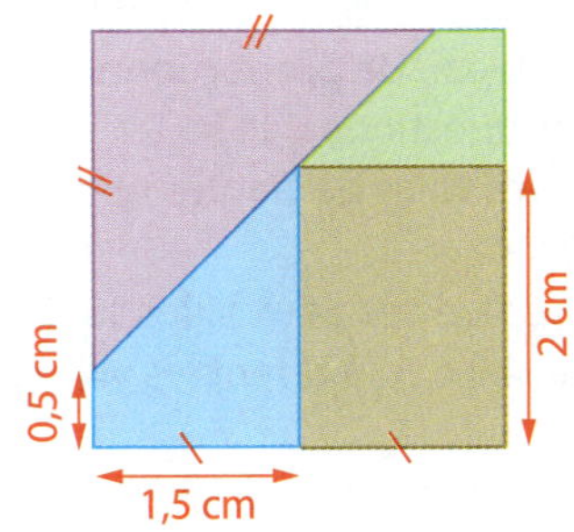

Construire un agrandissement de ce puzzle dans le rapport 1,4.

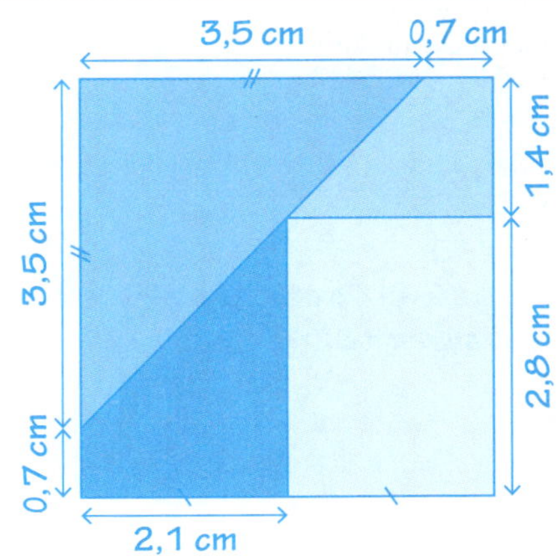

FICHE 47

Échelle

CALCUL MENTAL

• .... • ....
• .... • ....
• .... • ....

BILAN ..../........

→ L'**échelle** d'un dessin (carte, plan, etc.) est le coefficient de proportionnalité entre les distances sur le dessin et les distances réelles, exprimées dans la même unité.

$$\text{Échelle} = \frac{\textbf{Distance sur le dessin}}{\textbf{Distance réelle}}$$

→ On exprime une échelle par une fraction de numérateur 1.

Sur un plan à l'échelle $\frac{1}{40}$ (ou 1 : 40), 1 cm représente 40 cm dans la réalité.
12 cm sur ce plan représentent dans la réalité 12 cm × 40, soit 480 cm.

Longueur sur le plan (en cm)	1	12
Longueur réelle (en cm)	40	480

× 40

1 Le plan d'une maison est à l'échelle $\frac{1}{200}$.

a. Compléter : 1 cm sur le plan représente

200 cm, soit 2 m dans la réalité.

b. Sur ce plan, le salon est représenté par un rectangle de 3,5 cm sur 2,5 cm.
Calculer les dimensions réelles de ce salon, en m.

3,5 × 2 m = 7 m et 2,5 × 2 m = 5 m

Les dimensions réelles de ce salon sont 7 m et 5 m.

2 Une carte de France est à l'échelle 1 : 5 000 000.

1. Compléter : 1 cm sur la carte représente

5 000 000 cm, soit 50 km dans la réalité.

2. Compléter le tableau de proportionnalité ci-dessous en répondant aux questions **a** et **b**.

a. À vol d'oiseau, les villes de Nantes et du Mans sont distantes de 160 km.
Quelle distance sépare ces deux villes sur la carte ?

b. Sur cette carte, 4,9 cm séparent les villes d'Auxerre et de Belfort.
Quelle est en réalité la distance à vol d'oiseau, en km, entre ces deux villes ?

Distance sur la carte (en cm)	1	3,2	4,9
Distance réelle (en km)	50	160	245

a. 160 : 50 = 3,2
Donc la distance sur la carte entre Nantes et Le Mans est 3,2 cm.

b. 4,9 × 50 = 245
Donc la distance à vol d'oiseau entre Auxerre et Belfort est en réalité 245 km.

3 Cette carte est à l'échelle 1 : 800 000.

Donner une estimation, en km, de la longueur de la traversée entre Quiberon et Le Palais.

• 1 cm sur la carte représente 800 000 cm, soit 8 km dans la réalité. Sur la carte il y a 1,8 cm entre Le Palais et Quiberon.
• 1,8 × 8 km = 14,4 km, donc la longueur de la traversée est d'environ 14,4 km.

4 La longueur d'un terrain de football est 120 m. Sur un plan, cette longueur est représentée par un segment de 15 cm.

Quelle est l'échelle de ce plan ?

120 m = 12 000 cm

Dimension sur le plan (en cm)	15	1
Dimension réelle (en cm)	12 000	800

× 800

Ainsi 1 cm sur le plan correspond à 800 cm en réalité.
L'échelle est donc 1 : 800.

5 La distance à vol d'oiseau entre Dijon et Besançon est de 77 km.

Quelle est l'échelle du plan ci-dessous ?

Sur la carte, 5 cm entre Dijon et Besançon représentent 77 km, soit 7 700 000 cm dans la réalité.
7 700 000 : 5 = 1 540 000, donc l'échelle est 1 : 1 540 000.

Perfectionnement

CALCUL MENTAL

• .... • ....
• .... • ....
• .... • ....

BILAN ..../........

1 Voici quelques informations concernant un aspirateur robot.

Durée (en min)	3	10
Surface nettoyée (en m²)	13,5	45

a. La surface nettoyée est-elle proportionnelle à la durée ?

Oui. En effet, 13,5 : 3 = 4,5 et 45 : 10 = 4,5.

b. Quelle surface, en m², le robot nettoie-t-il en 13 min ?

13 min = 10 min + 3 min
45 m² + 13,5 m² = 58,5 m²
Le robot nettoie 58,5 m² en 13 min.

2 Un professeur de physique-chimie verse 6 dL d'eau et 15 g de sucre dans un récipient.

a. Julie a un récipient contenant 8 dL d'eau.
Quelle quantité de sucre Julie ajoute-t-elle pour avoir un mélange aussi sucré que celui du professeur ?

b. Paul a versé 33 g de sucre dans son récipient.
Quelle quantité d'eau, en dL, avait-il ?

a. Dans 6 dL d'eau, il y a 15 g de sucre, donc dans 1 dL d'eau, il y a 15 g : 6, soit 2,5 g de sucre.
8 × 2,5 g = 20 g, donc Julie met 20 g de sucre.
b. On mélange 15 g de sucre avec 6 dL d'eau, donc 1 g de sucre est mélangé à 15 fois moins d'eau, c'est-à-dire 6 dL : 15, soit 0,4 dL.
33 × 0,4 dL = 13,2 dL, donc Paul avait 13,2 dL d'eau.

3 Un tour de cette grande roue dure 20 min.

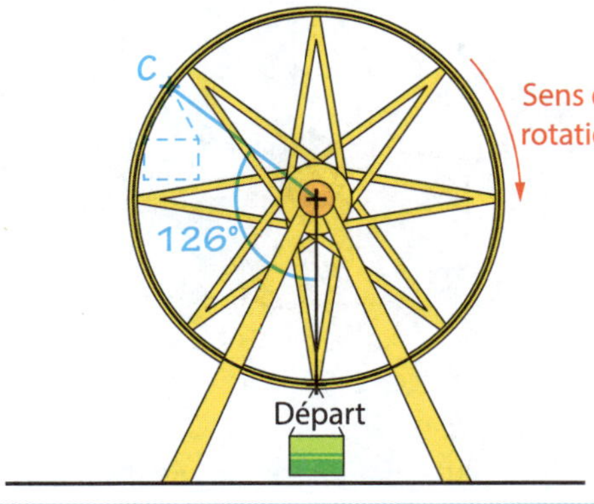

Construire sur la figure ci-dessus la position C d'une cabine 7 min après le départ. Expliquer.

360° : 20 = 18°, donc en 1 min, la roue tourne de 18°.

7 × 18° = 126°, donc en 7 min, la roue tourne de 126°.

4 On réalise un agrandissement de rapport 1,6 d'un carré de côté 3,5 cm.

Déterminer le périmètre et l'aire du carré agrandi.

• 1,6 × 3,5 cm = 5,6 cm
Le côté du carré agrandi est donc 5,6 cm.
• 4 × 5,6 cm = 22,4 cm
Le périmètre du carré agrandi est donc 22,4 cm.
• 5,6 cm × 5,6 cm = 31,36 cm²
L'aire du carré agrandi est donc 31,36 cm².

5 Sur un plan cadastral à l'échelle 1 : 5 000, un terrain rectangulaire mesure 92 mm de longueur et 64 mm de largeur.

Quelles seraient les dimensions de ce terrain, en cm, sur un plan à l'échelle 1 : 2 000 ?

• L'échelle 1 : 5 000 signifie que 1 cm sur le plan représente 5 000 cm, soit 50 m en réalité.
92 mm = 9,2 cm et 64 mm = 6,4 cm.
9,2 × 50 m = 460 m et 6,4 × 50 m = 320 m.
Dans la réalité, la longueur du terrain est donc 460 m et sa largeur 320 m.
• L'échelle 1 : 2 000 signifie que 1 cm sur le plan représente 2 000 cm, soit 20 m en réalité.
460 : 20 = 23 et 320 : 20 = 16.
La longueur du terrain sur le plan à l'échelle 1 : 2 000 serait donc 23 cm et sa largeur est 16 cm.

6 Anne est allée (en marchant et en nageant) en ligne droite de la crique à la paillote.

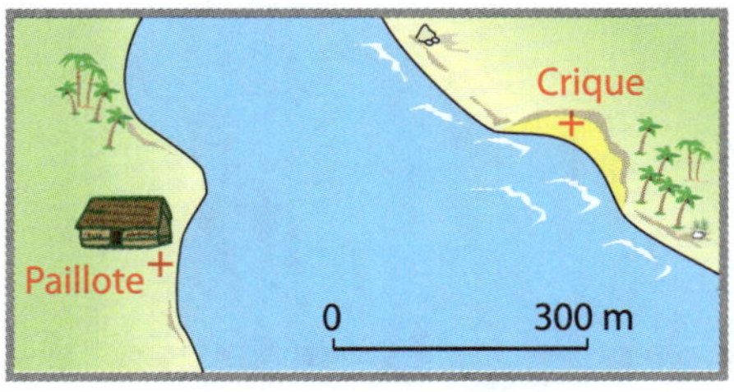

Quelle distance Anne a-t-elle parcourue ?

• Sur le plan, 2 cm représentent 300 m, donc 1 cm représente 150 m dans la réalité.
• Sur la carte, le segment d'extrémités la Crique et la Paillote a pour longueur 3,5 cm.
3,5 × 150 m = 525 m
Dans la réalité, Anne a parcouru 525 m.

FICHE 49

QCM & jeux

QCM

Voici un questionnaire à choix multiples.
Pour chaque question, entourer la (ou les) réponse(s) exacte(s).

Bilan ..... / 5

A	12 lettres identiques pèsent 500 g. Alors …	24 de ces lettres pèsent 1 kg	3 de ces lettres pèsent 125 g	27 de ces lettres pèsent 1,125 kg
B	Alice a vendu 60 % des 70 kg de pommes qu'elle a ramassées. La masse de pommes vendues est …	28 kg	42 kg	4 200 g
C	Le prix d'un article est 65 €. Il est soldé à – 25 %. Alors …	son nouveau prix est 48,75 €	son nouveau prix est 48 €	la baisse est de 16,25 €
D	Les côtés d'un triangle ont pour longueurs 1,8 cm, 2 cm et 1,5 cm. Le périmètre de ce triangle agrandi dans le rapport 1,5 est …	1,5 × 5,3 cm	5,3 cm : 1,5	7,95 cm
E	Sur un plan, 4 cm représentent 1 m dans la réalité. L'échelle du plan est …	$\frac{4}{100}$	$\frac{1}{25}$	$\frac{1}{4}$

jeu 1

L'écran de Victorio est un agrandissement de l'écran d'Océane.
On a pris en photo chaque écran au même instant pendant un match.
Placer le joueur et le ballon sur l'écran de Victorio.

Écran d'Océane

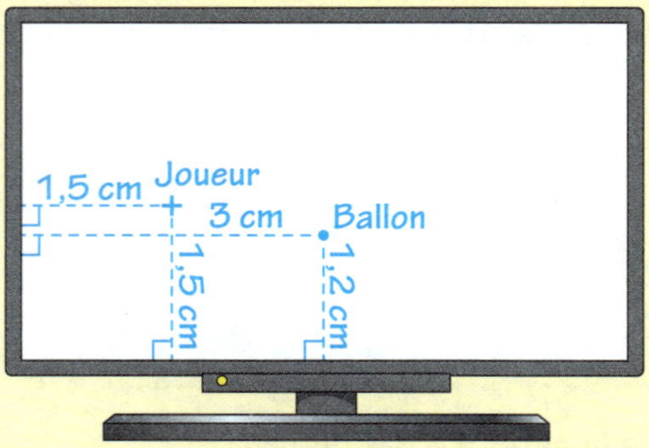

Écran de Victorio

La longueur intérieure de l'écran d'Océane est 4 cm et celle de l'écran de Victorio est 6 cm.
Donc le rapport d'agrandissement est $\frac{6}{4}$ soit $\frac{3}{2}$.

jeu 2

Pour accéder au trésor, un pirate doit passer aux bornes ci-dessous.

L'échelle de la carte est 1 : 50 000 et les distances, en cm, entre les bornes successives sont indiquées sur la carte.
Le pirate marche à une vitesse constante de 4 km/h et ne dispose que de 1 h 30 min avant la tombée de la nuit.
Le pirate arrivera-t-il au trésor avant la tombée de la nuit ?

• 1 cm sur la carte représente 50 000 cm en réalité, c'est-à-dire 0,5 km.
• Le parcours du pirate sur la carte représente 11,6 cm, c'est-à-dire 11,6 × 0,5 km, soit 5,8 km.
• 1 h 30 min = 1,5 h, donc à la vitesse de 4 km/h, le pirate parcourt 1,5 × 4 km, soit 6 km pendant cette durée.
Il arrivera donc avant la tombée de la nuit.

CALCUL MENTAL
• .... • ....
• .... • ....
• .... • ....
BILAN ..../.......

FICHE 50 Tableau : lecture ou réalisation

→ Dans un **tableau à double entrée**, les légendes sont écrites en tête de ligne et en tête de colonne.

Le tableau ci-contre donne le nombre de médailles de la France aux Jeux olympiques et paralympiques de Tokyo 2020.

	Or	Argent	Bronze
Jeux olympiques	10	12	11
Jeux paralympiques	11	15	28

Dans cette case, on lit qu'aux **Jeux paralympiques**, la France a obtenu **15** médailles d'**argent**.

1 Ce tableau à deux lignes donne le nombre de jetons avec une voyelle d'un jeu de lettres.

Voyelle	A	E	I	O	U	Y
Nombre de jetons	9	15	8	6	6	1

1. Combien de lettres O y a-t-il ? 6

2. Combien de jetons avec une voyelle y a-t-il ? 45

3. Anaïs affirme : « La lettre A représente une voyelle sur cinq dans ce jeu. » Est-ce exact ? Pourquoi ?

C'est exact. En effet, il y a 9 A et 45 = 9 × 5.

2 Ce tableau à deux colonnes présente les réponses d'enfants à la question : « Combien de temps mets-tu le soir pour te brosser les dents ? »

Durée (en min)	**Nombre d'enfants**
1	8
2	12
3	5

Combien d'enfants déclarent mettre :

• 2 min ? 12 enfants • moins de 2 min ? 8 enfants

• au moins 2 min ? 17 enfants (12 + 5 = 17)

3 Ce tableau donne la répartition des personnes à bord d'un bateau de croisière.

	Femme	**Homme**	Total
Touriste	850	700	1 550
Équipage	230	220	450
Total	1 080	920	2 000

a. Combien d'hommes sont membres de l'équipage ? 220

b. Compléter le tableau par une colonne « Total » et une ligne « Total ». Compléter toutes les cases.

c. Rédiger une phrase pour interpréter le résultat obtenu dans la case encadrée en rouge.

Il y a 2 000 personnes en tout sur le bateau.

4 Un assistant d'éducation compte 30 engins dans le garage à vélos du collège : des vélos (V), des trottinettes (T) et des skateboards (S).

Présenter ces données par un tableau à deux lignes. Prévoir une colonne « Total ». La compléter.

Engin	V	T	S	Total
Nombre	14	10	6	30

5 Parmi les 150 élèves de 6e d'un collège, il y a :
• des demi-pensionnaires (DP), dont 44 filles et 48 garçons ;
• des externes (E), dont 18 filles et 25 garçons ;
• 9 filles internes (I).

1. a. Reporter les données de l'énoncé dans ce tableau.

	DP	E	I	Total
Fille	44	18	9	71
Garçon	48	25	6	79
Total	92	43	15	150

2. a. Compléter le nombre total de filles et de garçons.

Filles : 44 + 18 + 9 = 71

Garçons : 150 − 71 = 79

b. Compléter le nombre de garçons internes.

3. Compléter les cases encore vides du tableau.

CALCUL MENTAL

• .... • ....
• .... • ....
• .... • ....

BILAN ..../........

FICHE 51

Diagramme en bâtons, graphique

→ Dans un **diagramme en bâtons**, les hauteurs des bâtons sont proportionnelles aux nombres ou aux pourcentages qu'ils représentent.

Le diagramme ci-contre donne la répartition des âges des amis de Timéo.

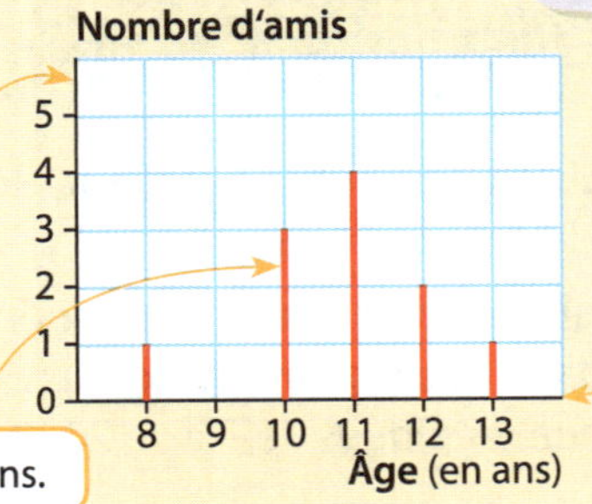

1 Hortense lance un dé à six faces. Voici le nombre de fois où chaque face est sortie.

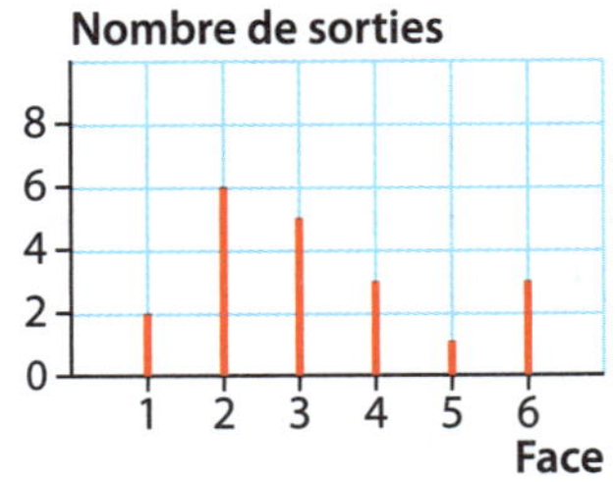

a. Combien de fois est sortie la face 3 ?

La face 3 est sortie 5 fois.

b. Quelle face est sortie une fois ? La face 5.

c. Quelles faces sont sorties le même nombre de fois ?

Les faces 4 et 6 sont sorties 3 fois chacune.

d. Combien de fois Hortense a-t-elle lancé le dé ?

$2 + 6 + 5 + 3 + 1 + 3 = 20$, Hortense a lancé le dé 20 fois.

2 Un éleveur a surveillé la croissance d'un girafon en le mesurant régulièrement pendant ses premiers jours.

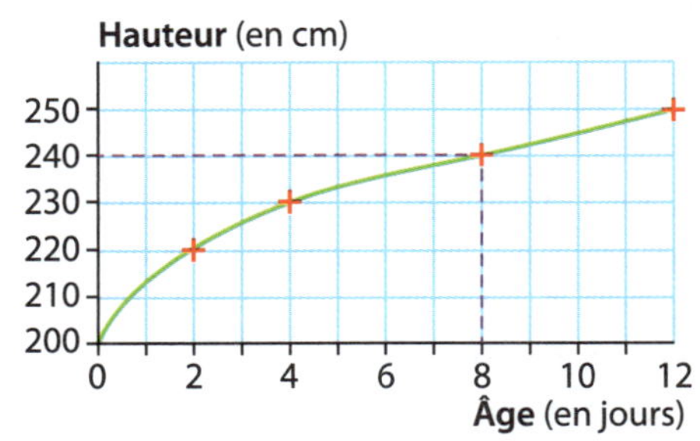

a. Compléter.

Les pointillés signifient qu'à l'âge de 8 jours,

le girafon mesure 240 cm.

b. Quelle est la hauteur, en m, du girafon :

• à la naissance ? 200 cm, soit 2 m

• à l'âge de 12 jours ? 250 cm, soit 2,50 m

c. À quel âge le girafon mesurait-il 230 cm ?

Le girafon mesurait 230 cm à l'âge de 4 jours.

d. De combien de centimètres le girafon grandit-il entre ses 2 jours et ses 4 jours ?

230 cm − 220 cm = 10 cm, donc il a grandi de 10 cm.

3 Le soir, Ian note sa durée de lecture, en min. Il a réalisé ce tableau.

Durée (en min)	8	9	10	11	12	13	14	15
Nombre de soirs	2	4	5	5	3	2	1	4

Ian a commencé à représenter ces données par le diagramme en bâtons ci-dessous.

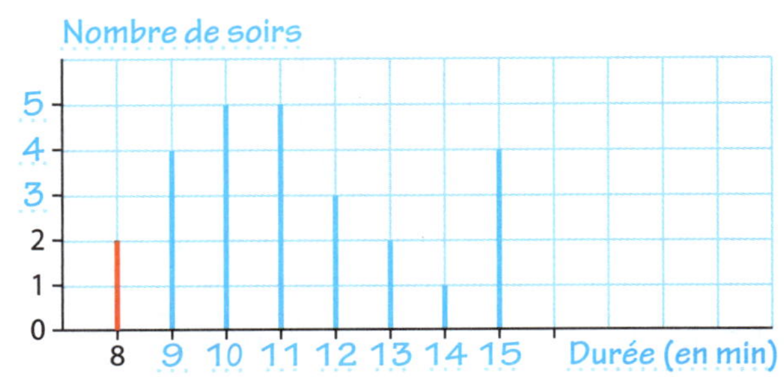

a. Indiquer les légendes sur les axes.

b. Terminer le travail de Ian.

4 Ce tableau présente la température T, en °C, mesurée heure par heure un jour de juillet.

Instant (en h)	5	6	7	8	9	10	11	12	13	14
T (en °C)	20	18	17	18	20	22	24	25	26	26

Compléter le graphique ci-dessous à l'aide de ces données puis relier les points à main levée.

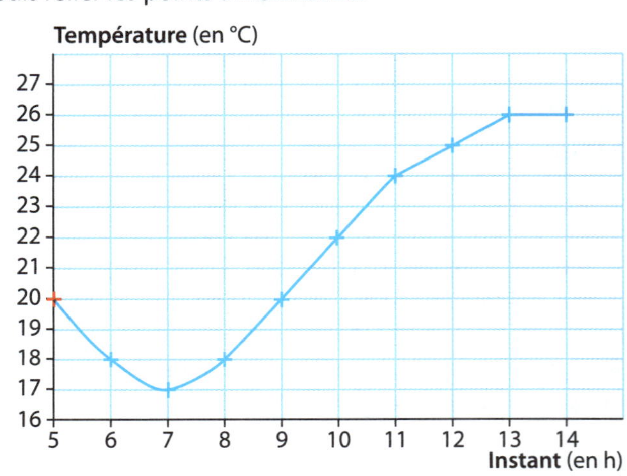

FICHE 52

Diagramme circulaire ou semi-circulaire

CALCUL MENTAL
• .... • ....
• .... • ....
• .... • ....
BILAN ..../........

→ Dans un **diagramme circulaire** (ou **semi-circulaire**), les mesures des angles des secteurs sont **proportionnelles** aux nombres ou aux pourcentages qu'ils représentent.

Diagramme circulaire

Répartition des dépenses d'une famille

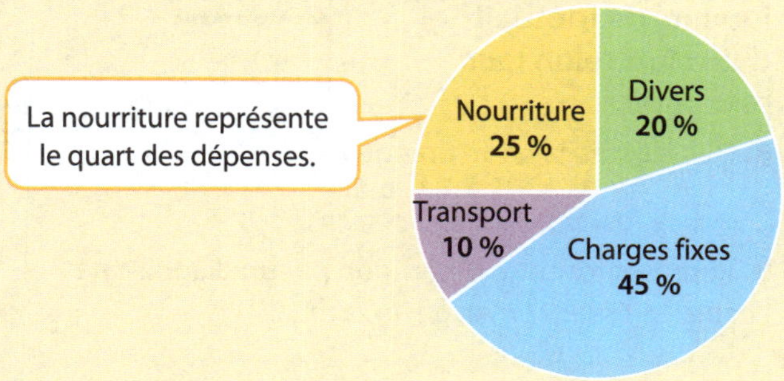

Diagramme semi-circulaire

Répartition d'élèves de 4e selon leur LV2

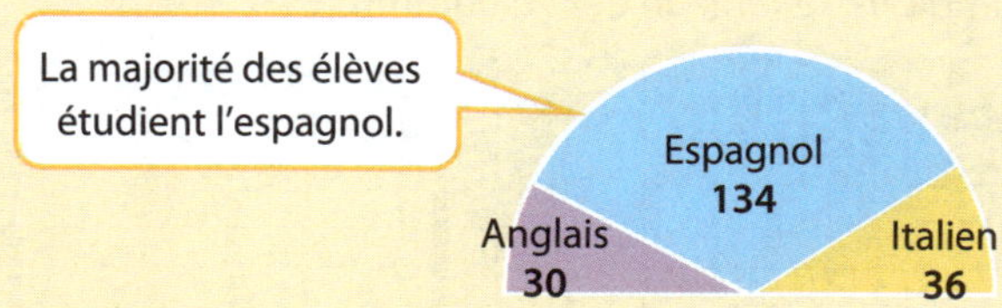

1 Voici la répartition des enfants d'un club de danse selon le style pratiqué.

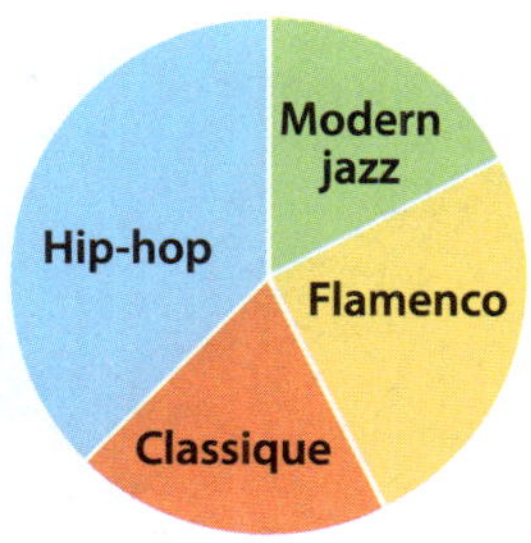

1. Quel style est le plus pratiqué ?

Le hip-hop est le style le plus pratiqué.

2. a. Il y a 120 enfants dans le club, dont le quart font du flamenco. Calculer le nombre de danseurs de flamenco.

120 : 4 = 30, donc 30 enfants font du flamenco.

b. Comment cela se traduit-il sur le diagramme ?

360° : 4 = 90°. L'angle du secteur « Flamenco » est droit.

2 Dan désire présenter par un diagramme semi-circulaire la répartition de ses arbres par espèce.

Espèce	Nombre d'arbres	Mesure de l'angle (en °)
Chêne	25	75
Hêtre	14	42
Pin	21	63
Total	60	180

× 3

a. Compléter la ligne « Total » de ce tableau.

b. Calculer et compléter le coefficient de proportionnalité.

180 : 60 = 3

c. Compléter la colonne « Mesure de l'angle ».

d. Aider Dan à réaliser le diagramme ci-contre.

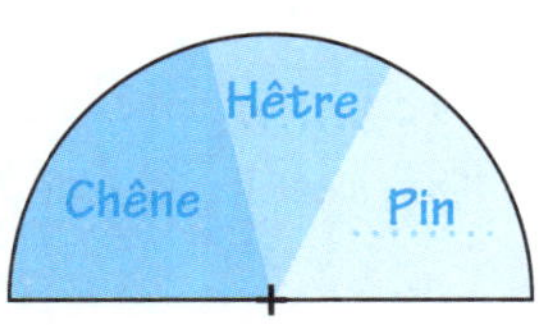

3 Voici les albums de BD d'Emy : 6 *Astérix*, 9 *Boule et Bill*, 18 *Les légendaires* et 12 *Mortelle Adèle*.

On se propose de représenter cette répartition par un diagramme circulaire.

BD	Nombre de BD	Mesure de l'angle (en °)
Astérix	6	48
Boule et Bill	9	72
Les légendaires	18	144
Mortelle Adèle	12	96
Total	45	360

× 8

1. a. Compléter la colonne « Nombre de BD » et la ligne « Total » du tableau ci-dessus.

b. Calculer et compléter le coefficient de proportionnalité.

360 : 45 = 8

c. Calculer la mesure de l'angle de chaque secteur. Compléter la colonne « Mesure de l'angle ».

6 × 8 = 48 9 × 8 = 72

18 × 8 = 144 12 × 8 = 96

2. Réaliser ci-dessous le diagramme circulaire. Indiquer la légende.

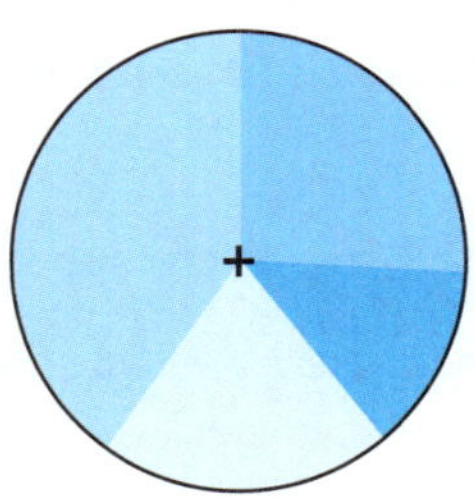

- Astérix
- Mortelle Adèle
- Les légendaires
- Boule et Bill

Perfectionnement

CALCUL MENTAL
• .... • ....
• .... • ....
• .... • ....
BILAN ..../.........

1 Le tableau et le diagramme ci-dessous présentent le nombre de cigognes observées dans un marais de Couëron (Loire-Atlantique) au printemps, de 2017 à 2021. Ils sont incomplets.

a. Compléter le tableau et le diagramme.

Année	Nombre de cigognes
2017	8
2018	4
2019	7
2020	5
2021	9

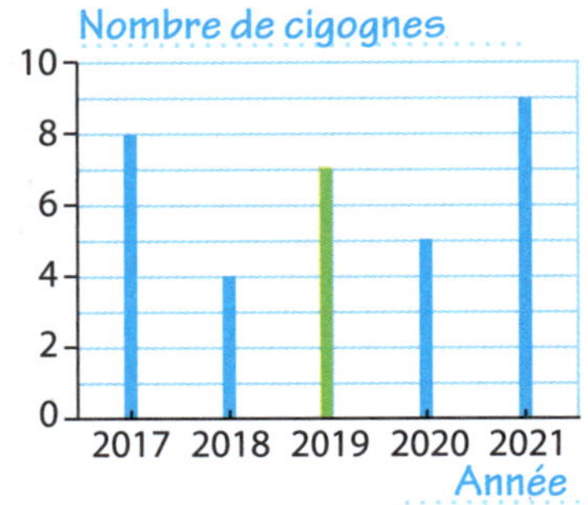

b. Combien de cigognes ont été observées dans ce marais au cours de la période 2017-2021 ?

8 + 4 + 7 + 5 + 9 = 33, donc on a observé 33 cigognes.

2 On a répertorié les moyens de transport des 150 élèves de 6e et des 125 élèves de 5e d'un collège.

	6^e	5^e	Total
Car	18	30	48
Vélo	15	23	38
À pied	30	25	55
Trottinette	33	35	68
Voiture	54	12	66
Total	150	125	275

a. Compléter le tableau ci-dessus.

b. Calculer le pourcentage des élèves qui viennent à trottinette parmi :
- les élèves de 6e ;
- les élèves de 5e.

c. Claire affirme : « Les élèves de 6e viennent plus à pied que ceux de 5e. »
A-t-elle raison ? Expliquer.

b. • $\frac{33}{150} = 0{,}22$, donc 22 % des élèves de 6e viennent en trottinette.
• $\frac{35}{125} = 0{,}28$, donc 28 % des élèves de 5e viennent en trottinette.

c. $\frac{30}{150} = 0{,}2$ et $\frac{25}{125} = 0{,}2$, donc Claire se trompe : les élèves de 5e et ceux de 6e qui viennent à pied au collège sont dans la même proportion.

3 Ce diagramme représente la répartition des joueurs de football d'un club selon leur catégorie.

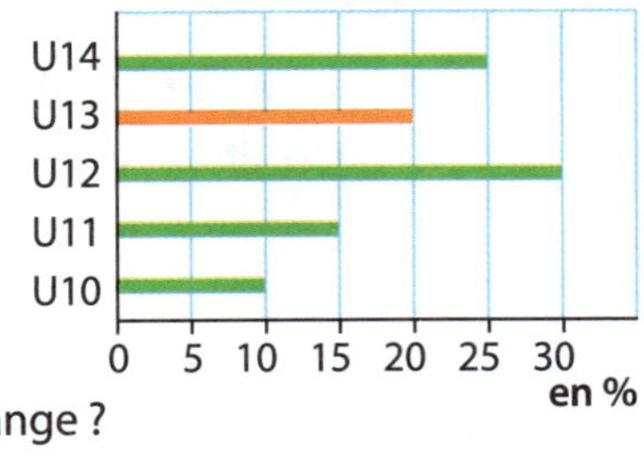

a. Que signifie la barre orange ?

20 % des joueurs du club sont en U13.

b. Représenter cette répartition par un diagramme circulaire. *Choisir un rayon de 2 cm.*

	U10	U11	U12	U13	U14	Total
Pourcentage (en %)	10	15	30	20	25	100
Mesure de l'angle (en °)	36	54	108	72	90	360

× 3,6

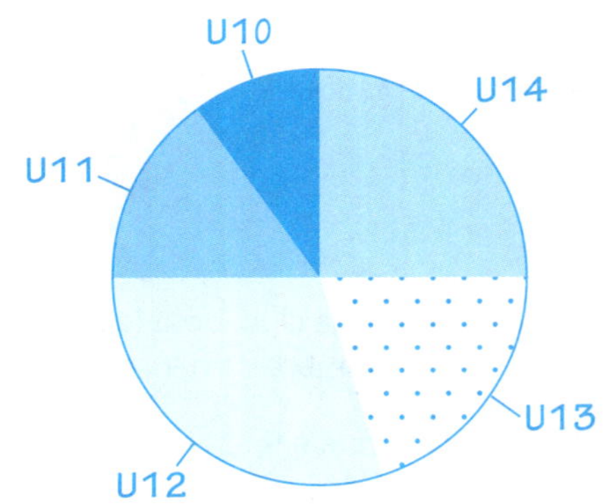

4 Le graphique ci-dessous traduit une randonnée à vélo de Ben.

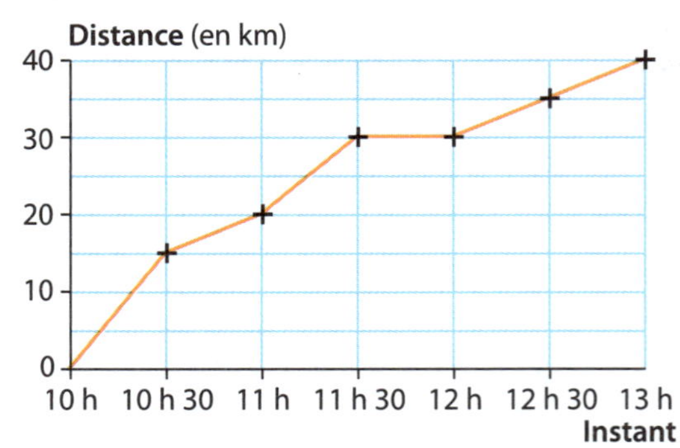

a. Décrire cette randonnée (heures de départ et d'arrivée, durée, distance parcourue).

La randonnée a commencé à 10 h et a pris fin à 13 h, elle a duré 3 h. Ben a parcouru 40 km.

b. Que s'est-il passé de 11 h 30 à 12 h ?

C'est une phase de repos.

FICHE 54

QCM & jeux

QCM

Voici un questionnaire à choix multiples.
Pour chaque question, entourer la (ou les) réponse(s) exacte(s).

Bilan ..... / 5

A — Au 2e tour des élections de délégués de classe, Ava a obtenu 15 voix et Kim 9 voix. Un tableau qui présente ces données est …

Réponse 1 :

	Ava	Kim
Nombre de voix	15	9

Réponse 2 :

	Nombre de voix
Ava	15
Kim	9

Réponse 3 :

	Ava	Kim
Nombre de voix	9	15

B — Ce tableau à double entrée, incomplet, présente le nombre d'élèves d'un collège. Alors …

	6^e	5^e	4^e	3^e	Total
Fille	65	82	75		
Garçon	70		80	67	
Total		170		140	600

- il y a 140 élèves en 3^e
- il y a 80 garçons en 4^e
- il y a 310 élèves au total dans ce collège

C — Voici la répartition des membres du club Jeux d'un collège selon leur niveau.

Niveau	6^e	5^e	4^e	3^e
Effectif	3	6	4	5

Le diagramme en bâtons qui représente cette répartition est …

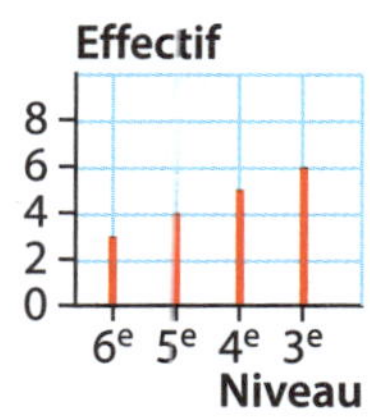

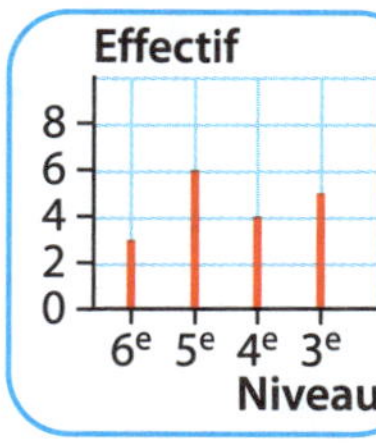

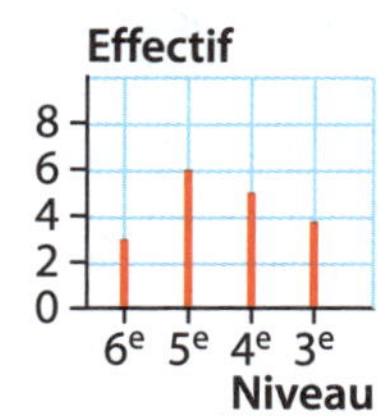

D — Une corbeille de fruits contient 5 bananes, 3 poires et 4 kiwis. Si l'on représente la répartition de ces fruits par un diagramme circulaire, alors …

- l'angle du secteur Poire est droit
- l'angle du secteur Banane mesure 150°
- l'angle du secteur Kiwi mesure 120°

E — Ce graphique représente la hauteur, en m, d'une balle de tennis lors de sa chute. Alors …

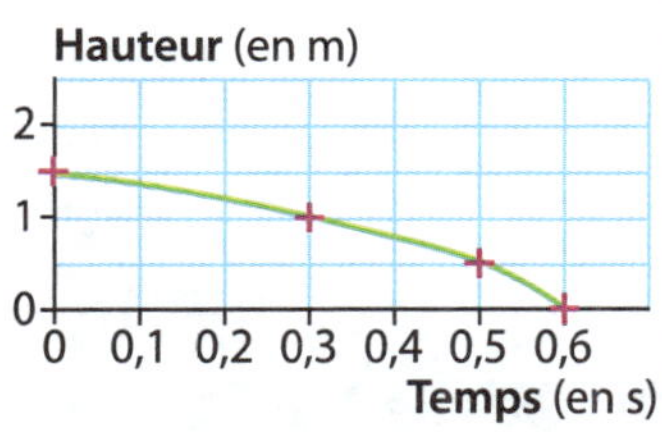

- la balle tombe d'une hauteur de 2 m
- la hauteur de la balle est 50 cm au bout d'une demi-seconde
- au bout de 0,3 s, la balle est à une hauteur de 1 m

jeu 1

Un mot important de ce chapitre se cache dans cette grille, mais il y a des lettres en trop.
Le nombre écrit dans une case indique le nombre de lettres à noircir aux sommets de cette case.
Faire apparaître ce mot.

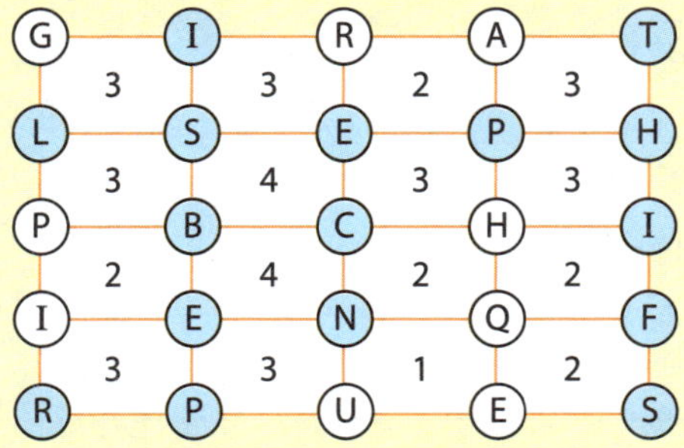

Réponse : GRAPHIQUE

jeu 2

Anaïs, Ines et Jane sont en 6e, 5e ou 4e.
Elles ont chacune une passion : la danse, le football ou la lecture.
Trouver leur passion et leur classe sachant que :
- celle qui est passionnée de football est en 5e ;
- Ines aime danser ;
- Jane est en 4e.

	6^e	5^e	4^e
Danse	Ines	X	X
Football	X	Anaïs	X
Lecture	X	X	Jane

Anaïs est en 5e, elle aime le football.
Ines est en 6e, elle aime la danse.
Jane est en 4e, elle aime la lecture.

Atelier problèmes
Apprendre à chercher

1 Utiliser des multiples

Le documentaliste d'un collège dispose d'une certaine somme pour acheter des dictionnaires à 36 € l'un et des calculatrices à 28 € l'une.
• S'il n'achète pas de calculatrice, la somme disponible est suffisante pour acheter 25 dictionnaires, mais pas 26.
• S'il n'achète que des calculatrices, alors il peut dépenser exactement la somme disponible.

a. Déterminer la somme dont dispose le documentaliste.

b. Finalement, il choisit d'acheter autant de dictionnaires que de calculatrices.
Combien peut-il en acheter de chaque sorte ?

a. $25 \times 36 = 900$ et $26 \times 36 = 936$.
Donc la somme dont dispose le documentaliste est supérieure à 900 € et inférieure à 936 €.
Le seul multiple de 28 compris entre 900 et 936 est 924 ; en effet, $33 \times 28 = 924$.
Donc le documentaliste dispose de 924 €.
b. • Le prix total pour un dictionnaire et une calculatrice est 36 € + 28 €, soit 64 €.
• $924 = 14 \times 64 + 28$, donc le documentaliste peut acheter 14 dictionnaires et 14 calculatrices. Il lui restera alors 28 €.

	9	2	4	6	4
−	6	4		1	4
	2	8	4		
−	2	5	6		
		2	8		

2 Utiliser des fractions

Anatole, Bertrand, Cara, Diamanta et Elvira habitent tous dans la même rue.
Il s'agit d'une rue particulière, dans laquelle les maisons sont repérées par des fractions comprises entre 0 et 1. Voici un schéma de cette rue.

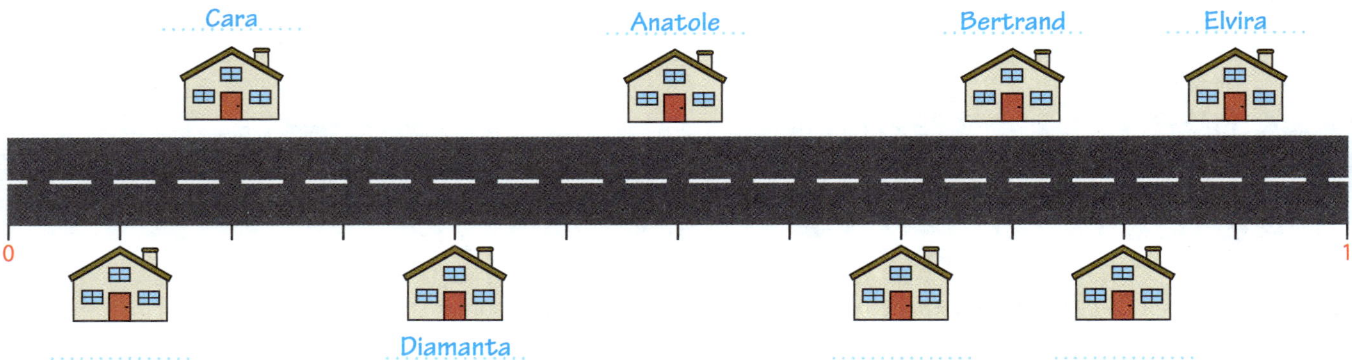

a. Utiliser les informations suivantes pour placer ci-dessus le nom des cinq habitants.
• La maison d'Anatole est repérée par la fraction $\frac{1}{2}$ et celle de Bertrand par la fraction $\frac{3}{4}$.
• Cara habite à $\frac{1}{3}$ de la distance entre le début de la rue et la maison d'Anatole.
• Diamanta habite à la même distance de Cara et d'Anatole.
• Elvira habite plus loin de chez Anatole que Bertrand.
• La différence entre les fractions qui repèrent les maisons d'Elvira et Bertrand est $\frac{1}{6}$.

b. Compléter ce tableau avec les fractions qui repèrent les maisons de chacun de ces habitants.

Anatole	Bertrand	Cara	Diamanta	Elvira
$\frac{1}{2}$	$\frac{3}{4}$	$\frac{1}{6}$	$\frac{1}{3}$	$\frac{11}{12}$

3 Proposer une méthode de résolution

Dans quel pot le miel est-il le moins cher ?

a	b	c	d
2,58 €	5,06 €	5,30 €	10,90 €
120 g	230 g	250 g	500 g

• On cherche le prix d'un gramme de miel, en centimes d'euro.
258 : 120 = 2,15
506 : 230 = 2,2
530 : 250 = 2,12
1 090 : 500 = 2,18
• 2,12 < 2,15 < 2,18 < 2,2
Donc, c'est dans le pot c que le miel est le moins cher.

4 Utiliser la proportionnalité

Pour un jeu de société, les scores des joueurs sont matérialisés par des jetons dorés. Le score est proportionnel au nombre de jetons. Voici les jetons de trois joueurs.

Joueur 1 :
Joueur 2 :
Joueur 3 :

Deux des scores sont 840 points et 1 470 points.
Quel est le troisième score ?

• On suppose que 840 et 1 470 sont respectivement les scores des joueurs 1 et 2.
840 : 4 = 210 et 1 470 : 6 = 245.
210 ≠ 245, donc 840 et 1 470 ne sont pas les scores des joueurs 1 et 2.
• On suppose que 840 et 1 470 sont respectivement les scores des joueurs 1 et 3.
840 : 4 = 210 et 1 470 : 7 = 210.
Donc 840 et 1 440 sont respectivement les scores des joueurs 1 et 3 et un jeton vaut 210 points.
6 × 210 points = 1 260 points.
Le troisième score (celui du joueur 2) est 1 260 points.

5 Utiliser plusieurs représentations de données

La France compte 18 régions.
Dans le tableau ci-contre, on note S (ou I) les régions qui ont plus (ou moins) de 5 millions d'habitants, et on note A (ou P) les régions qui ont accès (ou non) à la mer.

	S	I	Total
A	4	9	13
P	3	2	5
Total	7	11	18

a. Compléter le tableau à double entrée ci-contre.

b. Compléter le tableau ci-dessous, puis compléter le diagramme semi-circulaire ci-dessous pour représenter ce tableau.

	Effectif	Angle
SA : population supérieure à 5 millions avec accès à la mer	4	40°
SP : population supérieure à 5 millions sans accès à la mer	3	30°
IA : population inférieure à 5 millions avec accès à la mer	9	90°
IP : population inférieure à 5 millions sans accès à la mer	2	20°
Total	18	180°

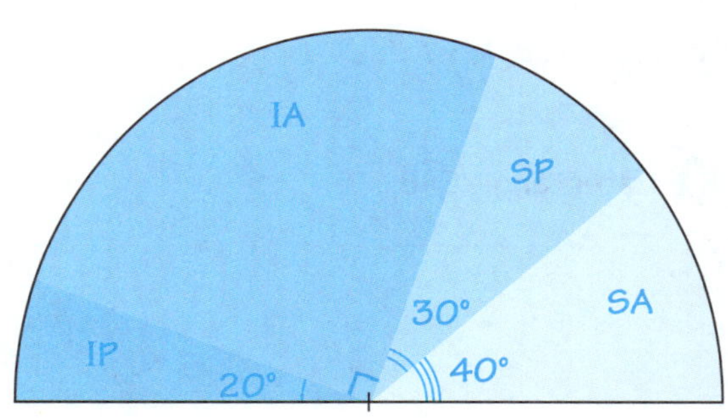

FICHE 56

Vocabulaire des angles

CALCUL MENTAL

• .... • ....
• .... • ....
• .... • ....

BILAN ..../........

→ Au collège, l'unité de mesure d'un **angle** est **le degré** (symbole °).
Un tour complet mesure **360°**.

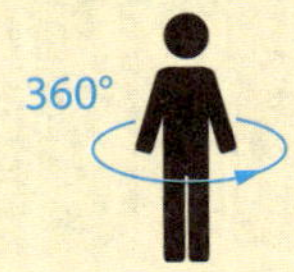

• Un **angle plat** (ou demi-tour).

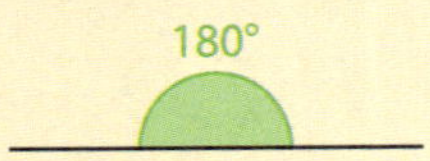

• Un **angle droit** (ou quart de tour)

→ On note un angle avec trois lettres et un chapeau ; la **deuxième** lettre est **le sommet** de l'angle.

→ On utilise un même codage pour des angles superposables : ∢ ou ∢

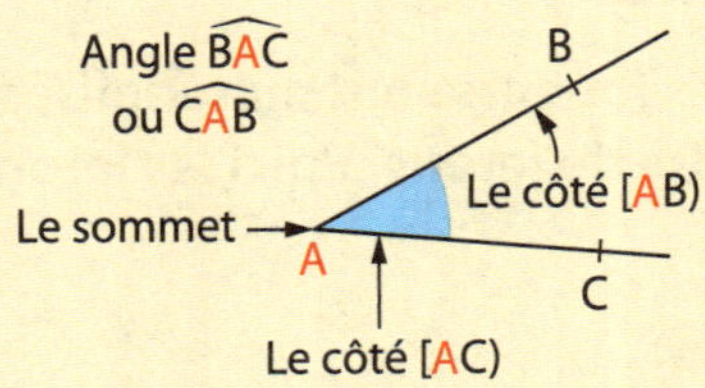

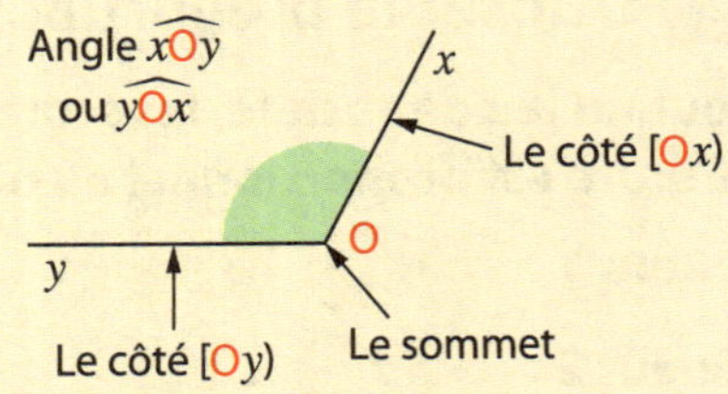

1 Voici un angle.
Compléter.

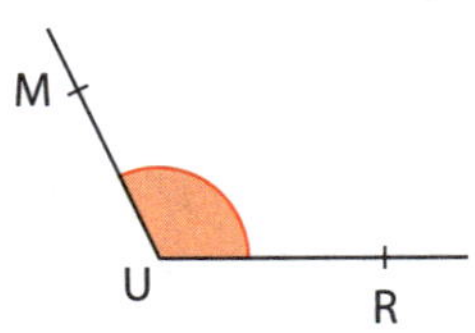

a. Le point U est le ...sommet... de cet angle.

b. Les demi-droites ...[UM)... et ...[UR)... sont les côtés de cet angle.

c. Cet angle est noté ...$\widehat{MUR}$... ou ...$\widehat{RUM}$... .

2 Sur la figure ci-dessous, marquer :
• en bleu l'angle $\widehat{OPN}$;
• en vert l'angle $\widehat{PON}$;
• en rouge l'angle $\widehat{PMO}$;
• en noir l'angle $\widehat{MON}$.

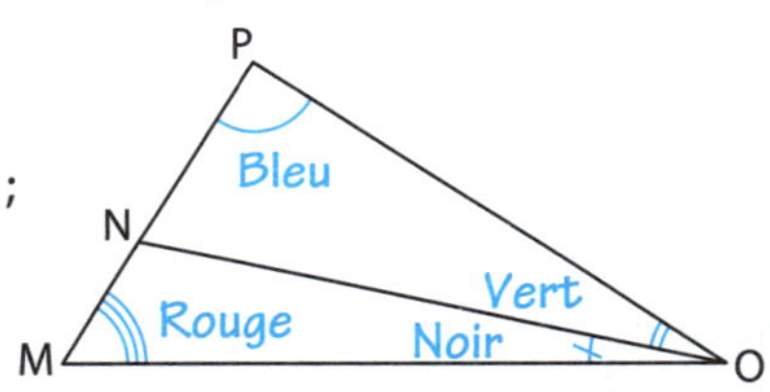

3 Sur la figure ci-dessous, marquer :
• en bleu l'angle $\widehat{xAt}$;
• en vert l'angle $\widehat{xAy}$;
• en noir l'angle $\widehat{yAt'}$;
• en rouge l'angle $\widehat{x'Ay'}$.

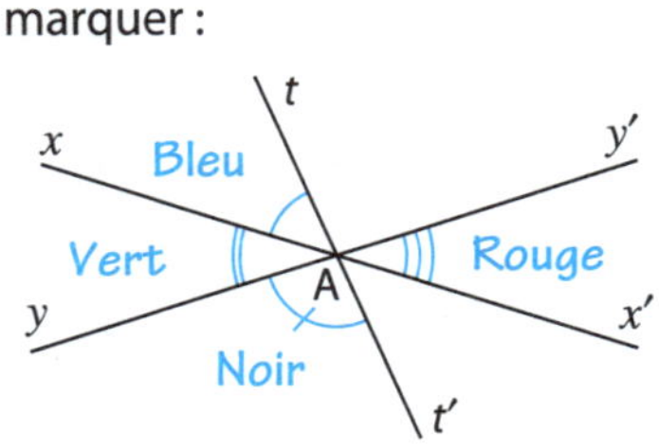

4 Tracer l'angle $\widehat{CAB}$.

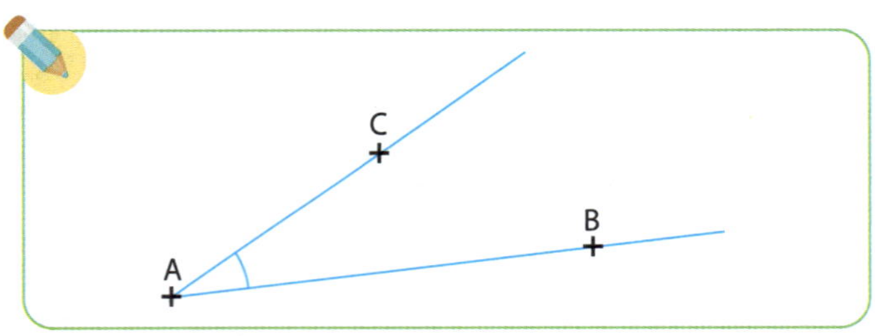

5 À l'aide de papier calque, repérer des angles superposables. Coder ces angles.

6 Le disque de centre O ci-dessous est partagé en 12 angles superposables.

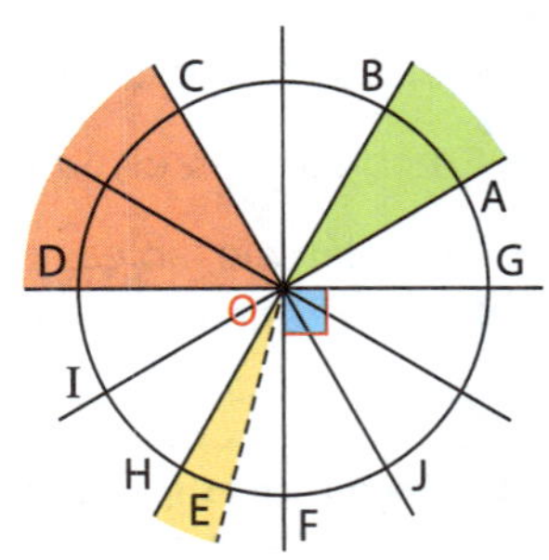

a. Calculer la mesure des angles coloriés en vert, en rose et en bleu, et compléter.

• $\widehat{AOB}$ = 360° : 12 = 30°

• $\widehat{COD}$ = 30° × 2 = 60°

• $\widehat{FOG}$ = 30° × 3 = 90°

b. La mesure de l'angle colorié en jaune est la moitié de la mesure de l'angle colorié en vert.

Quelle est cette mesure ? 30° : 2 = 15°

c. Citer un angle de la figure qui mesure 45°.

45° = 30° + 15°, donc l'angle $\widehat{IOE}$ ou l'angle $\widehat{JOE}$ mesure 45°.

FICHE 57

Mesure d'un angle : le rapporteur

CALCUL MENTAL
• .... • ....
• .... • ....
• .... • ....
BILAN ..../.......

→ Le **rapporteur** est un instrument qui permet de mesurer un angle.

❶ On place le centre du rapporteur sur le sommet de l'angle et une graduation « 0 » (zéro) sur un côté de l'angle.

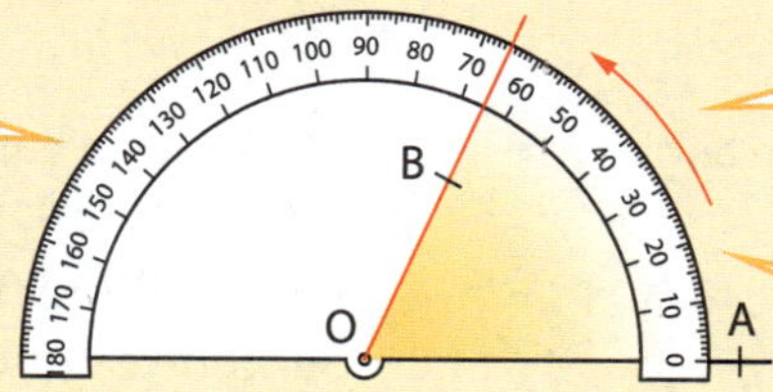

❷ On suit les graduations **0**, **10**, **20**, …

❸ On lit la mesure de l'angle, ici : $\widehat{AOB} = 65°$.

→ • Un angle **aigu** mesure **entre 0° et 90°**.

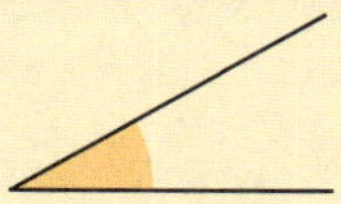

• Un angle **obtus** mesure **entre 90° et 180°**.

1 Sans utiliser le rapporteur, entourer la mesure de l'angle ❶ et encadrer celle de l'angle ❷.

• 15° • 45° • 60° • 80°
• 100° • 145° • 160° • 180°

(45° encadré ; 160° entouré)

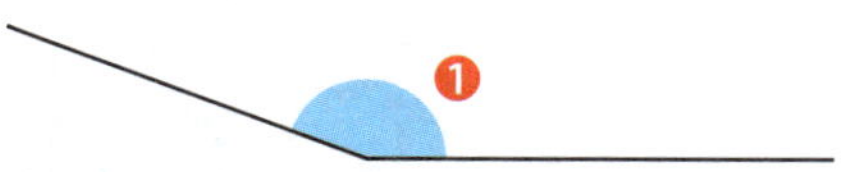

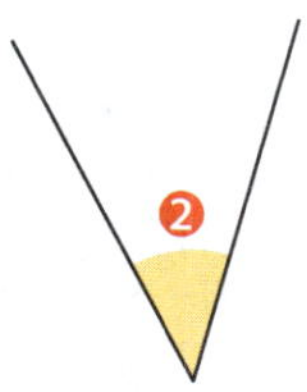

2 Dans chaque cas, dire pourquoi la mesure de l'angle n'est pas correcte.

a. « Cet angle $\widehat{AOB}$ mesure 50° ».

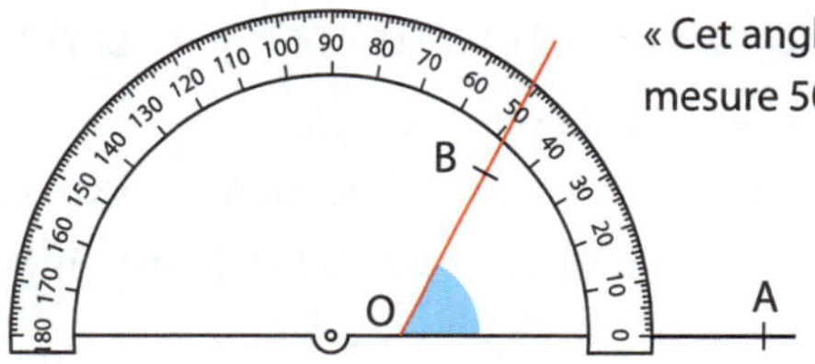

Le centre du rapporteur n'est pas placé au sommet de l'angle.

b. « Cet angle $\widehat{xMy}$ mesure 120° ».

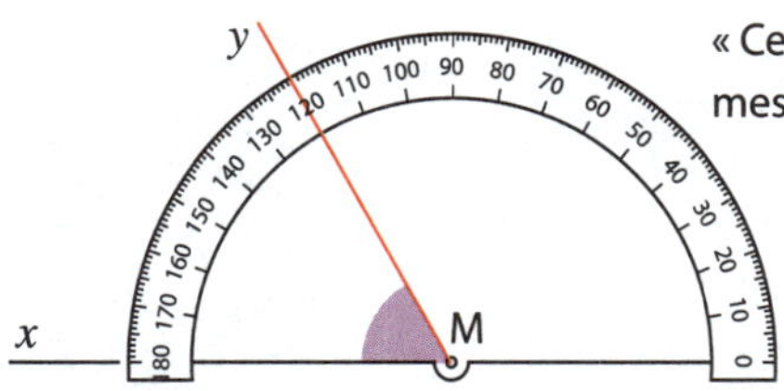

Le côté [Mx) de l'angle ne passe pas par la graduation 0 du rapporteur.

c. « Cet angle $\widehat{JIK}$ mesure 110° ».

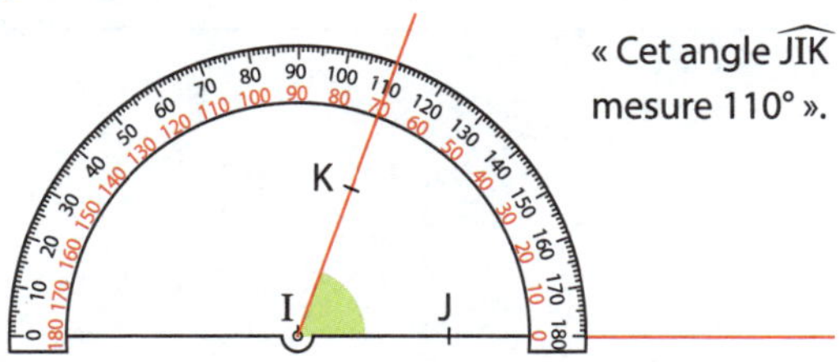

Il faut utiliser la graduation rouge : on lit 70°.

3 Mesurer chaque angle avec le rapporteur et compléter le tableau.

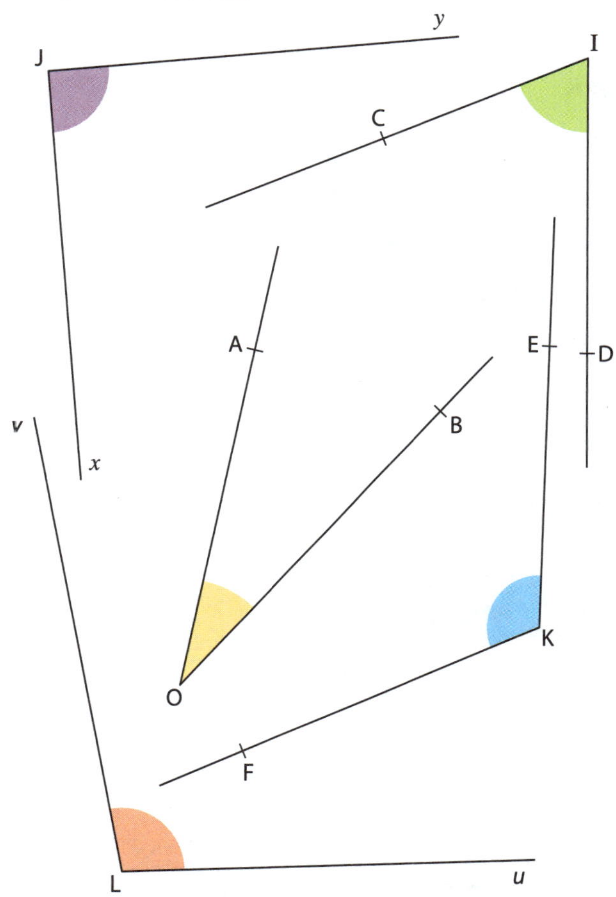

Nom de l'angle	Mesure de l'angle	Nature de l'angle
$\widehat{AOB}$	32°	aigu
$\widehat{CID}$	68°	aigu
$\widehat{EKF}$	114°	obtus
$\widehat{xJy}$	90°	droit
$\widehat{uLv}$	100°	obtus

FICHE 58

Construction d'un angle de mesure donnée

CALCUL MENTAL

• .... • ....

• .... • ....

• .... • ....

BILAN ..../........

1 Compléter la figure de façon à obtenir un angle de la mesure donnée.

Conseil : bien repérer le sommet de l'angle.

a. $\widehat{MAT} = 25°$

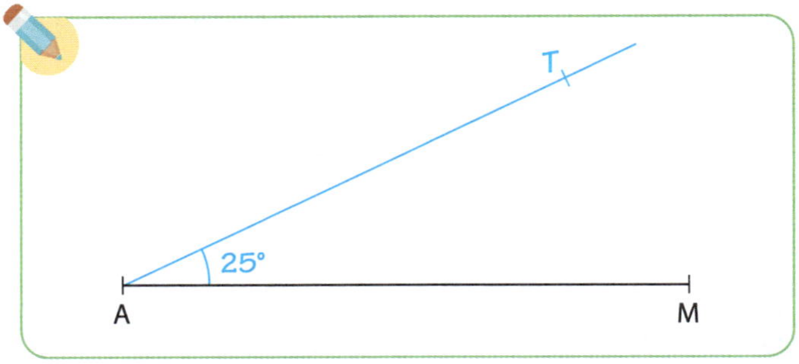

b. $\widehat{PUB} = 100°$

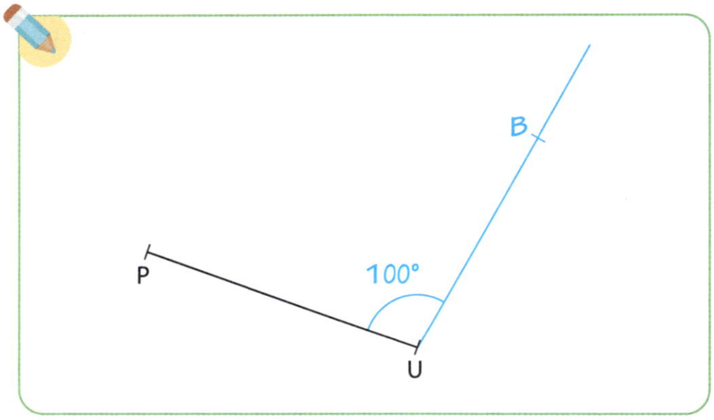

c. $\widehat{FER} = 85°$

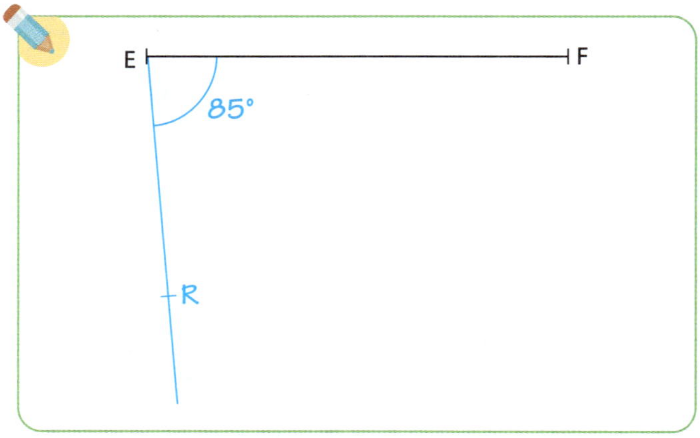

d. $\widehat{LOI} = 160°$

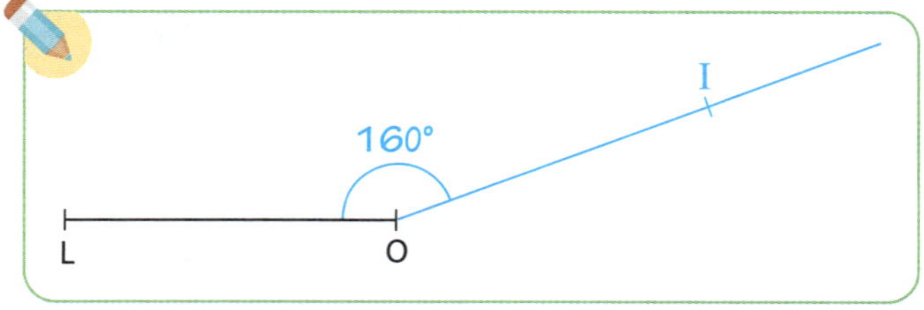

2 **Voici la carte de la zone de dunes où se trouvent les pilotes Maya (M), Nelson (N) et Oscar (O), lors d'un rallye. Leurs voitures sont sur la piste.**

Sur cette carte, construire les positions M, N, O des trois pilotes sur la piste sachant que :

$\widehat{BAM} = 110°$, $\widehat{ABN} = 47°$, $\widehat{ACO} = 65°$.

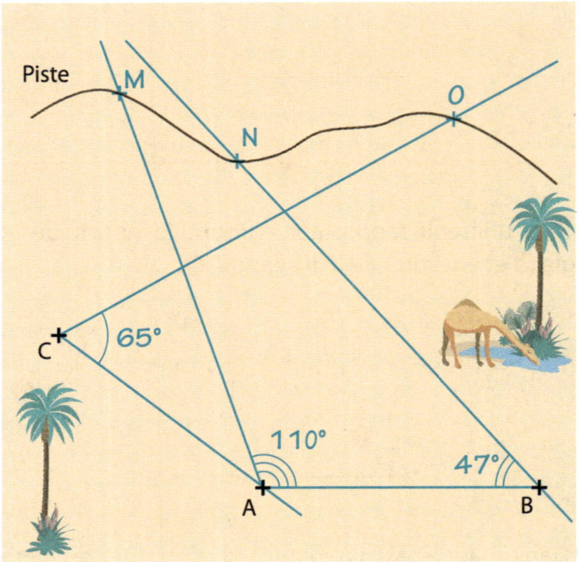

3 **On se propose de compléter la figure ci-dessous.**

a. Tracer un angle $\widehat{BAx}$ de mesure 62°.

b. Tracer l'angle $\widehat{BAy}$ de mesure 28° tel que les demi-droites [Ax) et [Ay) soient de part et d'autre de la droite (AB).

c. Calculer la mesure de l'angle $\widehat{xAy}$.

Que remarque-t-on ?

a. et b.

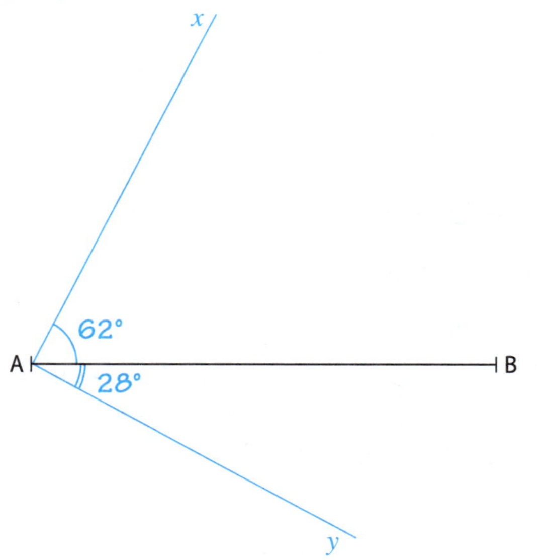

c. $\widehat{xAy} = 62° + 28° = 90°$, *donc* $\widehat{xAy}$ *est un angle droit.*

Perfectionnement

CALCUL MENTAL
• .... • ....
• .... • ....
• .... • ....
BILAN ..../........

1 Lors d'un match de rugby, une équipe vient de marquer un essai.

En quel point A, B ou C vaut-il mieux qu'un joueur se place pour transformer l'essai, c'est-à-dire avoir le plus grand angle de tir ?

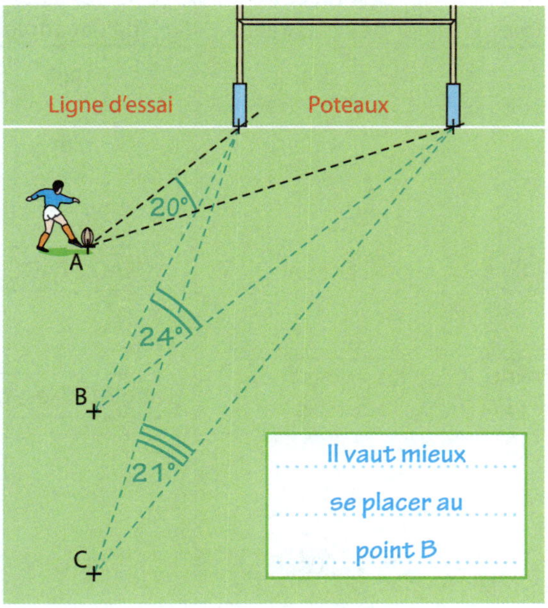

2 Algo Voici un script Scratch.

Compléter ci-dessous la figure tracée par le lutin lorsqu'on exécute ce script. *Prendre 2 cm pour 100 pas.*

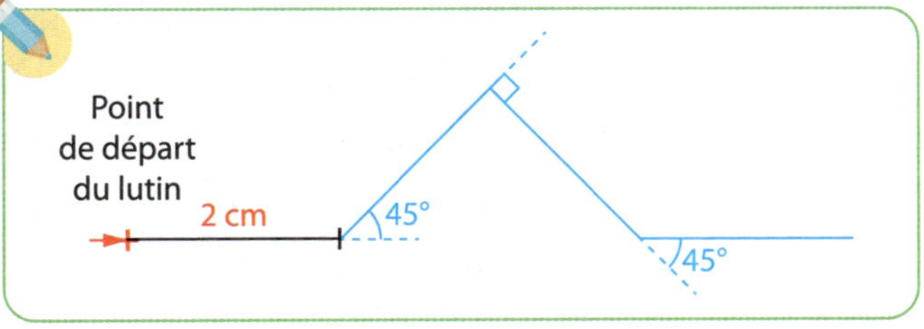

3 La Grande Ourse est la troisième constellation du ciel par son étendue. Elle est reconnaissable par sa forme de casserole que composent ses sept étoiles les plus brillantes. Voici des indications pour réaliser un plan de cette constellation.

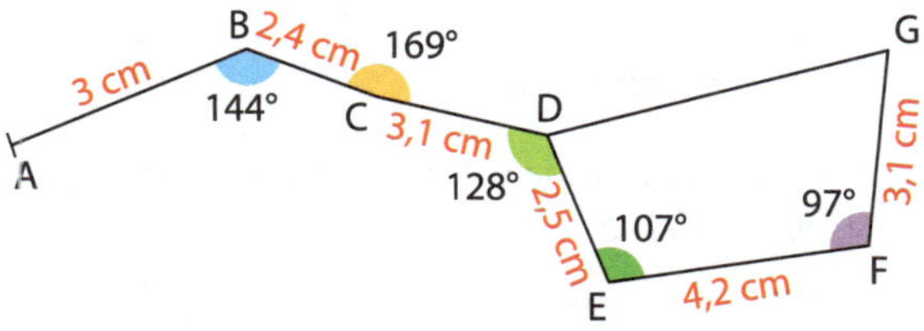

a. Compléter ci-dessous la construction de ce plan en vraie grandeur.

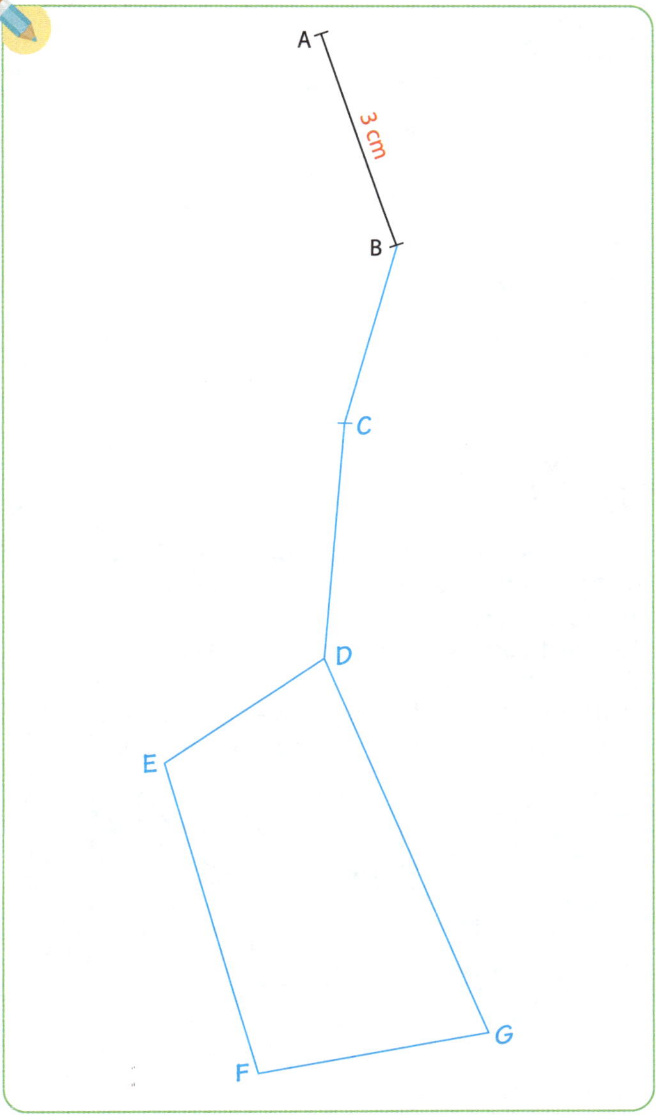

b. Mesurer à l'aide du rapporteur et compléter.

• $\widehat{EDG}$ = 81° • $\widehat{DGF}$ = 75° • $\widehat{CDG}$ = 151°

FICHE 60

QCM & jeux

QCM

Voici un questionnaire à choix multiples.
Pour chaque question, entourer la (ou les) réponse(s) exacte(s).

Bilan ..... **/ 7**

A	Cet angle se nomme … 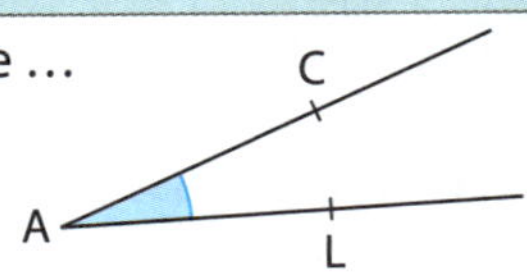	$\widehat{ALC}$	$\widehat{LAC}$	$\widehat{CAL}$
B	Pour l'angle de la question **A**, on peut affirmer que …	le point A est le sommet de cet angle	la demi-droite [CA) est un côté de cet angle	la demi-droite [AC) est un côté de cet angle
C	Un angle droit mesure …	25°	90°	180°
D	Un angle dont la mesure est comprise entre 90° et 180° est un angle …	aigu	obtus	plat
E	Sur cette figure, des angles superposables sont … 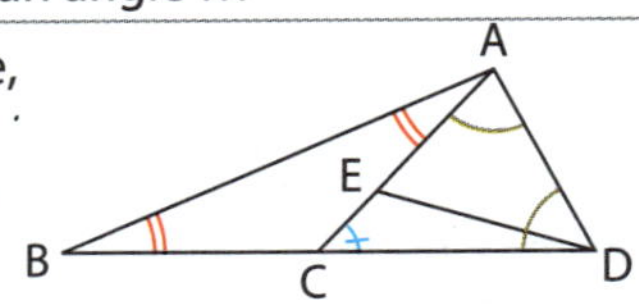	$\widehat{ABC}$ et $\widehat{CAB}$	$\widehat{AED}$ et $\widehat{ACD}$	$\widehat{EAD}$ et $\widehat{ADC}$
F	$\widehat{RST}$ = 180°. On peut affirmer que …	R est un point de la droite (ST)	les points R, S, T sont alignés	l'angle $\widehat{RST}$ est plat
G	Cet angle orange mesure … 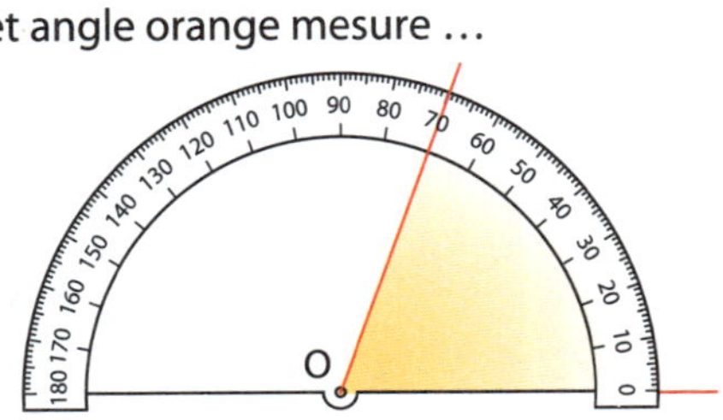	70°	90°	110°

jeu 1

Sur un plateau de billard, une boule rebondit sur les bords en formant un angle égal à celui avec lequel elle est arrivée.
Hichem frappe la boule rouge, elle part comme l'indique la flèche.
Poursuivre le tracé de la trajectoire de la boule rouge jusqu'à ce qu'elle percute une autre boule. Laquelle ?

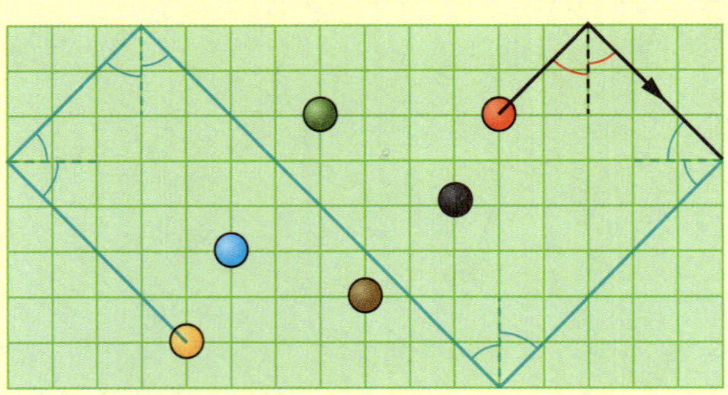

Réponse : Elle percute la boule jaune.

jeu 2

Par groupe de quatre, construire quatre sphinx comme celui ci-contre.
Découper ces quatre sphinx et les assembler pour former un autre sphinx, de la même forme, mais plus grand.

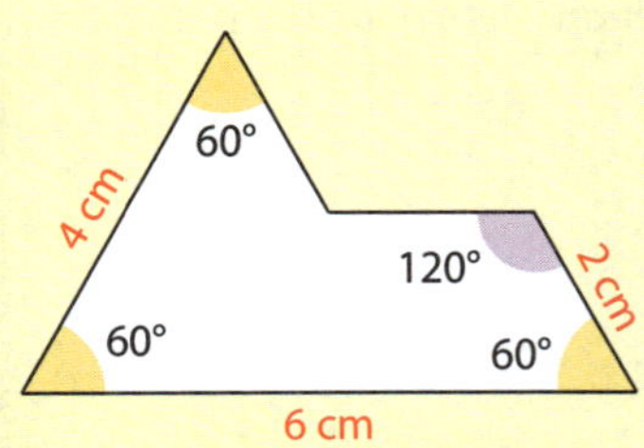

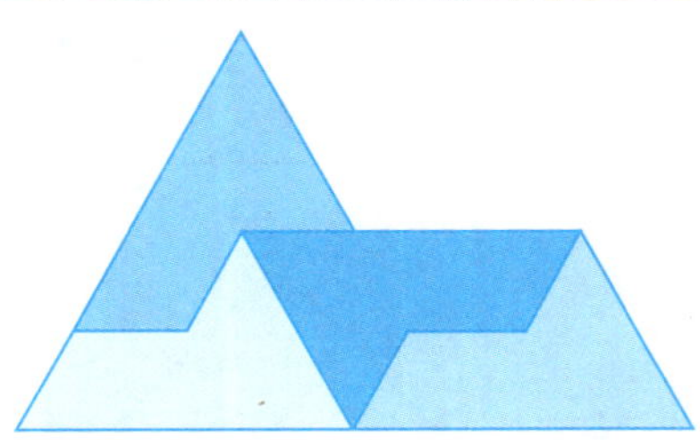

Cette figure n'est pas à l'échelle.

FICHE 61 Différence entre périmètre et aire

CALCUL MENTAL
• .... • ....
• .... • ....
• .... • ....
BILAN ..../........

- Les figures ❶ et ❷ ont la même aire : 4 unités d'aire.
  Mais ces deux figures ont des périmètres différents (10 unités de longueur pour ❶ et 8 unités de longueur pour ❷).
- Les figures ❸ et ❹ n'ont pas la même aire (4 unités d'aire pour ❸ et 5 unités d'aire pour ❹).
  Mais ces deux figures ont le même périmètre : 10 unités de longueur.

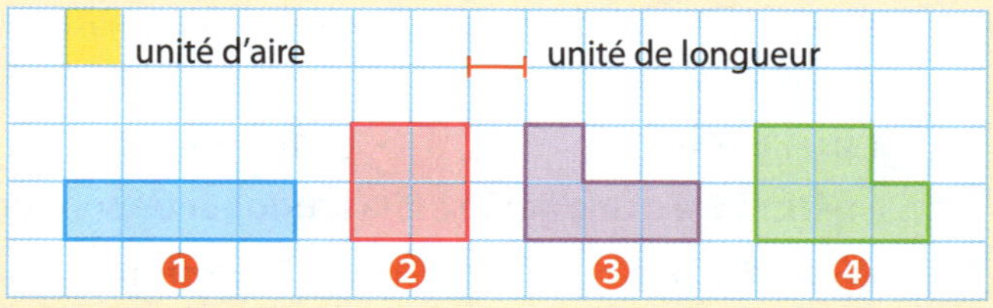

★

1 Indiquer le périmètre P et l'aire $\mathscr{A}$ de ces figures dans les unités indiquées.

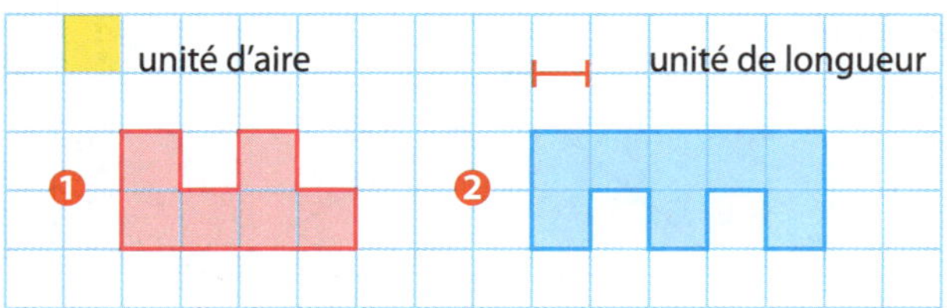

❶ P = 14 et $\mathscr{A}$ = 6 ❷ P = 18 et $\mathscr{A}$ = 8

2 Indiquer le périmètre P et l'aire $\mathscr{A}$ de ces figures dans les unités indiquées.
Les mailles sont des triangles équilatéraux.

❶ P = 9 et $\mathscr{A}$ = 3,5 ❷ P = 8 et $\mathscr{A}$ = 4

3 On note P_1, P_2 les périmètres et $\mathscr{A}_1$, $\mathscr{A}_2$ les aires des figures respectives ❶ et ❷ dans les unités indiquées.

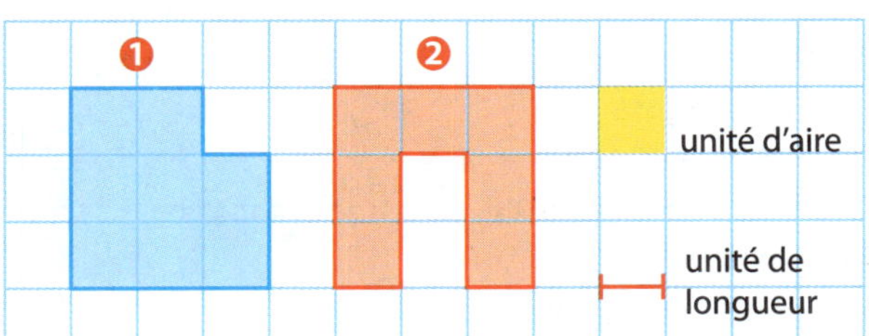

a. Compléter.

P_1 = 12 et P_2 = 16 $\mathscr{A}_1$ = 8 et $\mathscr{A}_2$ = 7

b. Compléter avec < ou > ou =.

P_1 < P_2 et $\mathscr{A}_1$ > $\mathscr{A}_2$

★★

4 Voici deux figures.

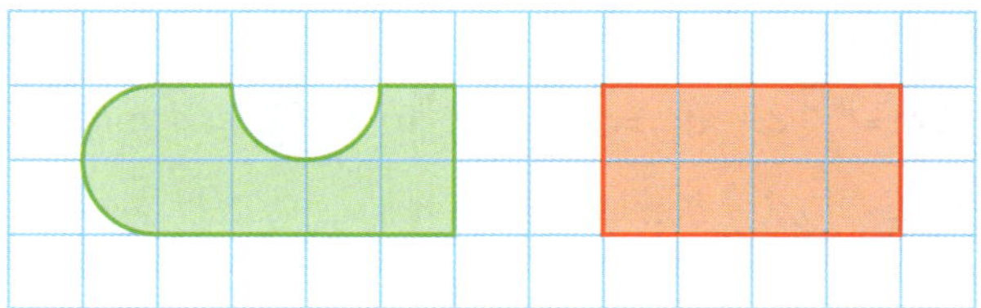

Pour ces deux figures, comparer :
a. leurs périmètres ; **b.** leurs aires.

a. Les longueurs AB et CD sont inférieures aux longueurs des demi-cercles $\overset{\frown}{AB}$ et $\overset{\frown}{CD}$. Donc le périmètre de la figure rouge est inférieur au périmètre de la figure verte.
b. On dispose le demi-disque de diamètre [CD] sur le demi-disque de diamètre [AB]. On constate ainsi que les figures rouge et verte ont la même aire.

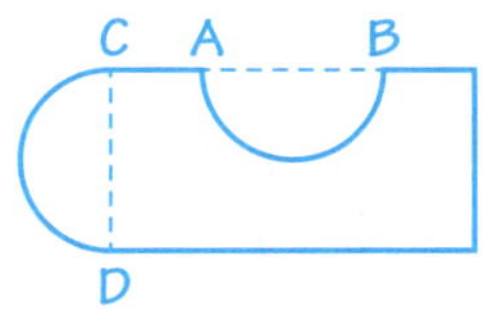

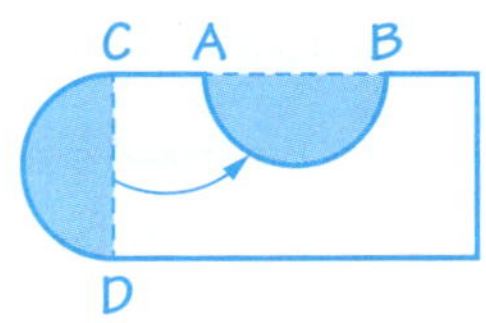

5 Construire une figure :
a. de même périmètre que cette figure, mais d'aire plus grande ;
b. de même aire que cette figure, mais de périmètre plus petit ;
c. d'aire plus grande et de périmètre plus petit.

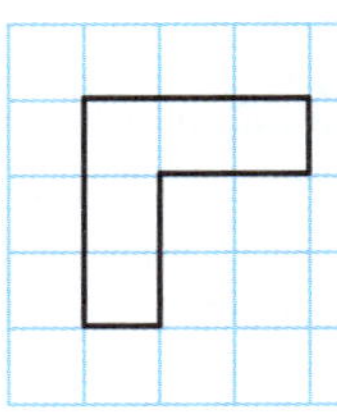

FICHE 62

Formules de périmètre

CALCUL MENTAL

•.............. •..............
•.............. •..............
•.............. •..............

BILAN ..../.........

→ Le **mètre** (m) est l'unité principale de mesure de longueur.
Chaque unité de longueur est **10** fois plus grande que celle de rang immédiatement inférieur.

1 km	1 hm	1 dam	1 m	1 dm	1 cm	1 mm
	× 10	× 10	× 10	× 10	× 10	× 10

• 1 m = 10 dm • 1 km = 100 dam • 1 m = 0,1 dam • 1 mm = 0,01 dm

→ Le **périmètre** d'une figure est la **longueur** de son contour (on exprime toutes les longueurs dans la même unité).

Périmètre d'un carré
$P = 4 \times c$

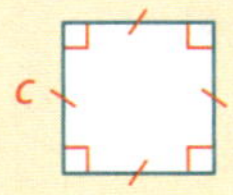

Périmètre d'un rectangle
$P = 2 \times L + 2 \times \ell$
ou $P = 2 \times (L + \ell)$

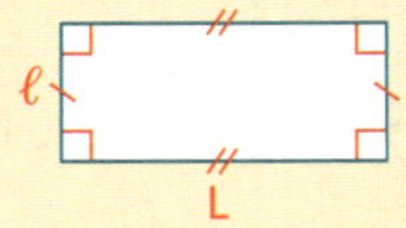

Longueur d'un cercle
$L = \pi \times d$
ou $L = 2 \times \pi \times r$

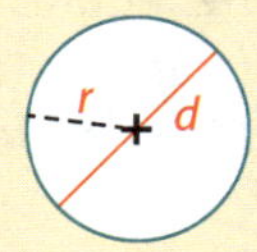

★

1 Compléter.

a. 12 m = 120 dm = 1 200 cm = 12 000 mm

b. 7 m = 0,7 dam = 0,07 hm = 0,007 km

2 Compléter.

a. 8,4 m = 840 cm **b.** 0,9 km = 900 m

c. 43 mm = 0,43 dm **d.** 0,2 dm = 0,02 m

3 Dans chaque cas, calculer le périmètre P de la figure.

a. Un triangle de dimensions 5,2 cm, 9 cm et 7 cm.

P = 5,2 cm + 9 cm + 7 cm = 21,2 cm

b. Un carré de côté 12 mm.

P = 4 × 12 mm = 48 mm

c. Un rectangle de largeur 4,5 cm et de longueur 7 cm.

P = 2 × 4,5 cm + 2 × 7 cm

P = 9 cm + 14 cm = 23 cm

4 Calculer la longueur L d'un cercle de diamètre 15 cm.
Prendre 3,14 pour valeur approchée de π.

L ≈ 3,14 × 15 cm, soit L ≈ 47,1 cm

5 Calculer la longueur L d'un cercle de rayon 3 m.
Utiliser les touches π ou ×10ˣ de la calculatrice pour donner une valeur approchée à l'unité près.

L = 2 × π × 3 m
À l'aide de la calculatrice, on obtient L ≈ 19 m.

★★

6 Mesurer les côtés du triangle ABC, puis calculer son périmètre.

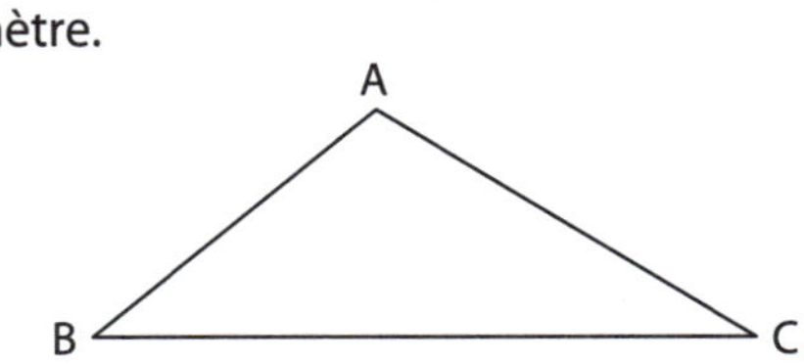

AB + BC + CA = 2,5 cm + 4,5 cm + 3 cm = 10 cm

Le périmètre du triangle ABC est 10 cm.

7 Calculer le périmètre P, en cm, de la figure représentée ci-dessous.

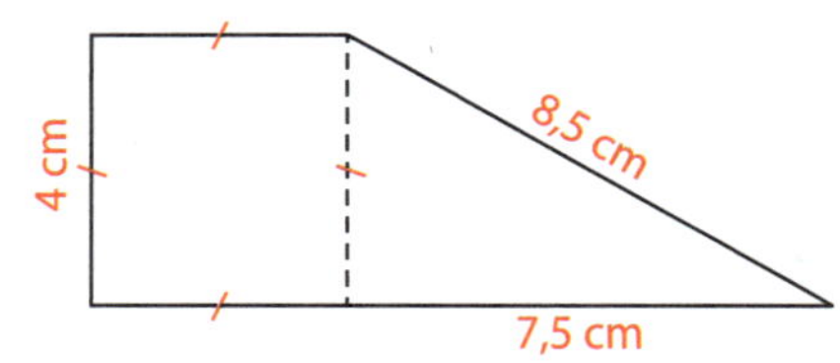

P = 3 × 4 cm + 8,5 cm + 7,5 cm
P = 12 cm + 16 cm = 28 cm
Le périmètre de cette figure est 28 cm.

8 Calculer le périmètre P, en cm, de la figure représentée ci-contre (une partie de son contour est un demi-cercle).
Donner une valeur approchée au dixième près.

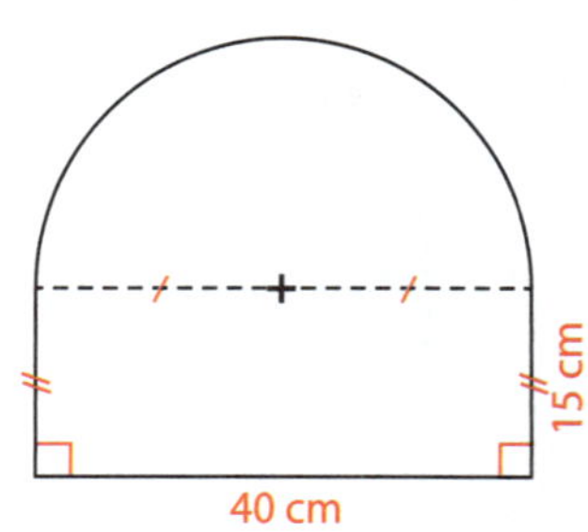

• Longueur du demi-cercle : (π × 40 cm) : 2, soit, à l'aide de la calculatrice, environ 62,8 cm.
• P ≈ 40 cm + 2 × 15 cm + 62,8 cm, soit P ≈ 132,8 cm.

FICHE 63

Unités d'aire

CALCUL MENTAL

• .... • ....

• .... • ....

• .... • ....

BILAN ..../........

- L'**aire** d'une figure est la mesure de sa **surface intérieure**.
- Une unité d'aire souvent utilisée est le **mètre carré** (m^2) : 1 m^2 est l'aire d'un carré de 1 m de côté. On utilise aussi, par exemple, le décimètre carré (dm^2), qui est l'aire d'un carré de 1 dm de côté.
- Chaque unité d'aire est **100** fois plus grande que celle de rang immédiatement inférieur.

× 100	× 100	× 100	× 100	× 100	× 100	
1 km^2	1 hm^2	1 dam^2	1 m^2	1 dm^2	1 cm^2	1 mm^2

• 1 m^2 = 100 dm^2 = 10 000 cm^2 • 1 cm^2 = 0,01 dm^2 = 0,000 1 m^2

- Pour mesurer l'aire des terrains, appelée **superficie**, on utilise l'**are** (a) et l'**hectare** (ha) :

• 1 a = 1 dam^2 = 100 m^2 • 1 ha = 1 hm^2 = 10 000 m^2

★

1 Compléter.

a. 5 m^2 = 500 dm^2 = 50 000 cm^2

b. 5 m^2 = 0,05 dam^2 = 0,000 5 hm^2

2 Compléter.

a. 1 dam^2 = 100 m^2,

donc 6,8 dam^2 = 6,8 × 100 m^2 = 680 m^2.

b. 1 hm^2 = 10 000 m^2,

donc 35 hm^2 = 35 × 10 000 m^2 = 350 000 m^2.

3 Compléter.

a. 72 cm^2 = 72 × 100 mm^2 = 7 200 mm^2

b. 0,4 m^2 = 0,4 × 100 dm^2 = 40 dm^2

c. 630 m^2 = 630 × 10 000 cm^2 = 6 300 000 cm^2

d. 12,5 ha = 12,5 × 10 000 m^2 = 125 000 m^2

4 Compléter.

a. 1 m^2 = 100 dm^2, donc 1 dm^2 = 0,01 m^2.

Ainsi, 7 dm^2 = 7 × 0,01 m^2 = 0,07 m^2.

b. 1 m^2 = 10 000 cm^2, donc 1 cm^2 = 0,000 1 m^2.

Ainsi, 3 cm^2 = 3 × 0,000 1 m^2 = 0,000 3 m^2.

5 Compléter.

a. 84 cm^2 = 84 × 0,01 dm^2 = 0,84 dm^2

b. 0,2 m^2 = 0,2 × 0,01 dam^2 = 0,002 dam^2

c. 19 dm^2 = 19 × 0,000 1 dam^2 = 0,001 9 dam^2

★★

6 Compléter.

a. 175 hm^2 = 175 × 100 dam^2 = 17 500 dam^2

b. 0,75 m^2 = 0,75 × 10 000 cm^2 = 7 500 cm^2

c. 60 cm^2 = 60 × 0,01 dm^2 = 0,6 dm^2

7 Ranger ces aires dans l'ordre croissant.

0,21 m^2 ; 750 cm^2 ; 63,7 dm^2 ; 0,004 dam^2

• 750 cm^2 = 0,075 m^2
• 63,7 dm^2 = 0,637 m^2
• 0,004 dam^2 = 0,4 m^2
• Donc 750 cm^2 < 0,21 m^2 < 0,004 dam^2 < 63,7 dm^2.

8 Compléter : **a.** 28 dam^2 = 28 a

b. 53 km^2 = 5 300 ha **c.** 74 ha = 7 400 a

9 **Un rectangle a pour dimensions 1 cm et 3 cm. On note $\mathcal{A}$ l'aire de ce rectangle.**

Compléter.

a. $\mathcal{A}$ = 3 cm^2 **b.** $\mathcal{A}$ = 300 mm^2

c. $\mathcal{A}$ = 0,03 dm^2 **d.** $\mathcal{A}$ = 0,000 3 m^2

10 **Sur un terrain de 1,2 ha, Alexia cultive du lin sur 7 600 m^2 et du seigle sur 25 dam^2.**

Calculer l'aire, en m^2, de la surface non cultivée de ce terrain.

• 1,2 ha = 1,2 hm^2 = 12 000 m^2
25 dam^2 = 2 500 m^2
• 12 000 m^2 – 7 600 m^2 – 2 500 m^2 = 1 900 m^2
La surface non cultivée du terrain est 1 900 m^2.

CALCUL MENTAL

• .... • ....
• .... • ....
• .... • ....

BILAN ..../........

FICHE 64

Formules d'aire

Pour calculer l'aire d'une figure, il faut exprimer les longueurs dans la **même unité.**

	Carré	**Rectangle**	**Triangle rectangle**	**Triangle**	**Disque**
	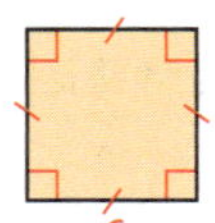	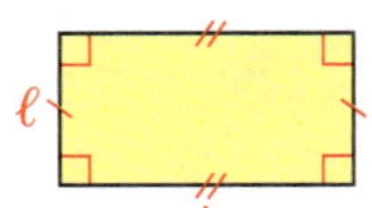	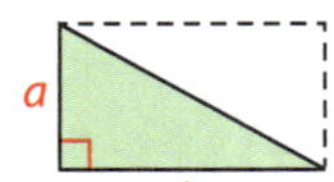	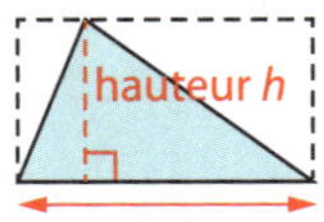	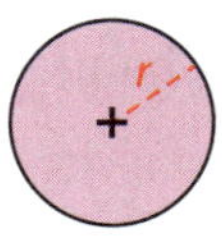
Aire	$\mathscr{A} = c \times c$	$\mathscr{A} = \ell \times L$	$\mathscr{A} = (a \times b) : 2$ ou $\mathscr{A} = \frac{a \times b}{2}$	$\mathscr{A} = (c \times h) : 2$ ou $\mathscr{A} = \frac{c \times h}{2}$	$\mathscr{A} = \pi \times r \times r$ ou $\mathscr{A} = \pi \times r^2$

1 Calculer l'aire $\mathscr{A}$ de chaque figure.

a. Un carré de côté 7 cm.

$\mathscr{A} = 7\text{ cm} \times 7\text{ cm} = 49\text{ cm}^2$

b. Un rectangle de dimensions 6 cm et 9 cm.

$\mathscr{A} = 6\text{ cm} \times 9\text{ cm} = 54\text{ cm}^2$

c. Le triangle rectangle représenté ci-contre.

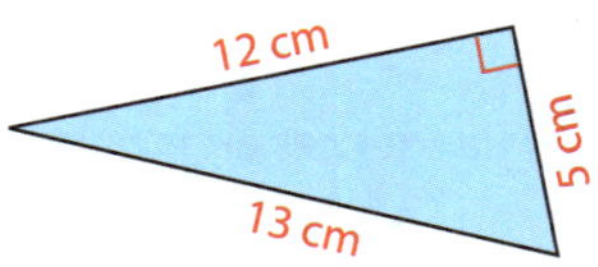

$\mathscr{A} = (5\text{ cm} \times 12\text{ cm}) : 2$

$\mathscr{A} = 60\text{ cm}^2 : 2 = 30\text{ cm}^2$

2 Dans chaque cas, calculer l'aire $\mathscr{A}$ du triangle représenté.

a.

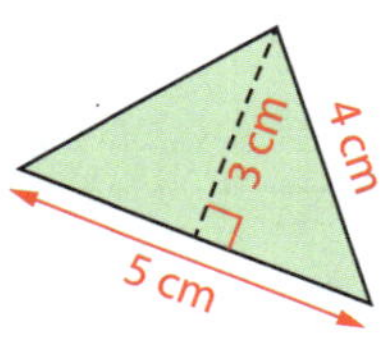

b.

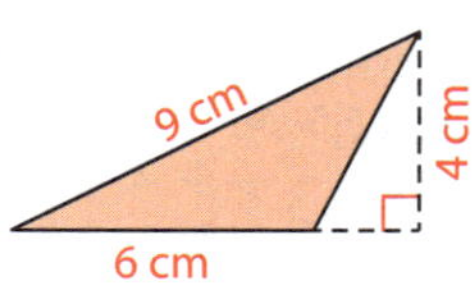

a. $\mathscr{A} = (5\text{ cm} \times 3\text{ cm}) : 2 = 15\text{ cm}^2 : 2 = 7{,}5\text{ cm}^2$

b. $\mathscr{A} = (6\text{ cm} \times 4\text{ cm}) : 2 = 24\text{ cm}^2 : 2 = 12\text{ cm}^2$

3 Calculer l'aire $\mathscr{A}$ d'un disque de rayon 4 cm.
Prendre 3,14 pour valeur approchée de π.

$\mathscr{A} \approx 3{,}14 \times 4\text{ cm} \times 4\text{ cm}$

$\mathscr{A} \approx 3{,}14 \times 16\text{ cm}^2$, soit $\mathscr{A} \approx 50{,}24\text{ cm}^2$.

4 Calculer l'aire $\mathscr{A}$ d'un disque de diamètre 10 m.

Utiliser les touches π *ou* π ×10ˣ *de la calculatrice pour donner une valeur approchée à l'unité près.*

10 m : 2 = 5 m, donc le rayon du disque est 5 m.
$\mathscr{A} = \pi \times 5\text{ m} \times 5\text{ m}$
Ainsi, $\mathscr{A} \approx 79\text{ m}^2$.

π×5×5
78,53981634

5 Calculer l'aire de la surface coloriée représentée ci-contre.

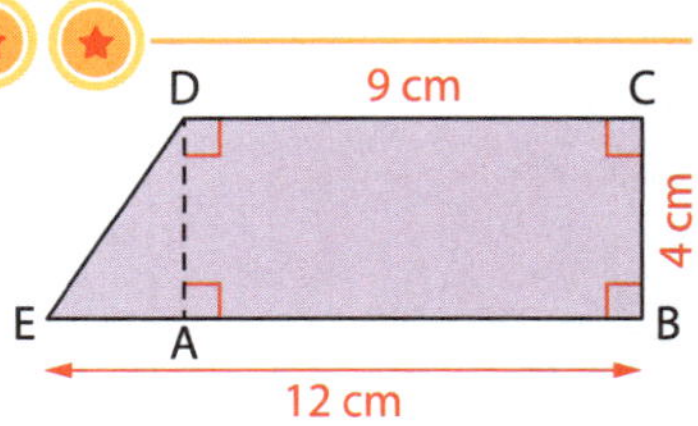

• Aire du rectangle ABCD : $9\text{ cm} \times 4\text{ cm} = 36\text{ cm}^2$
• Aire du triangle rectangle ADE :
$AE = 12\text{ cm} - 9\text{ cm} = 3\text{ cm}$
$(4\text{ cm} \times 3\text{ cm}) : 2 = 12\text{ cm}^2 : 2 = 6\text{ cm}^2$
• $36\text{ cm}^2 + 6\text{ cm}^2 = 42\text{ cm}^2$
L'aire de la figure coloriée est 42 cm^2.

6 **Algo** **Voici un script Scratch qui doit calculer l'aire d'un demi-disque de diamètre donné.**

Compléter les lignes **(1)** et **(2)**.

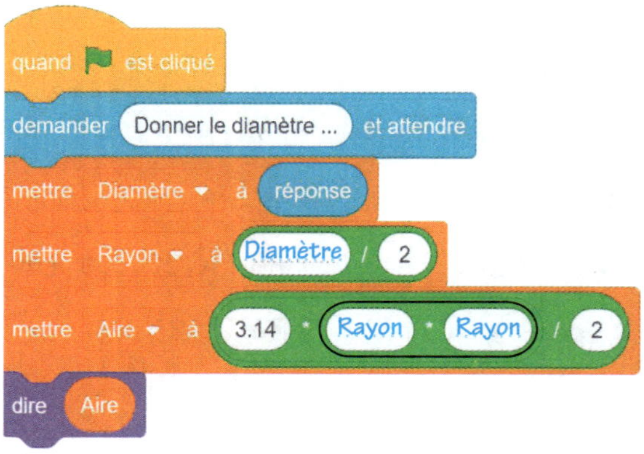

7 **Une pelouse rectangulaire entoure un bassin circulaire.**

Calculer l'aire, en m^2, de la pelouse. *Donner une valeur approchée à l'unité près.*

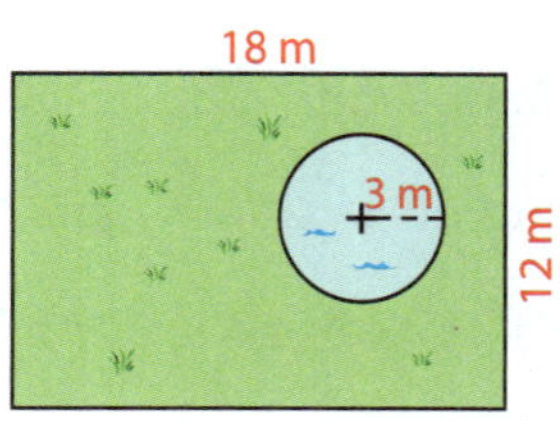

• Aire du rectangle : $18\text{ m} \times 12\text{ m} = 216\text{ m}^2$
• Aire du disque : $\pi \times 3\text{ m} \times 3\text{ m}$, soit environ 28 m^2.
• $216\text{ m}^2 - 28\text{ m}^2 = 188\text{ m}^2$
L'aire de la pelouse est environ 188 m^2.

FICHE 65

Calcul d'une durée ou d'un horaire

CALCUL MENTAL
• .... • ....
• .... • ....
• .... • ....
BILAN ..../........

→ Les unités usuelles de temps sont les **heures** (h), les **minutes** (min) et les **secondes** (s).
• 1 h = 60 min • 1 min = 60 s • 1 h = 3 600 s

→ Voici d'autres unités de temps : • un dixième de seconde : 0,1 s • une journée : 1 j = 24 h
• une semaine = 7 jours • un siècle = 100 ans • un millénaire = 1 000 ans = 10 siècles

1 Compléter.

a. 5 h = 5 × 60 min = 300 min

b. 2 h = 2 × 3 600 s = 7 200 s

c. 1 j = 24 h = 24 × 60 min = 1 440 min

d. 3 millénaires = 3 000 ans = 30 siècles

2 Compléter.

a. 180 s = 3 × 60 s = 3 min,
donc 192 s = 180 s + 12 s = 3 min 12 s.

b. 48 h = 2 × 24 h = 2 j,
donc 51 h = 48 h + 3 h = 2 j 3 h.

3 Un tour de grande roue dure 12 min 40 s.

a. Exprimer cette durée en secondes.

12 min = 12 × 60 s = 720 s,
donc 12 min 40 s = 720 s + 40 s = 760 s.

b. Quelle est la durée, en min et s, de 2 tours de roue ?

12 min 40 s + 12 min 40 s = 24 min 80 s,
c'est-à-dire 24 min + 1 min + 20 s, soit 25 min 20 s.

4 Un documentaire commence à 17 h 35 et dure 40 min.

a. Compléter cette ligne de temps.

25 min + 15 min = 40 min

17 h 35 → 18 h → 18 h 15

b. À quelle heure se termine ce documentaire ?

Le documentaire se termine à 18 h 15.

5 Compléter cette ligne de temps pour déterminer la durée d'un trajet en train.

7 min | 18 min

8 h 23 Départ → 8 h 30 → 8 h 48 Arrivée

7 min + 18 min = 25 min, donc le trajet a duré 25 min.

6 **a.** Compléter la division euclidienne de 7 330 par 60.

	7	3	3	0	6	0	
−	6	0			1	2	2
	1	3	3				
−	1	2	0				
		1	3	0			
	−	1	2	0			
			1	0			

b. Compléter pour exprimer 7 330 s en minutes et secondes.

7 330 s = 122 × 60 s + 10 s = 122 min 10 s

c. Compléter pour exprimer 7 330 s en heures, minutes et secondes.

7 330 s = 2 × 60 min + 2 min + 10 s = 2 h 2 min 10 s

7 Un concert qui a commencé à 20 h 45 s'est terminé à 23 h 20.

a. Compléter cette ligne de temps.

15 min | 2 h | 20 min

20 h 45 → 21 h → 23 h → 23 h 20

b. Combien de temps a duré ce concert ?

Le concert a duré 2 h 35 min.

8 Un trajet en avion de Paris à Nice dure 1 h 28 min. L'avion atterrit à 11 h 12.

Compléter cette ligne de temps pour déterminer l'heure à laquelle l'avion a décollé de Paris.

16 min + 1 h + 12 min = 1 h 28 min

9 h 44 → 10 h → 11 h → 11 h 12

9 Tim a mis 1 h 38 min 17 s lors de la 1re manche d'une course et 1 h 47 min 5 s lors de la 2e manche.

Calculer le temps total réalisé par Tim.

1 h 38 min 17 s + 1 h 47 min 5 s est égal à 2 h 85 min 22 s. Or, 85 min = 1 h + 25 min.
Tim a donc mis 3 h 25 min 22 s au total.

FICHE 66

Perfectionnement

CALCUL MENTAL

• .... • ....
• .... • ....
• .... • ....

BILAN ..../.........

1 Noah fabrique un cerf-volant selon le schéma ci-contre. La surface violette est la toile du cerf-volant.

Calculer l'aire, en m^2, de la toile.

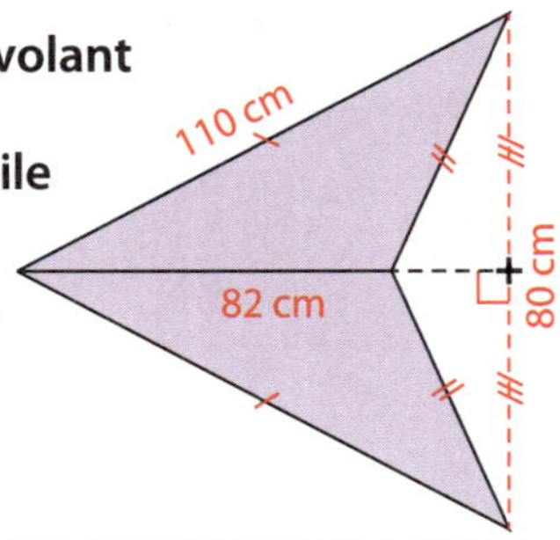

• 80 cm : 2 = 40 cm
La hauteur relative au côté de longueur 82 cm d'un triangle violet a pour longueur 40 cm.
• $(40\text{ cm} \times 82\text{ cm}) : 2 = 1\,640\text{ cm}^2$
L'aire d'un triangle violet est 1 640 cm^2.
• $1\,640\text{ cm}^2 \times 2 = 3\,280\text{ cm}^2 = 0{,}328\text{ m}^2$
L'aire de la toile est 0,328 m^2.

2 Voici des informations sur la tour Montparnasse à Paris.
- **Hauteur : 210 m.**
- **Nombre d'étages : 59.**
- **Aire moyenne d'un étage : 17 dam^2.**

Est-il vrai que l'aire totale des 59 étages représente plus de 14 terrains de football de dimensions 68 m sur 100 m ? Expliquer.

• $59 \times 17\text{ dam}^2 = 1\,003\text{ dam}^2 = 100\,300\text{ m}^2$
L'aire totale des 59 étages est 100 300 m^2.
• $14 \times (68\text{ m} \times 100\text{ m}) = 14 \times 6\,800\text{ m}^2 = 95\,200\text{ m}^2$
L'aire de 14 terrains de football est 95 200 m^2.
Or, $100\,300\text{ m}^2 > 95\,200\text{ m}^2$, donc l'affirmation est exacte.

3 Le miroir d'eau de Bordeaux a la forme d'un rectangle de 105 m de long. Sa superficie est 0,273 ha.

Calculer le périmètre, en m, de ce miroir d'eau.

• $0{,}273\text{ ha} = 0{,}273\text{ hm}^2 = 2\,730\text{ m}^2$
2 730 : 105 = 26
La largeur du miroir d'eau est 26 m.
• $2 \times 105\text{ m} + 2 \times 26\text{ m} = 210\text{ m} + 52\text{ m} = 262\text{ m}$
Le périmètre du miroir d'eau est 262 m.

4 Voici le plan d'une zone de jeux pour enfants. Cette zone est constituée d'un rectangle et d'un demi-disque.

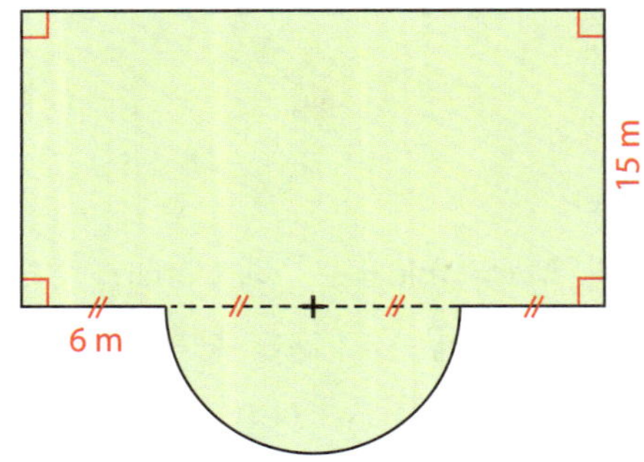

a. Calculer l'aire, en m^2, de cette zone de jeux.
Donner une valeur approchée à l'unité près.

• **Rectangle**
$4 \times 6\text{ m} = 24\text{ m}$
La longueur du rectangle est 24 m.
$24\text{ m} \times 15\text{ m} = 360\text{ m}^2$
L'aire du rectangle est 360 m^2.
• **Demi-disque**
$(\pi \times 6\text{ m} \times 6\text{ m}) : 2 \approx 57\text{ m}^2$
L'aire du demi-disque est environ 57 m^2.

(π×6×6):2
56,54866776

• **Zone de jeux**
$57\text{ m}^2 + 360\text{ m}^2 = 417\text{ m}^2$
L'aire de cette zone de jeux est environ 417 m^2.

b. On souhaite entourer cette zone par une clôture. Calculer la longueur, en m, de clôture nécessaire.
Donner une valeur approchée à l'unité près.

• $(2 \times \pi \times 6\text{ m}) : 2 \approx 19\text{ m}$
La longueur du demi-cercle est environ 19 m.

(2×π×6):2
18,84955592

• $19\text{ m} + 2 \times 6\text{ m} + 2 \times 15\text{ m} + 24\text{ m} = 85\text{ m}$
Pour entourer cette zone de jeux, il faut environ 85 m de clôture.

5 Une course de Formule 1 a commencé à 8 h 23 min 54 s. Un pilote a franchi la ligne d'arrivée à 9 h 54 min 12 s.

Calculer la durée de la course de ce pilote.

• 1 min = 60 s, donc :
9 h 54 min 12 s = 9 h 53 min 72 s.
• 9 h 53 min 72 s − 8 h 23 min 54 s = 1 h 30 min 18 s
La course du pilote a duré 1 h 30 min 18 s.

FICHE 67

QCM & jeux

QCM

Voici un questionnaire à choix multiples.
Pour chaque question, entourer la (ou les) réponse(s) exacte(s).

Bilan ..... / 7

A	Ces deux figures ont … 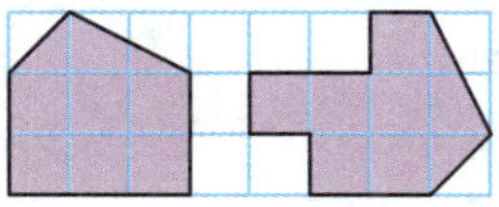	le même périmètre, mais des aires différentes	la même aire, mais des périmètres différents	le même périmètre et la même aire
B	La longueur d'un cercle de rayon 4 cm est …	environ 25,1 cm	$\pi \times 8$ cm	$\pi \times 4 \times 4$ cm
C	56 m² est égal à …	0, 005 6 hm²	56 000 mm²	5 600 dm²
D	Pour calculer l'aire du triangle représenté ci-contre, on effectue … 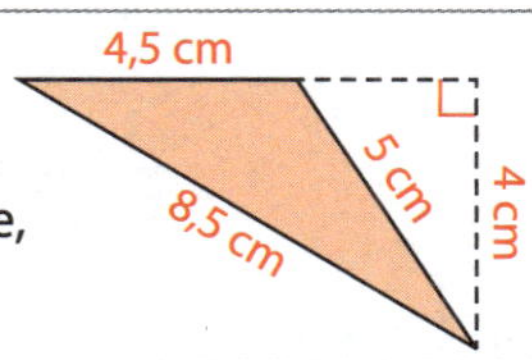	(4,5 × 5) : 2	(8,5 × 4) : 2	(4,5 × 4) : 2
E	L'aire d'un disque de diamètre 10 cm est …	environ 78,5 cm²	$\pi \times 25$ cm²	$\pi \times 100$ cm²
F	2 h 7 min 10 s correspondent à …	7 630 s	2 710 s	550 s
G	Départ : 14 h 28 min 10 s Arrivée : 18 h 08 min 35 s La durée de cette course est …	4 h 20 min 25 s	3 h 40 min 25 s	3 h 36 min 45 s

jeu 1

Peut-on recouvrir le rectangle rouge avec les 7 autres pièces ?

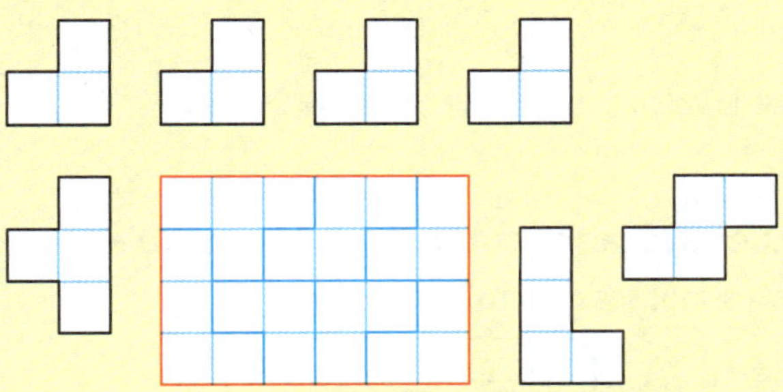

D'après *Rallye Mathématique de la Sarthe*

jeu 2

Partager ce terrain en quatre parcelles ayant la même aire et la même forme.

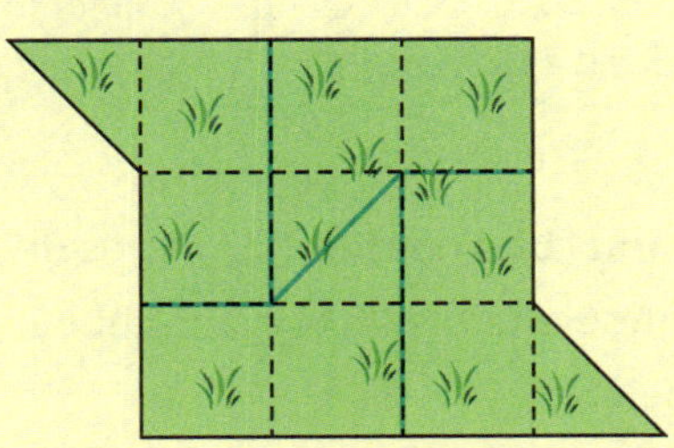

D'après *Championnat des Jeux Mathématiques et logiques*

jeu 3

Le 27/09/2016 est une date remarquable, car tous les nombres permettant de l'écrire sont des multiples de 9.
Quelle sera la prochaine date de ce type ?

• 2016 = 224 × 9, donc le multiple de 9 suivant est 2016 + 9, soit 2025.
• De 1 à 12, le seul multiple de 9 est 9, donc le numéro du mois sera 9.
• De 1 à 30, le plus petit multiple de 9 est 9, donc le numéro du jour sera 9.
• La prochaine date de ce type sera donc le 09/09/2025.

jeu 4

Entourer la figure dont l'aire est la plus grande.

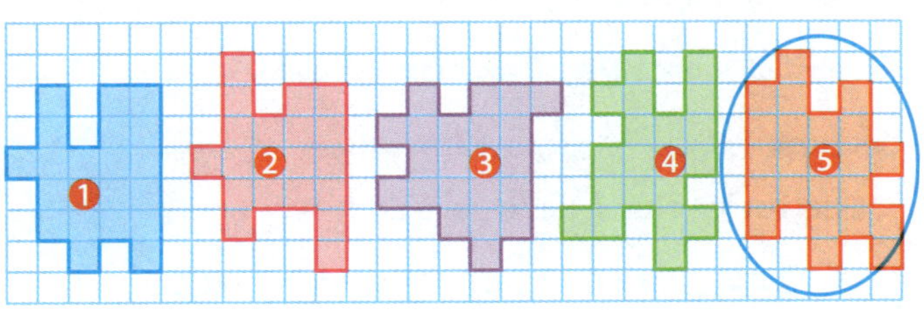

FICHE 68
Volume d'un pavé droit, d'un cube : dénombrement

CALCUL MENTAL
• .... • ....
• .... • ....
• .... • ....
BILAN ..../........

→ **1 m³** (lire « un mètre cube ») est le **volume** d'un **cube d'arête 1 m**.
Le décimètre cube (dm³) est le volume d'un cube d'arête 1 dm,
Le centimètre cube (cm³) est le volume d'un cube d'arête 1 cm.
De même, un cube d'arête 1 mm a pour volume 1 mm³ (millimètre cube).

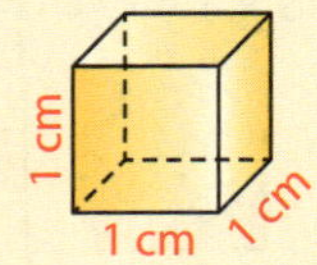

→ On remplit entièrement le pavé droit ci-contre de cubes de 1 cm d'arête.
On peut en disposer 20 sur le fond de ce pavé droit ($5 \times 4 = 20$).
On peut empiler 3 couches de 20 cubes, soit **60** cubes.
Le volume de ce pavé droit est donc **60** cm³.

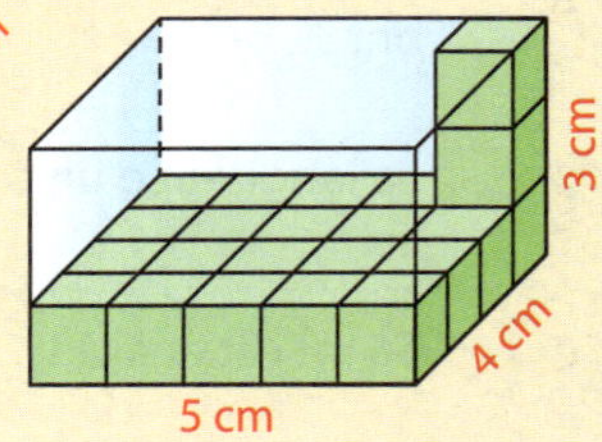

1 **On a commencé à remplir ce pavé droit avec des cubes d'arête 1 cm.**

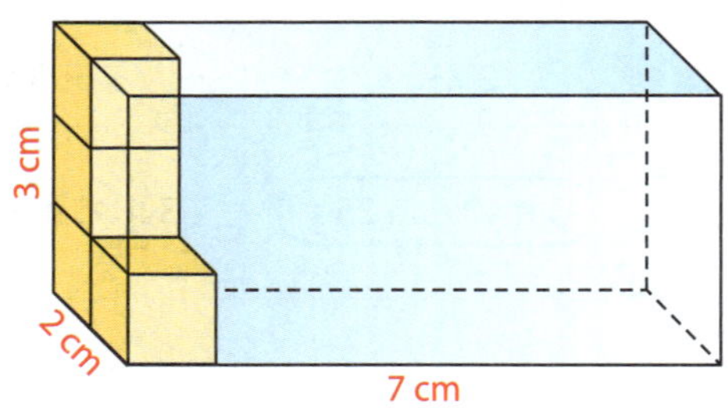

a. Combien de cubes peut-on disposer sur le fond ?

$2 \times 7 = 14$, donc sur le fond, on dispose 14 cubes.

b. Combien de cubes faut-il pour remplir le pavé droit ?

On peut empiler 3 couches de 14 cubes chacune.

$14 \times 3 = 42$, donc on le remplit avec 42 cubes.

c. Quel est le volume de ce pavé droit ? Préciser l'unité.

Son volume est 42 cm³.

2 **Voici un pavé droit composé de cubes d'arête 1 cm et de moitiés de cubes.**

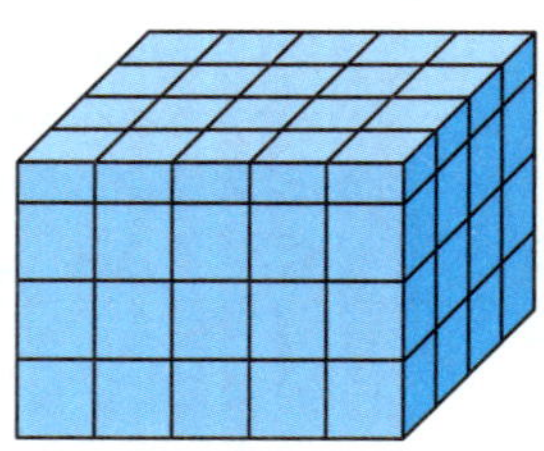

a. Combien de cubes de 1 cm d'arête ce pavé contient-il ?

$5 \times 4 \times 3 = 60$, donc il y a 60 cubes d'arête 1 cm.

b. Combien y a-t-il de moitiés de cubes ? Combien cela représente-t-il de cubes d'arête 1 cm ?

$5 \times 4 = 20$, donc il y a 20 moitiés de cubes.

Cela représente 10 cubes d'arête 1 cm.

c. Quel est le volume de ce pavé droit ?

$60 + 10 = 70$, donc le volume du pavé droit est 70 cm³.

3 **On a commencé à remplir ce pavé droit avec des cubes d'arête 1 cm, ainsi qu'avec des moitiés de cubes.**

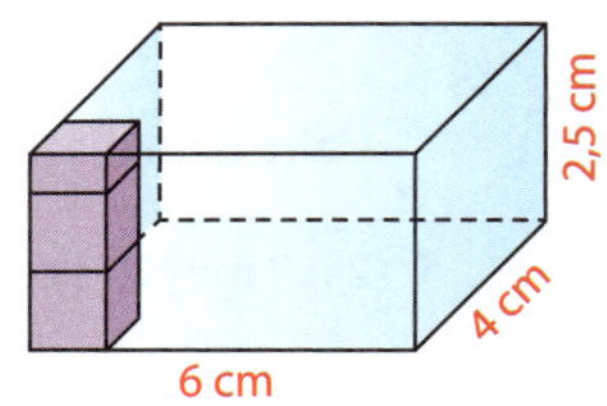

a. Combien faut-il de cubes et de moitiés de cubes pour remplir ce pavé droit ?

$4 \times 6 \times 2 = 48$, donc le pavé droit contient 48 cubes d'arête 1 cm.
$6 \times 4 = 24$, donc le pavé droit contient 24 moitiés de cubes.

b. Quel est le volume de ce pavé droit ?

$48 \text{ cm}^3 + 24 \times 0,5 \text{ cm}^3 = 48 \text{ cm}^3 + 12 \text{ cm}^3 = 60 \text{ cm}^3$

Ainsi, le volume de ce pavé droit est 60 cm³.

4 **Ce pavé droit peut contenir 56 cubes d'arête 1 cm.**
Quelles sont ses dimensions ?

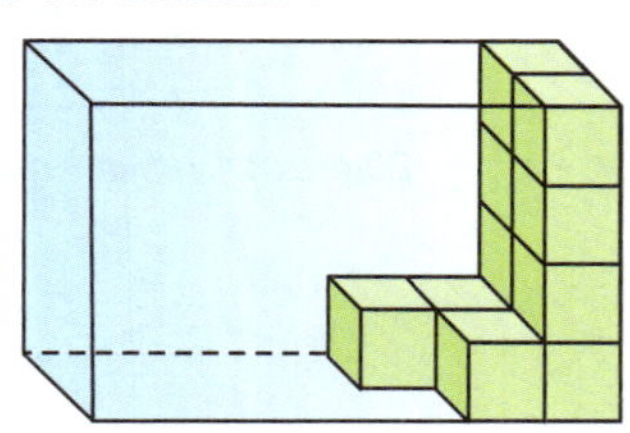

Deux des dimensions sont 4 cm et 2 cm.
$2 \times 4 = 8$ et $8 \times 7 = 56$, donc la troisième dimension du pavé droit est 7 cm.

5 **Un grand cube contient 27 cubes de 1 cm d'arête.**
Combien mesure l'arête de ce grand cube ?

$3 \times 3 \times 3 = 27$

L'arête du grand cube mesure 3 cm.

FICHE 69

Unités de volume et de contenance

CALCUL MENTAL
• .... • ....
• .... • ....
• .... • ....
BILAN ..../........

→ Chaque unité de volume est **1 000** fois plus grande que celle de rang immédiatement inférieur.

×1 000 ×1 000

1 m³	1 dm³	1 cm³

$1\ m^3 = \mathbf{1\ 000}\ dm^3$
$1\ dm^3 = \mathbf{1\ 000}\ cm^3$

→ **1 litre** (1 L) est la contenance d'un cube d'arête 1 dm, c'est-à-dire **1 L = 1 dm³**.
Chaque unité de contenance est **10** fois plus grande que celle de rang immédiatement inférieur.

1 m³			1 dm³			1 cm³			1 mm³		
			1 hL	1 daL	1 L	1 dL	1 cL	1 mL			

• 1 L = 100 cL • 1 L = 0,01 hL • $1\ m^3 = 1\ 000$ L • $1\ dm^3 = 100$ cL • $1\ cm^3 = 1$ mL

1 On sait que $1\ m^3 = 1\ 000\ dm^3$.
Compléter pour exprimer le volume en dm³.

a. $13{,}8\ m^3 = 13{,}8 \times 1\ 000\ dm^3 =$ 13 800 dm³

b. $854\ m^3 =$ 854 × 1 000 dm³ = 854 000 dm³

c. $0{,}7\ m^3 =$ 0,7 × 1 000 dm³ = 700 dm³

2 On sait que $1\ cm^3 = 0{,}001\ dm^3$.
Compléter pour exprimer le volume en dm³.

a. $4\ cm^3 = 4 \times 0{,}001\ dm^3 =$ 0,004 dm³

b. $3\ 800\ cm^3 =$ 3 800 × 0,001 dm³ = 3,8 dm³

3 Compléter.

a. $12{,}8\ dm^3 = 12{,}8 \times$ 1 000 cm³ = 12 800 cm³

b. $73\ dm^3 = 73 \times$ 0,001 m³ = 0,073 m³

4 Compléter.

a. 8 L = 80 dL = 800 cL = 8 000 mL

b. 700 mL = 70 cL = 7 dL = 0,7 L

5 Une gourde a une contenance de 1,2 L.
Compléter.

1,2 L = 1,2 dm³ = 1 200 cm³

6 Le volume d'un verre est 150 cm³.

a. Compléter : $150\ cm^3 =$ 0,15 dm³ = 0,15 L

b. Quelle est la contenance, en mL, de ce verre ?

0,15 L = 150 mL, donc la contenance du verre est 150 mL.

7 Elio mélange 1,2 L de peinture bleue et 500 mL de peinture jaune.

a. Quelle quantité de peinture, en L, obtient-il ?

500 mL = 0,5 L et 0,5 L + 1,2 L = 1,7 L.

Donc Elio obtient 1,7 L de peinture.

b. Elio a prévu un récipient de 1 600 cm³.
Contiendra-t-il toute la peinture préparée ?

1,7 L = 1,7 dm³ = 1 700 cm³
1 700 cm³ > 1 600 cm³
La contenance du récipient n'est pas suffisante.

8 On plonge un morceau de pâte à modeler dans une éprouvette graduée en mL contenant une certaine quantité d'eau.

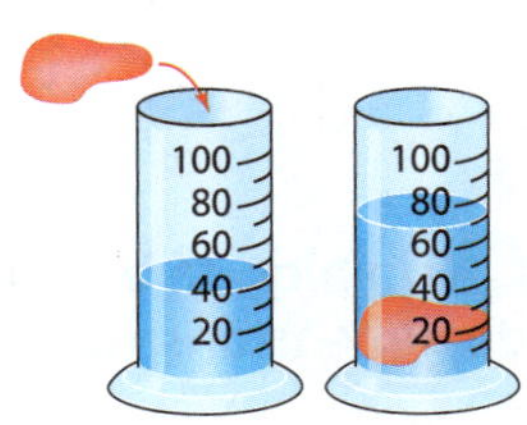

Quel est le volume, en cm³, de ce morceau de pâte à modeler ?

70 mL − 40 mL = 30 mL
30 mL = 0,03 L = 0,03 dm³ = 30 cm³
Le volume de ce morceau est 30 cm³.

9 Ranger les contenances de ces poubelles dans l'ordre croissant.

$V_1 = 3{,}5$ daL

$V_2 = 0{,}04\ m^3$

$V_3 = 32\ 000\ cm^3$

• 3,5 daL = 35 L • 0,04 m³ = 40 dm³ = 40 L

• 32 000 cm³ = 32 dm³ = 32 L • Donc $V_3 < V_1 < V_2$.

FICHE 70

Formule du volume d'un pavé droit

CALCUL MENTAL
• .... • ....
• .... • ....
• .... • ....
BILAN ..../........

→ Le volume $\mathcal{V}$ d'un pavé droit de dimensions L, ℓ, h (exprimées dans la même unité) est :

$$\mathcal{V} = L \times \ell \times h.$$

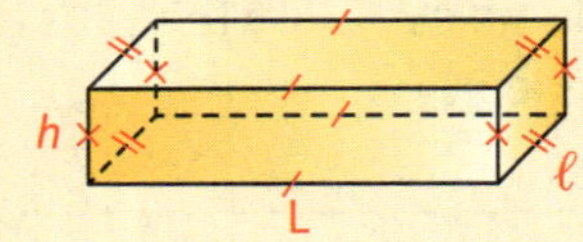

→ Le volume $\mathcal{V}$ d'un cube d'arête c est :

$$\mathcal{V} = c \times c \times c.$$

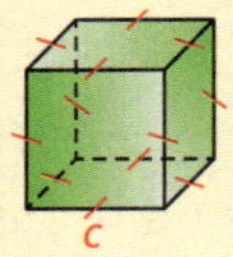

1 **Une boîte a la forme d'un pavé droit de longueur 17 cm, de largeur 5 cm et de hauteur 4 cm.**
Calculer le volume de cette boîte.

17 cm × 5 cm × 4 cm = 340 cm^3

Le volume de cette boîte est 340 cm^3.

2 Calculer le volume de cette brique.

20 cm × 7,5 cm × 11,6 cm = 1 740 cm^3

Le volume de cette brique est 1 740 cm^3.

3 **Un dé à jouer est un cube d'arête 1,5 cm.**
Calculer le volume de ce dé.

1,5 cm × 1,5 cm × 1,5 cm = 3,375 cm^3

Le volume de ce dé est 3,375 cm^3.

4 **Un bloc de béton est un pavé droit de dimensions 1,6 m, 0,5 m et 0,4 m.**
Calculer le volume de ce bloc.

1,6 m × 0,5 m × 0,4 m = 0,32 m^3

Le volume de ce bloc est 0,32 m^3.

5 **Une pièce métallique est composée d'un pavé droit surmonté d'un cube.**

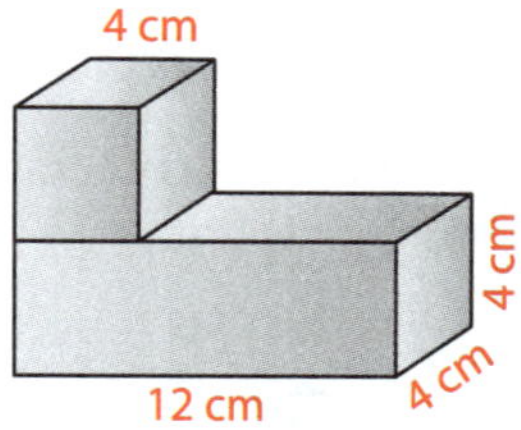

a. Calculer le volume du cube.

4 cm × 4 cm × 4 cm = 64 cm^3

b. Calculer le volume du pavé droit.

12 cm × 4 cm × 4 cm = 192 cm^3

c. En déduire le volume de cette pièce métallique.

64 cm^3 + 192 cm^3 = 256 cm^3

Le volume de cette pièce métallique est 256 cm^3.

6 Algo **Une planche de bois à la forme d'un pavé droit de dimensions 1,4 m, 15 cm et 20 mm.**

a. On saisit un bloc Scratch pour calculer le volume de cette planche.

(140) * (15) * (2)

Dans quelle unité le volume est-il calculé ?
Compléter la donnée manquante dans le bloc.

Le volume est calculé en cm^3.

b. Calculer le volume, en cm^3, de cette planche.

Cette planche a un volume de 4 200 cm^3.

7 Compléter ce tableau relatif à des pavés droits.

Longueur	Largeur	Hauteur	Volume
3,5 cm	2 cm	9 cm	63 cm^3
4 m	9 m	5 m	180 m^3

8 **Un récupérateur d'eau de pluie a la forme d'un pavé droit de dimensions 4 dm, 4,5 dm et 1,3 m.**

a. Calculer le volume, en dm^3, de ce récupérateur.

1,3 m = 13 dm
4,5 dm × 4 dm × 13 dm = 234 dm^3
Le volume du récupérateur est 234 dm^3.

b. Le récupérateur est entièrement rempli.
Ce volume d'eau récupéré est-il suffisant pour remplir 20 arrosoirs de 11 L chacun ?

234 dm^3 = 234 L et 20 × 11 L = 220 L.

Or, 220 L < 234 L, donc il y a assez d'eau.

9 **Un congélateur a la forme d'un pavé droit de dimensions intérieures 45 cm, 50 cm et 80 cm.**
Calculer la contenance, en L, de ce congélateur.

45 cm × 50 cm × 80 cm = 180 000 cm^3
180 000 cm^3 = 180 dm^3 = 180 L
Donc ce congélateur a une contenance de 180 L.

FICHE 71

Perfectionnement

CALCUL MENTAL

• .... • ....
• .... • ....
• .... • ....

BILAN ..../........

1 Un jeu en bois est un grand cube composé de petits cubes de même taille.

a. Combien de petits cubes contient ce grand cube ?
b. Le volume du grand cube est 216 cm^3.
Quelle est l'arête d'un petit cube ? Expliquer.

a. $3 \times 3 \times 3 = 27$
Le jeu contient 27 cubes.
b. $216\ cm^3 : 27 = 8\ cm^3$
Donc chaque petit cube a un volume de 8 cm^3.
Or $2\ cm \times 2\ cm \times 2\ cm = 8\ cm^3$.
Ainsi, l'arête d'un petit cube est 2 cm.

2 La cave de cette maison a la forme d'un pavé droit. Lors d'une crue, l'eau monte dans la cave.

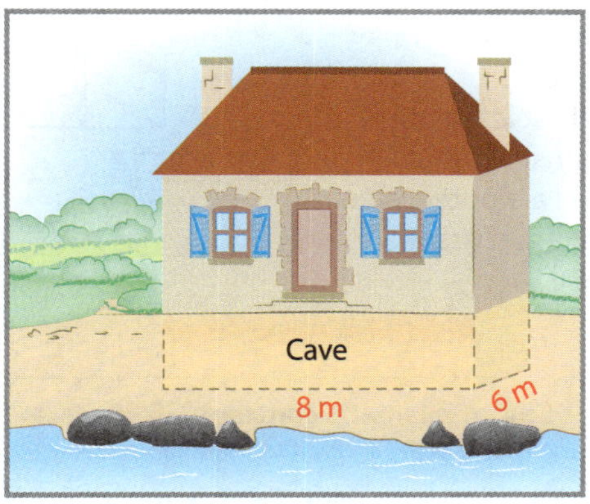

a. Sachant qu'il y a 24 000 L d'eau dans la cave, calculer la hauteur d'eau.
b. Pour évacuer l'eau, le propriétaire utilise une pompe qui aspire 75 dm^3 d'eau par minute.
Pendant combien de temps, en heures et minutes, la pompe fonctionne-t-elle pour évacuer toute l'eau ?

a. • $8\ m \times 6\ m = 48\ m^2$
Le sol de la cave a une superficie de 48 m^2.
• $24\ 000\ L = 24\ 000\ dm^3 = 24\ m^3$
Or $24 : 48 = 0{,}5$.
La hauteur d'eau dans la cave est 0,5 m.
b. • $24\ m^3 = 24\ 000\ dm^3$
• $24\ 000 : 75 = 320$
Il faut donc 320 min pour évacuer toute l'eau.
• Or $320\ min = 5 \times 60\ min + 20\ min$, donc la pompe fonctionne pendant 5 h 20 min.

3 Une couche de gravier épaisse de 8 cm est étalée sur une cour rectangulaire de 25 m sur 7 m.

a. Calculer le volume, en m^3, de gravier utilisé.
b. Le gravier est livré par camion-benne de 3,5 m^3.
Calculer le nombre de voyages nécessaires pour livrer le gravier.

a. 8 cm = 0,08 m
$25\ m \times 7\ m \times 0{,}08\ m = 14\ m^3$
Le volume de gravier est 14 m^3.
b. $14\ m^3 : 3{,}5\ m^3 = 4$
Le camion doit faire 4 voyages.

4 De l'eau est versée dans un vase en forme de cube de 15 cm d'arête. La hauteur d'eau est 12 cm.

a. Calculer le volume d'eau versée.
b. Peut-on verser encore 700 mL de liquide dans ce vase, sans que le liquide ne déborde ?

a. $15\ cm \times 15\ cm \times 12\ cm = 2\ 700\ cm^3$
Le volume d'eau versée est 2 700 cm^3.
b. • $15\ cm \times 15\ cm \times 15\ cm = 3\ 375\ cm^3$
Le vase a un volume de 3 375 cm^3.
• $3\ 375\ cm^3 - 2\ 700\ cm^3 = 675\ cm^3$
Or $675\ cm^3 = 675\ mL$.
Si l'on verse 700 mL de plus, le liquide va déborder.

5 Un gâteau d'anniversaire est constitué d'un empilement de deux pavés droits à base carrée et de même hauteur 6 cm.
Le carré de base du grand pavé droit a 30 cm de côté et le côté du carré de base du petit pavé droit a 5 cm de moins.

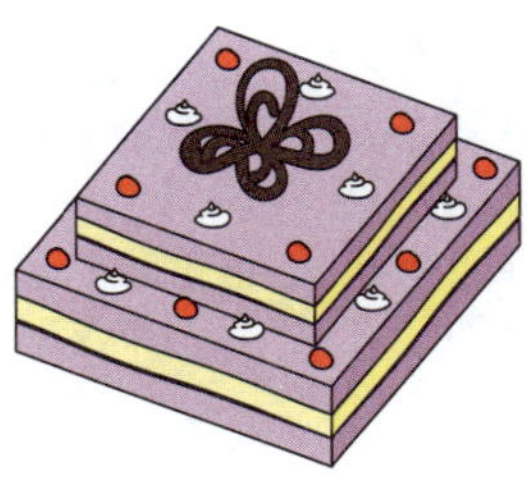

Calculer le volume, en cm^3, de ce gâteau.

• $30\ cm \times 30\ cm \times 6\ cm = 5\ 400\ cm^3$
Le volume du grand pavé droit est 5 400 cm^3.
• $30\ cm - 5\ cm = 25\ cm$
Le côté du carré de base du petit pavé droit est 25 cm.
• $25\ cm \times 25\ cm \times 6\ cm = 3\ 750\ cm^3$
Le volume du petit pavé droit est 3 750 cm^3.
• $5\ 400\ cm^3 + 3\ 750\ cm^3 = 9\ 150\ cm^3$
Le volume du gâteau est 9 150 cm^3.

FICHE 72 QCM & jeux

QCM

Voici un questionnaire à choix multiples.
Pour chaque question, entourer la (ou les) réponse(s) exacte(s).

Bilan ….. / 5

A	1 m^3 est le volume contenu dans un cube d'arête …	10 dm	100 dm	100 cm
B	Ce pavé droit a … 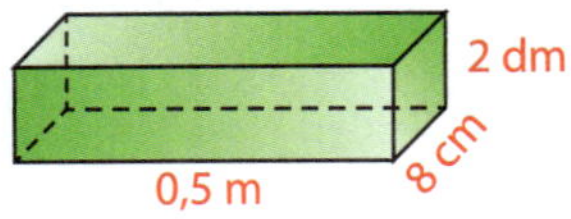	un volume de 8 m^3	un volume de 0,008 m^3	une contenance de 8 L
C	V_1 est le volume du pavé droit jaune et V_2 celui du cube bleu. Alors … 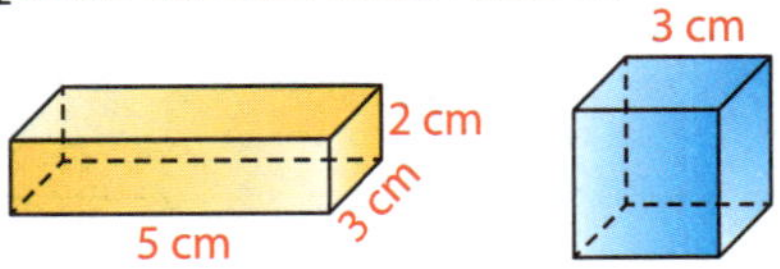	$V_1 > V_2$	$V_1 = V_2$	$V_1 < V_2$
D	Un bidon de 2,5 L d'huile contient …	25 dm^3 d'huile	0,002 5 m^3 d'huile	2 500 cm^3 d'huile
E	3 cL est égal à …	0,03 L	30 cm^3	0,3 dm^3

jeu 1

Combien faut-il de cubes pour construire cet objet ?

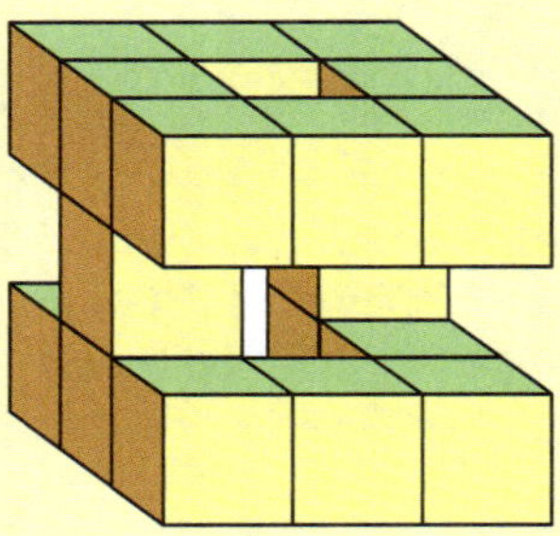

D'après *Rallye Bombyx*

• Couche du bas : 7 cubes. • Couche du milieu : 2 cubes.
• Couche du haut : 8 cubes.
• 7 + 2 + 8 = 17
Il faut donc 17 cubes.

jeu 2

Tim a 12 cubes d'arête 1 cm.
Il les dispose tous pour former un pavé droit.
Combien de pavés droits différents peut-il ainsi obtenir ?
Indiquer les dimensions de chaque pavé droit possible.

Il peut obtenir quatre pavés droits différents de dimensions :
• 1 cm, 1 cm et 12 cm ;
• 1 cm, 2 cm et 6 cm ;
• 1 cm, 3 cm et 4 cm ;
• 2 cm, 2 cm et 3 cm.

jeu 3

Voici un empilement de cubes.
Quel est le nombre minimal de petits cubes à ajouter pour obtenir un grand cube ?

• Cet empilement contient 10 cubes.
• 4 × 4 × 4 = 64
Le grand cube est composé d'au moins 64 petits cubes
• 64 – 10 = 54
Il faut ajouter au minimum 54 petits cubes.

jeu 4

Pour réaliser une expérience de chimie,
Emy a besoin d'exactement 210 cm^3 de vinaigre.
Avec le matériel à sa disposition, elle ne peut mesurer que 5 cL ou 20 mL.
Comment Emy peut-elle procéder pour obtenir 210 cm^3 avec le moins de manipulations possibles ?

210 cm^3 = 210 mL et 5 cL = 50 mL
3 × 50 mL + 3 × 20 mL = 150 mL + 60 mL = 210 mL
Emy peut mesurer 3 fois 5 cL et 3 fois 20 mL.

Apprendre à chercher

1 Construire des angles

Un bateau quitte le port au point D. Deux gardiens, situés aux points E et F, observent son déplacement.

En utilisant les observations des gardiens et le plan ci-contre, indiquer si 20 min après son départ, le bateau a dépassé le phare P.

Observations des gardiens

- 10 min après son départ, le bateau se trouve au point B tel que :

$\widehat{DEB} = 50°$ et $\widehat{DFB} = 30°$.

- 20 min après son départ, le bateau se trouve au point C tel que :

$\widehat{CEB} = 15°$ et $\widehat{CFB} = 18°$.

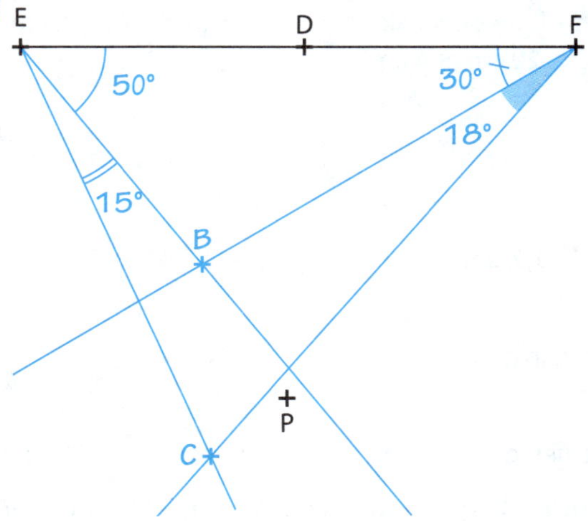

D'après le schéma complété, 20 min après son départ, le bateau a dépassé le phare P.

2 Calculer des périmètres et des aires

Voici trois rectangles.

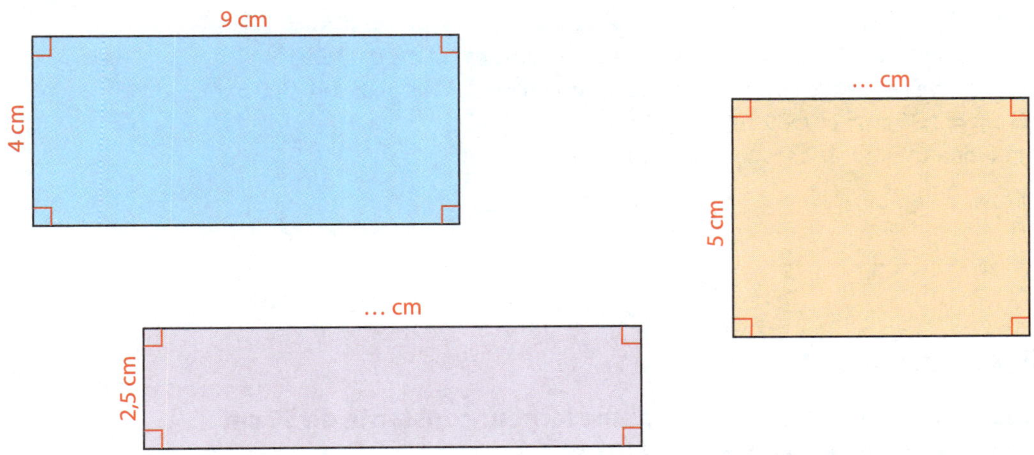

a. Le rectangle orange a la même aire que le rectangle bleu.
Calculer le périmètre $\mathcal{P}$ du rectangle orange.

b. Le rectangle violet a le même périmètre que le rectangle bleu.
Calculer l'aire $\mathcal{A}$ du rectangle violet.

a. • Aire du rectangle bleu : $9\text{ cm} \times 4\text{ cm} = 36\text{ cm}^2$
Donc l'aire du rectangle orange est aussi 36 cm^2.
• $36\text{ cm}^2 : 5\text{ cm} = 7{,}2\text{ cm}$
La longueur du rectangle orange est 7,2 cm.
• $\mathcal{P} = 2 \times 5\text{ cm} + 2 \times 7{,}2\text{ cm} = 10\text{ cm} + 14{,}4\text{ cm} = 24{,}4\text{ cm}$
Le périmètre du rectangle orange est 24,4 cm.
b. • Périmètre du rectangle bleu : $2 \times 4\text{ cm} + 2 \times 9\text{ cm} = 8\text{ cm} + 18\text{ cm} = 26\text{ cm}$
Donc le périmètre du rectangle violet est aussi 26 cm. Son demi-périmètre est 13 cm.
• $13\text{ cm} - 2{,}5\text{ cm} = 10{,}5\text{ cm}$, donc la longueur du rectangle violet est 10,5 cm.
• $\mathcal{A} = 2{,}5\text{ cm} \times 10{,}5\text{ cm} = 26{,}25\text{ cm}^2$, donc l'aire du rectangle violet est $26{,}25\text{ cm}^2$.

	1	0,	5
×		2,	5
	5	2	5
2	1	0	0
2	6,	2	5

3 Organiser sa démarche

Une entreprise fabrique des boîtes en carton de différentes tailles. Malheureusement toutes les étiquettes indiquant les dimensions et celles indiquant les volumes se sont mélangées. Certains nombres ont aussi été effacés.

Carton 1 Pavé droit de dimensions 15 cm, 20 cm et 4 cm	**Carton 2** Cube d'arête 20 cm	**Carton 3** Pavé droit de dimensions 2,5 dm, 2 dm et 15 cm	**Carton 4** Pavé droit de dimensions 5 cm, 150 mm et 100 mm
800 cm^3	750 cm^3	**Carton 5** 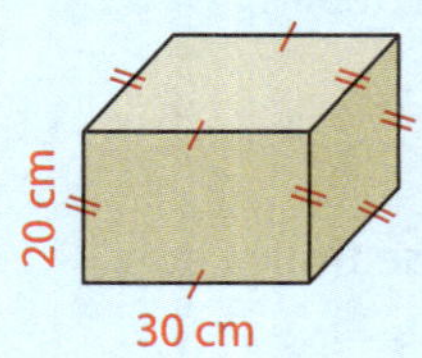	**Carton 6** Pavé droit de dimensions 10 cm, 16 cm et ..5.. cm
1,2 dm^3	8 dm^3		
7 500 000 mm^3	..0,012.. m^3		

a. Calculer le volume du carton 1 et retrouver l'étiquette de volume correspondante.

b. Associer chaque carton restant à son étiquette de volume et compléter les deux informations manquantes.

a. 15 cm × 20 cm × 4 cm = 1 200 cm^3, donc l'étiquette de volume du carton 1 est 1,2 dm^3.

b. • Volume du carton 2 : 20 cm × 20 cm × 20 cm = 8 000 cm^3, donc l'étiquette de volume du carton 2 est 8 000 cm^3, c'est-à-dire 8 dm^3.

• Volume du carton 3 : 15 cm = 1,5 dm et 2,5 dm × 2 dm × 1,5 dm = 7,5 dm^3, donc l'étiquette de volume du carton 3 est 7,5 dm^3, c'est-à-dire 7 500 000 mm^3.

• Volume du carton 4 : 150 mm = 15 cm, 100 mm = 10 cm et 5 cm × 15 cm × 10 cm = 750 cm^3, donc son étiquette de volume est 750 cm^3.

• Volume du carton 5 : 20 cm × 20 cm × 30 cm = 12 000 cm^3 et 12 000 cm^3 = 0,012 m^3.
L'information manquante sur la dernière étiquette de volume est donc 0,012 m^3.

• L'étiquette de volume restante est 800 cm^3, donc le volume du carton 6 est 800 cm^3.
Or 10 cm × 16 cm = 160 cm^2 et 800 cm^3 : 160 cm^2 = 5 cm.
La dimension manquante pour le carton 6 est donc 5 cm.

4 Modéliser une situation

Un jardinier réalise une bordure de fleurs d'une largeur constante de 50 cm autour d'un bassin circulaire de diamètre 2,70 m.

a. Réaliser un schéma représentant la situation, en prenant 1 cm pour 1 m.

b. Calculer une valeur approchée au centième près de l'aire, en m^2, de cette bordure.

a.

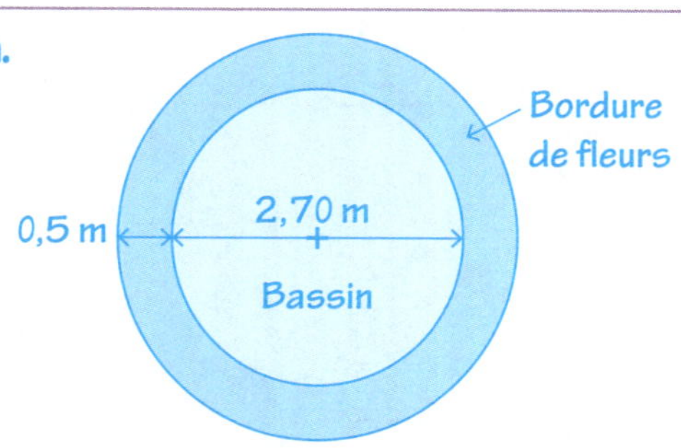

b. • Rayon du bassin : 2,70 m : 2 = 1,35 m.
Aire du bassin : π × 1,35 × 1,35 m^2, soit à l'aide de la calculatrice, environ 5,73 m^2.

• Rayon de l'ensemble bassin-bordure :
1,35 m + 0,50 m = 1,85 m
Aire de l'ensemble : π × 1,85 × 1,85 m^2, soit à l'aide de la calculatrice, environ 10,75 m^2.

• Aire de la bordure : 10,75 m^2 – 5,73 m^2 = 5,02 m^2, donc l'aire de la bordure est environ 5,02 m^2.

FICHE 74

Repérage d'un déplacement

CALCUL MENTAL

• .... • ....
• .... • ....
• .... • ....

BILAN ..../.......

→ Pour indiquer un **déplacement** à effectuer, les **instructions** peuvent être **codées** de différentes façons.

• Ce déplacement en rouge peut se noter ↑→→↑←↓↓

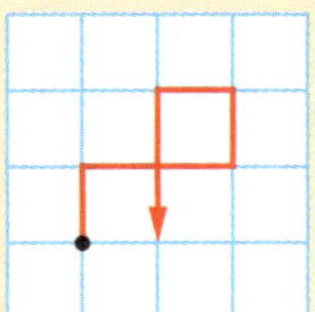

• Ce déplacement en rouge peut se noter →→↱→↰→

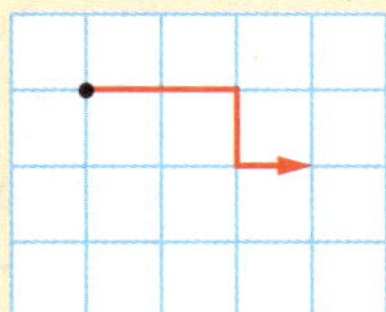

• Ce déplacement en rouge peut se noter A4, B4, B3, B2, C2, D2

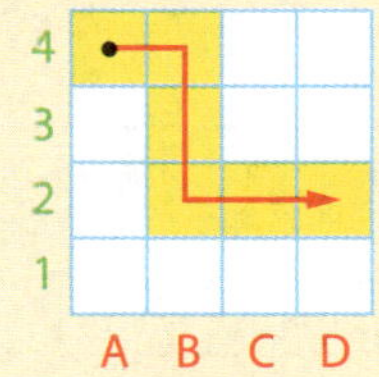

• Ce déplacement en rouge peut se noter A(1 ; 2), B(1 ; 3), C(3 ; 3), D(3 ; 1)

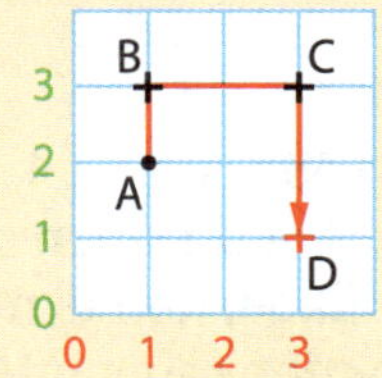

1 **Voici le terrain de jeu du glouton.**

a. Colorier les cases par lesquelles le glouton passe en suivant le trajet codé par ces flèches.

→→↑→→↓↓→→↑↑↑↑←←←←←↑←↓

b. Combien de gommes le glouton a-t-il mangées avant de rencontrer un fantôme ?

Il a mangé 6 gommes.

2 **On donne ci-contre le plan du quartier où habitent Zoé et Sam. Voici ce que Sam a écrit à Zoé pour qu'elle puisse se rendre chez lui :**

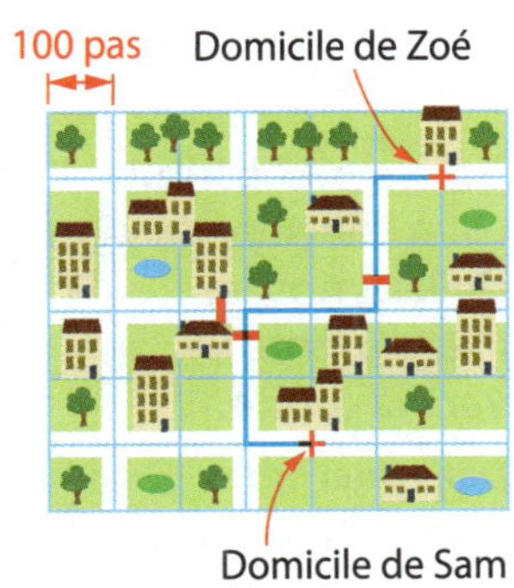

Tourne à droite à angle droit et avance de 100 pas.
Tourne à gauche à angle droit et avance de 200 pas.
Tourne à droite à angle droit et avance de 200 pas.
Tourne à gauche à angle droit et avance de 200 pas.
Tourne à gauche à angle droit et avance de 100 pas.

a. Tracer sur le plan le parcours indiqué par Sam.
b. Mais ce jour-là, Zoé est coincée par des rues fermées pour travaux (barrières rouges). Aider Zoé à retrouver Sam en écrivant un parcours qui évite ces rues fermées.

Tourne à droite à angle droit et avance de 500 pas.
Tourne à gauche à angle droit et avance de 400 pas.
Tourne à gauche à angle droit et avance de 300 pas.

3 **Voici un plan du centre de Toulouse.**

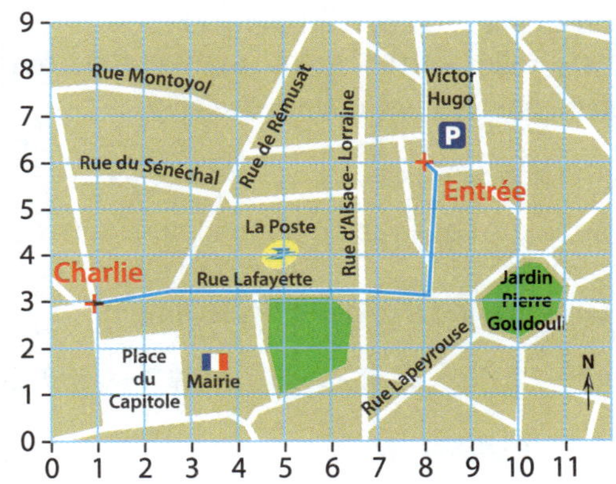

a. Compléter pour repérer l'emplacement de Charlie et l'entrée du parking Victor Hugo.

• Charlie (1 ; 3) • Entrée du parking (8 ; 6)

b. Tracer sur le plan ci-dessus un trajet qui permet à Charlie de rejoindre l'entrée du parking.

c. Décrire le déplacement de Charlie tracé à la question **b**.

Il doit prendre la rue Lafayette, puis la 3ᵉ rue à sa gauche et enfin la 2ᵉ rue à sa gauche.

4 **Le point A ci-contre est le point de départ d'un parcours.**

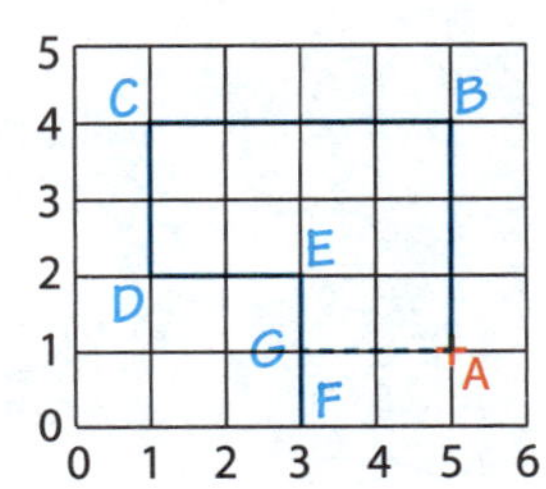

a. Compléter pour repérer ce point : A (5 ; 1)

b. Tracer le parcours :
A, B (5 ; 4), C (1 ; 4), D (1 ; 2), E (3 ; 2), F (3 ; 0).

c. Écrire un parcours plus simple qui permet d'aller du point A au point F en suivant les lignes du quadrillage.

A (5 ; 1), G (3 ; 1), F (3 ; 0).

CALCUL MENTAL

•............ •............

•............ •............

•............ •............

BILAN ..../........

FICHE **75**

Déplacement d'un robot

→ Le logiciel Scratch permet de **programmer des déplacements** à l'aide de différentes **instructions**.

Action	Avancer de 10 pas	Tourner à droite d'un angle droit	Tourner à gauche d'un angle droit
Instruction Scratch	avancer de 10 pas	tourner ↻ de 90 degrés	tourner ↺ de 90 degrés

1 Pour coder un déplacement du chien sur ce quadrillage, Kamel utilise les instructions suivantes : av… (avancer de … pas) et tg90 (tourner à gauche d'un angle droit).

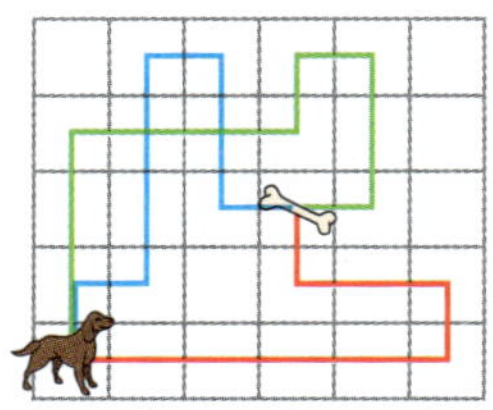

a. Le chien se déplace jusqu'à l'os en suivant le parcours rouge.
Voici le programme de ce déplacement :

av50 – tg90 – av10 – tg90 – av20 – td90 – av10

Combien de pas représente une case ?

50 : 5 = 10, donc une case a pour côté 10 pas.

b. Pour atteindre l'os, le chien pourrait aussi suivre le parcours vert.
Compléter le programme de ce déplacement.

tg90 – *av30 – td90 – av30 – tg90 – av10 – td90 – av10 – td90 – av20 – td90 – av10*

c. Tracer sur la grille ci-dessus le parcours du chien qui correspond au programme suivant :
tg90 – av10 – td90 – av10 – tg90 – av30 – td90 – av10 – td90 – av20 – tg90 – av10

2 Algo Au départ d'un parcours, le lutin est orienté vers la droite.

Tracer le déplacement effectué par le lutin lorsque les instructions Scratch ci-dessous sont exécutées.

avancer de 30 pas
tourner ↺ de 90 degrés
avancer de 40 pas
tourner ↻ de 90 degrés
avancer de 20 pas
tourner ↻ de 90 degrés
avancer de 10 pas

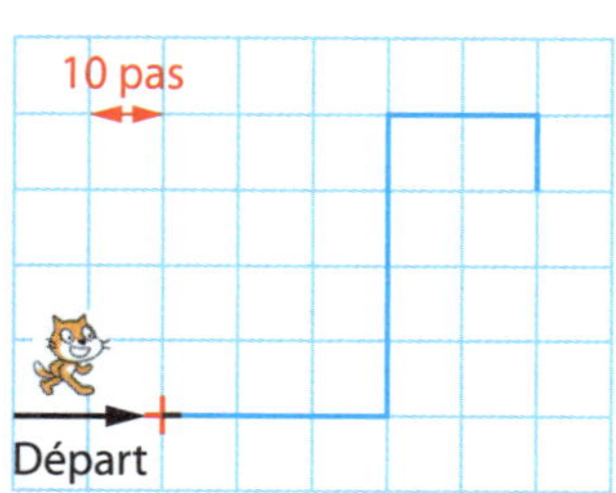

3 Algo Au départ d'un parcours, le lutin est orienté vers la droite.

Voici trois groupes d'instructions d'un script Scratch.

❶ tourner ↺ de 90 degrés
avancer de 40 pas

❷ tourner ↻ de 90 degrés
avancer de 20 pas

❸ tourner ↻ de 90 degrés
avancer de 60 pas

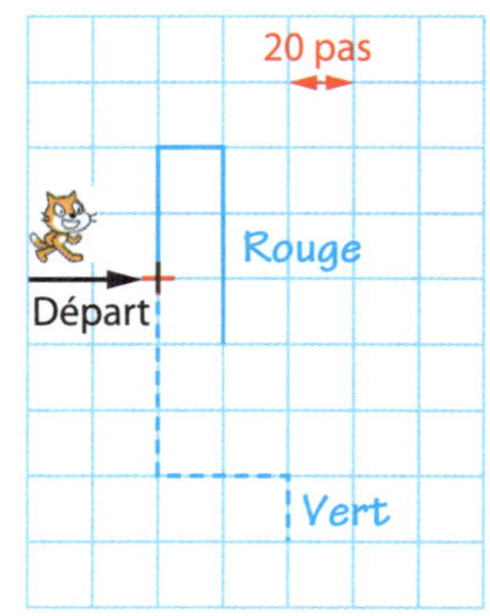

a. Tracer en rouge le déplacement effectué par le lutin lorsqu'on exécute successivement les groupes ❶ puis ❷ puis ❸.

b. Tracer en vert le déplacement effectué par le lutin lorsqu'on exécute successivement les groupes ❸ puis ❶ puis ❷.

4 Algo Le lutin est à l'entrée du labyrinthe, il est orienté vers la droite.

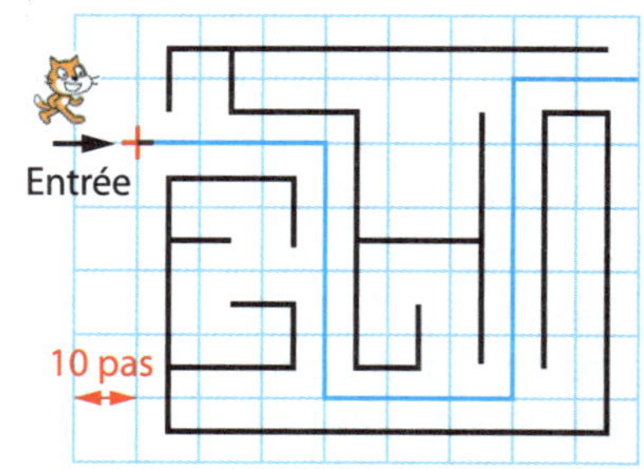

Dans quel ordre doit-on exécuter ces groupes d'instructions pour que le lutin sorte du labyrinthe ?

On doit exécuter dans l'ordre : ❸ ❹ ❷ ❶

❶ tourner ↻ de 90 degrés
avancer de 20 pas

❷ tourner ↺ de 90 degrés
avancer de 50 pas

❸ avancer de 30 pas
tourner ↻ de 90 degrés
avancer de 40 pas

❹ tourner ↺ de 90 degrés
avancer de 30 pas

CALCUL MENTAL

•............ •............

•............ •............

•............ •............

BILAN ..../........

FICHE 76 Pavé droit : description

→ Un **pavé droit** est un **solide** dont les **six faces** sont des **rectangles**.
Un pavé droit a **8 sommets**, **12 arêtes** et **6 faces**.

→ Un **cube** est un pavé droit dont les six faces sont des **carrés**.

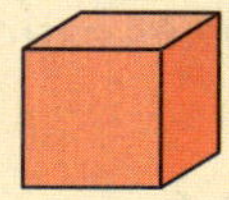

Le pavé droit ABCDEFGH

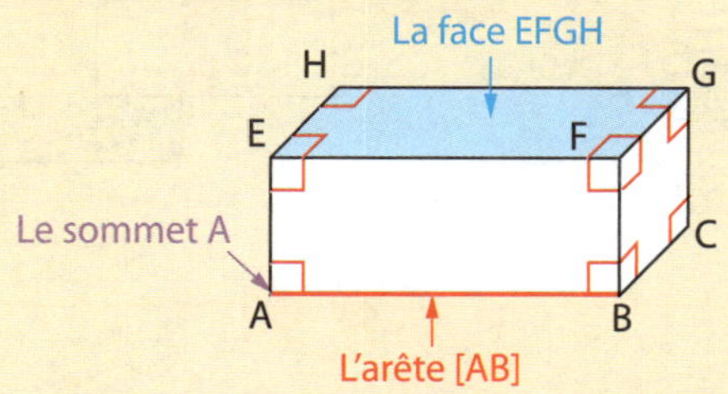

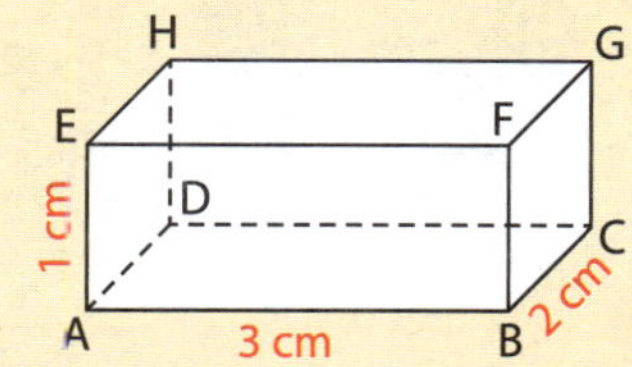

Un pavé droit a trois **dimensions** (sa longueur, sa largeur, sa hauteur).

→ La **perspective cavalière** est un procédé qui permet de représenter un solide tout en rendant « visibles » les arêtes cachées (figure ci-dessus à droite).

1 En assemblant six cubes d'arête 1 cm, Aubry obtient le solide ci-contre.

1. Comment s'appelle ce solide ?

Ce solide est un pavé droit.

2. Combien de sommets a-t-il ? *Il a 8 sommets.*

3. a. Combien d'arêtes a-t-il ? *Il a 12 arêtes.*

b. Combien de ces arêtes sont de longueurs différentes ? Préciser ces longueurs.

Le solide a 4 arêtes de longueur 1 cm, 4 arêtes de longueur 2 cm et 4 arêtes de longueur 3 cm.

4. a. Combien de faces a-t-il ? *Il a 6 faces.*

b. Les faces ont des dimensions différentes.
Tracer ces faces en vraie grandeur ci-dessous.
Indiquer le nombre de faces de chaque sorte.

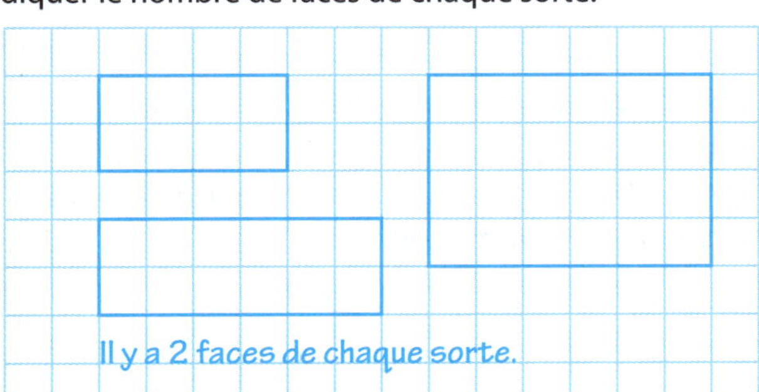

c. Calculer la somme des aires de toutes les faces.

• $1\ cm \times 2\ cm = 2\ cm^2$ et $2\ cm^2 \times 2 = 4\ cm^2$.
$1\ cm \times 3\ cm = 3\ cm^2$ et $3\ cm^2 \times 2 = 6\ cm^2$.
$2\ cm \times 3\ cm = 6\ cm^2$ et $6\ cm^2 \times 2 = 12\ cm^2$.
• $4\ cm^2 + 6\ cm^2 + 12\ cm^2 = 22\ cm^2$
La somme des aires de toutes les faces est $22\ cm^2$.

2 Lena possède un cube de 3 cm d'arête.

Calculer :
a. la somme des longueurs de toutes ses arêtes ;
b. la somme des aires de toutes ses faces.

a. Ce cube a 12 arêtes de longueur 3 cm.
$12 \times 3\ cm = 36\ cm$
La somme des longueurs des arêtes est 36 cm.
b. Ce cube a 6 faces carrées de 3 cm de côté.
$3\ cm \times 3\ cm = 9\ cm^2$ et $6 \times 9\ cm^2 = 54\ cm^2$.
La somme des aires des faces est $54\ cm^2$.

3 ABCDEFGH est le pavé droit représenté ci-contre.

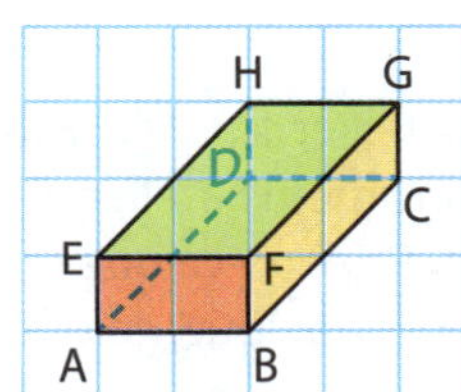

1. a. Quel est le sommet caché ?

C'est le sommet D.

b. Placer ce sommet sur la figure ci-dessus.

2. a. Quelles sont les arêtes cachées ?

Ce sont les arêtes [AD], [DC] et [DH].

Les tracer en pointillés sur la figure ci-dessus pour représenter le pavé droit en perspective cavalière.

b. Quelles sont les faces cachées ?

Ce sont les faces ABCD, ADHE, CDHG.

3. a. Dans la réalité, que peut-on dire :
• de la face EFGH ?

La face EFGH est un rectangle.

• de l'angle $\widehat{FGC}$?

$\widehat{FGC}$ est un angle droit.

b. Citer une arête de même longueur que :

• l'arête [GH] : *[EF]* • l'arête [EH] : *[AD]*

FICHE 77

Patrons de pavés droits

CALCUL MENTAL

•............ •............

•............ •............

•............ •............

BILAN ..../........

→ Il existe plusieurs patrons d'un même pavé droit.

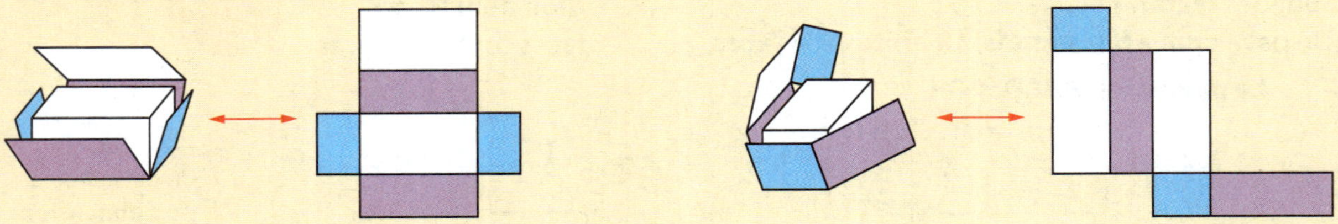

1 On souhaite fabriquer un pavé droit à partir de ce patron.

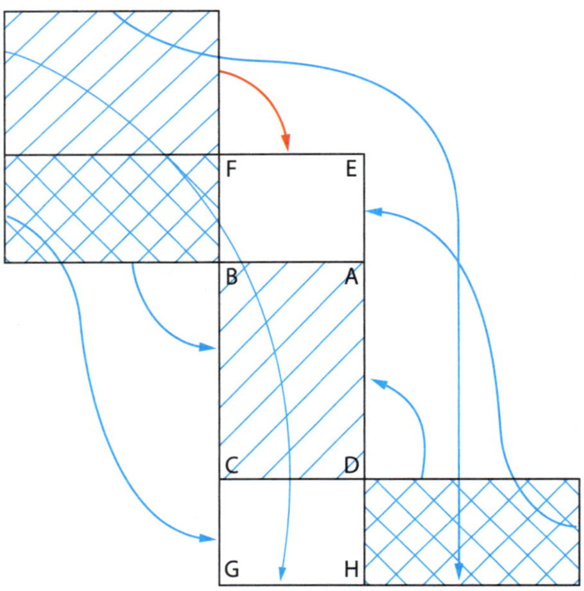

a. Relier par des flèches les segments qui formeront une même arête en repliant le patron.

b. Faire un calque de ce patron.
Sur ce calque, colorier d'une même couleur les faces de mêmes dimensions.

c. Découper et replier ce patron pour obtenir un pavé droit. Le tenir fermé à l'aide de ruban adhésif.

d. Vérifier que les faces opposées du pavé droit sont bien d'une même couleur.

e. Nommer ses six faces.

ABCD, EFGH, ADHE, BCGF, ABFE, CDHG, ...

2 Tracer trois patrons différents d'un cube d'arête 5 mm.

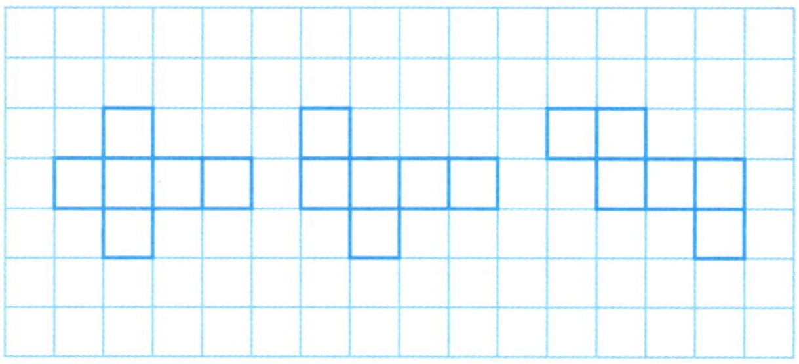

3 Barrer les figures qui ne sont pas des patrons d'un pavé droit.

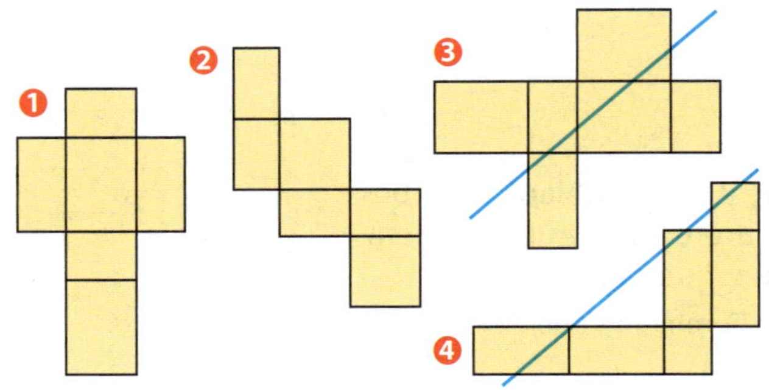

4 Compléter ce patron de pavé droit, sans sortir du cadre.

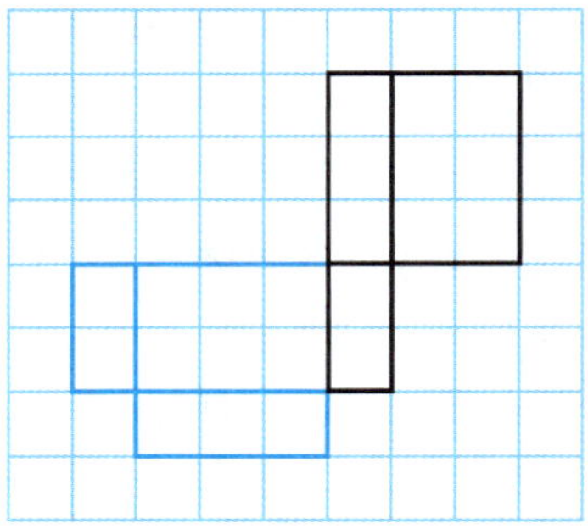

5 Voici un patron d'un pavé droit.

a. Indiquer sur le patron l'aire des faces coloriées.

b. Colorier les faces blanches de façon que deux faces opposées aient la même couleur.

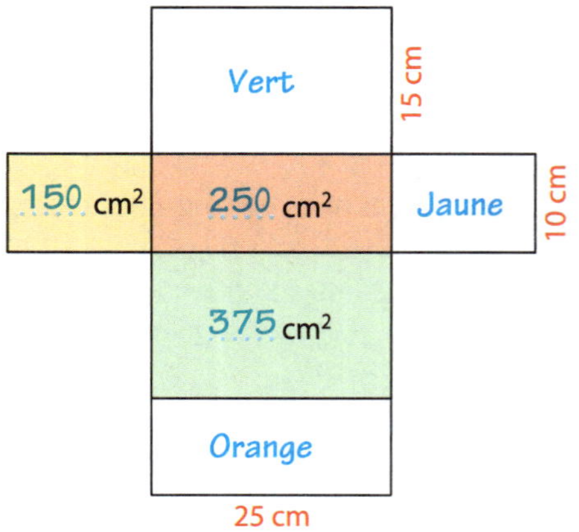

FICHE 78

Autres solides

CALCUL MENTAL

• .... • ....
• .... • ....
• .... • ....

BILAN ..../.......

Prisme droit

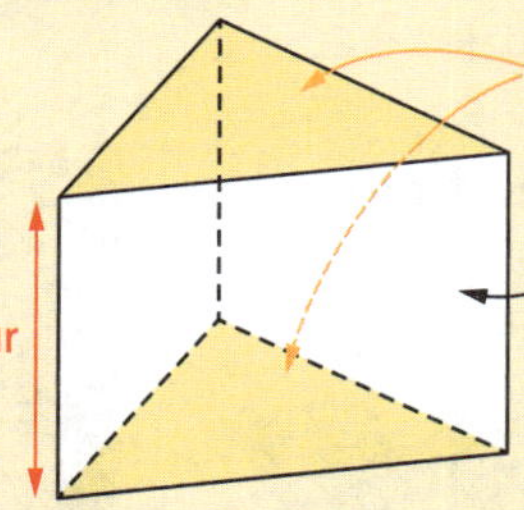

Cylindre

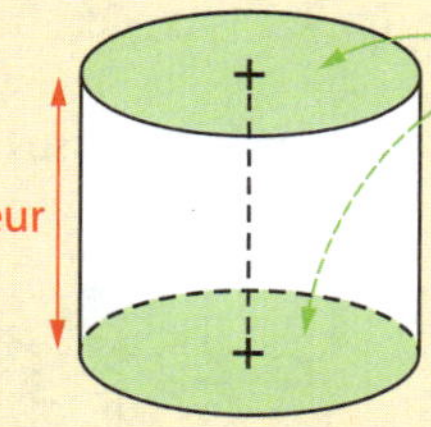

Pyramide à base carrée

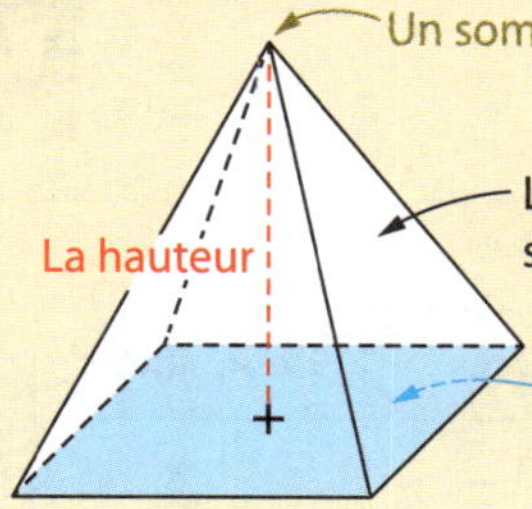

Cône

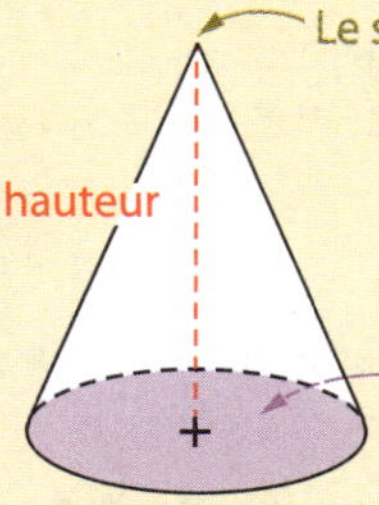

---

1 À quel solide peut-on associer chaque objet ?

Un cône

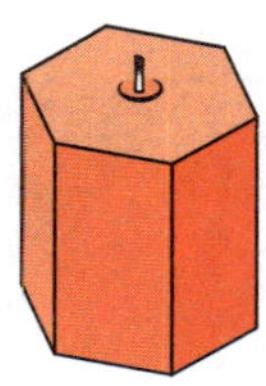

Un prisme droit

Un cylindre

Un prisme droit

Un pavé droit

Une pyramide

2 Un prisme droit est représenté ci-contre en perspective cavalière.

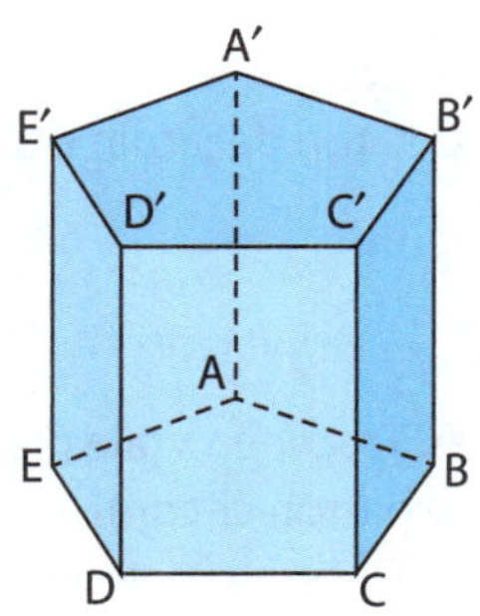

a. Citer les bases de ce prisme.

Les bases de ce prisme se nomment ABCDE et A′B′C′D′E′.

b. Compléter.

Ce prisme a 10 sommets. Il possède 5 faces latérales.

Ces faces latérales sont des rectangles.

c. Quelles arêtes ont la même longueur que l'arête [AA′] ? Comment nomme-t-on cette longueur ?

Les arêtes [BB′], [CC′], [DD′] et [EE′].

Leur longueur est la hauteur du prisme droit.

---

3 Construire en vraie grandeur une base de ce solide.

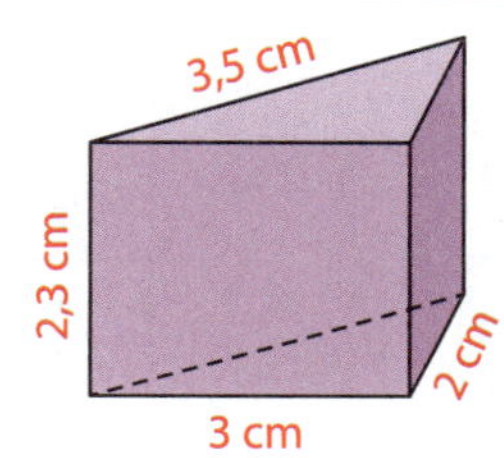

Ce solide est un prisme droit à base triangulaire.

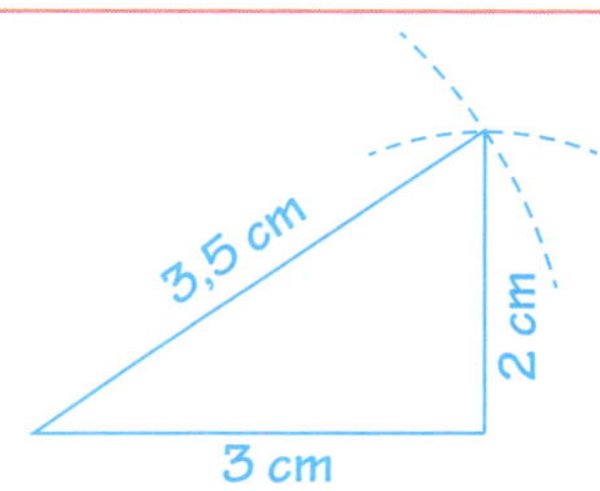

4 Préciser la nature de ce solide et de ses bases.

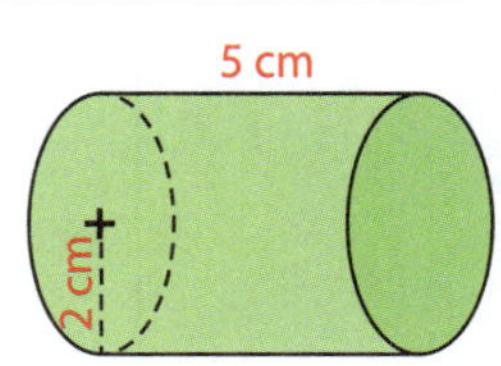

Ce solide est un cylindre.

Ses bases sont deux disques de rayon 2 cm.

5 Construire en vraie grandeur la base de ce solide.

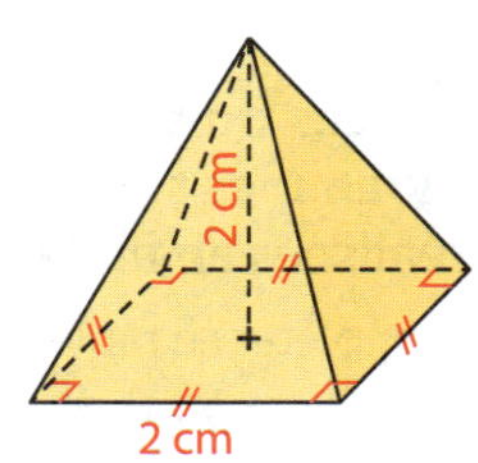

Ce solide est une pyramide à base carrée.

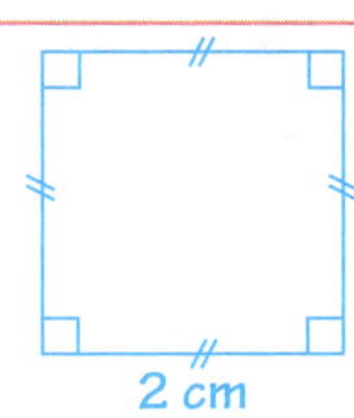

FICHE **79**

Perfectionnement

CALCUL MENTAL

• .... • ....
• .... • ....
• .... • ....

BILAN ..../........

1 Voici un assemblage de six cubes identiques.

Associer chaque figure à la vue qui convient.

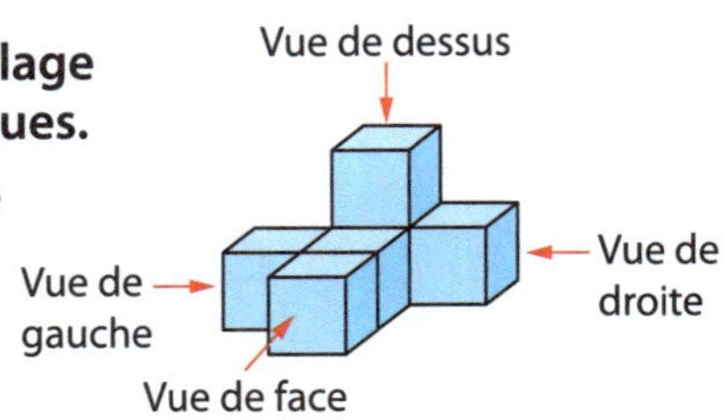

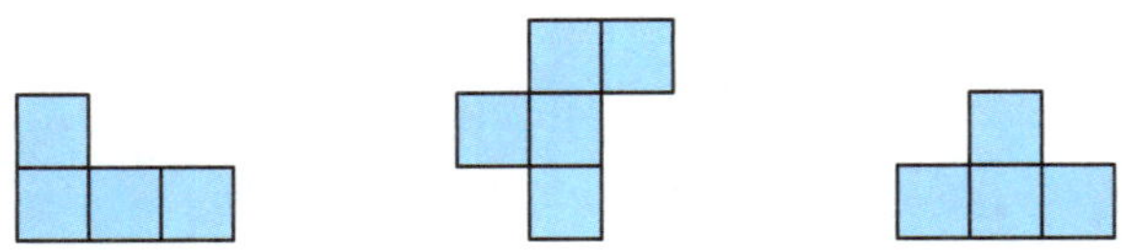

Vue de gauche ... Vue de dessus ... Vue de face ......

2 Fanja a commencé la représentation en perspective cavalière d'un pavé droit ABCDEFGH.

Terminer cette représentation.

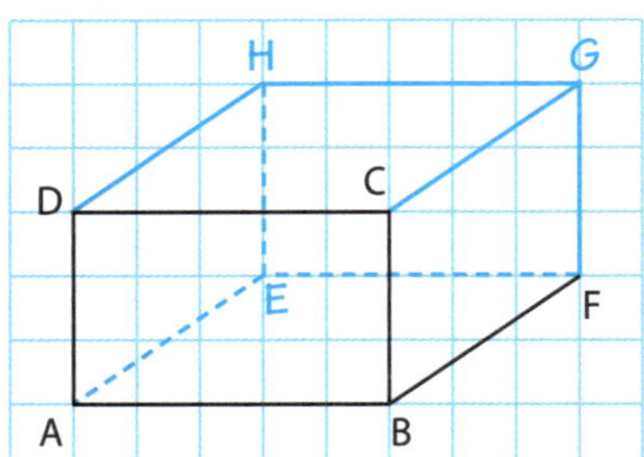

3 Représenter en perspective cavalière une boîte de céréales en forme de pavé droit.

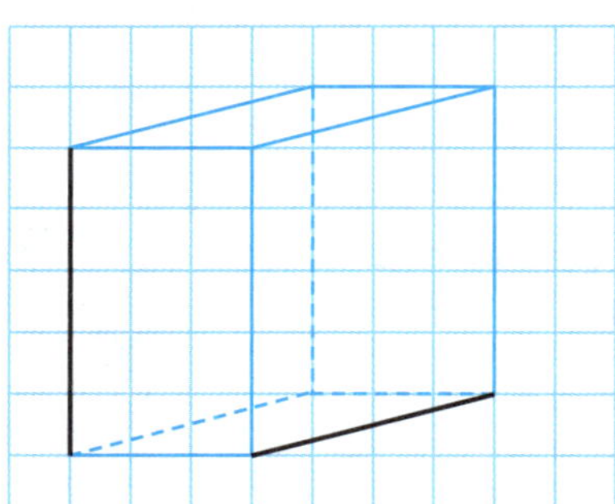

4 Ces trois pyramides sont réalisées en fil de fer.

Compléter ce tableau.

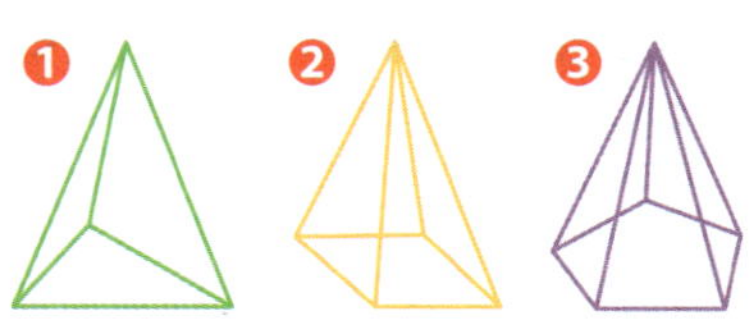

Pyramide	Nombre		
	de faces	de sommets	d'arêtes
1	4	4	6
2	5	5	8
3	6	6	10

5 Voici trois prismes droits.

1 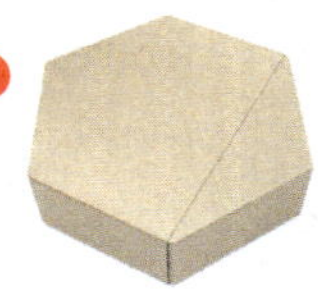

2 

3 

Compléter ce tableau.

Prisme droit	Nombre		
	de faces	de sommets	d'arêtes
1	8	12	18
2	6	8	12
3	5	6	9

6 Voici un patron de pyramide, dont la base est un triangle équilatéral.

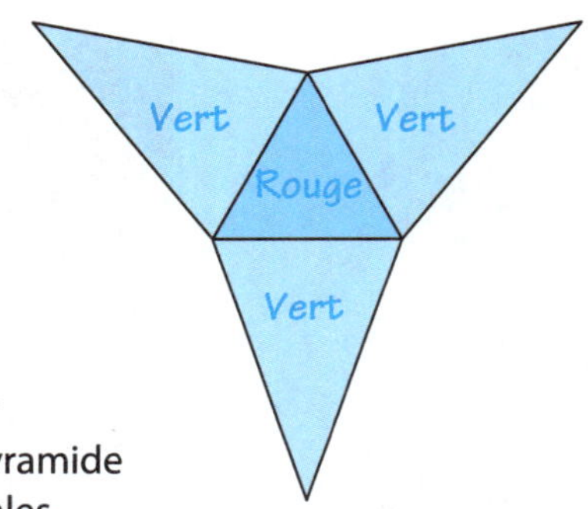

a. Faire un calque de ce patron.
b. Sur ce calque, colorier en rouge la base de la pyramide et en vert ses faces latérales.
c. Découper et replier ce patron pour obtenir une pyramide. Le tenir fermé à l'aide de ruban adhésif.

7 Voici un abri de jardin.

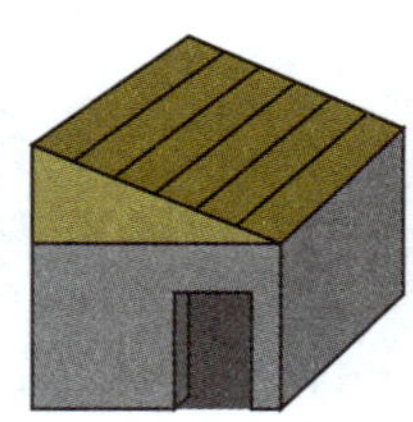

a. Compléter.
Cet abri de jardin est un assemblage d'un ...... pavé droit ...... et d'un ...... prisme droit ....

b. Tracer en vraie grandeur le patron ci-contre.
c. Tracer un patron d'un pavé droit de dimensions 4 cm, 5 cm et 6 cm.
d. Découper ces patrons.
e. Assembler les deux solides obtenus afin de créer une maquette de l'abri de jardin.

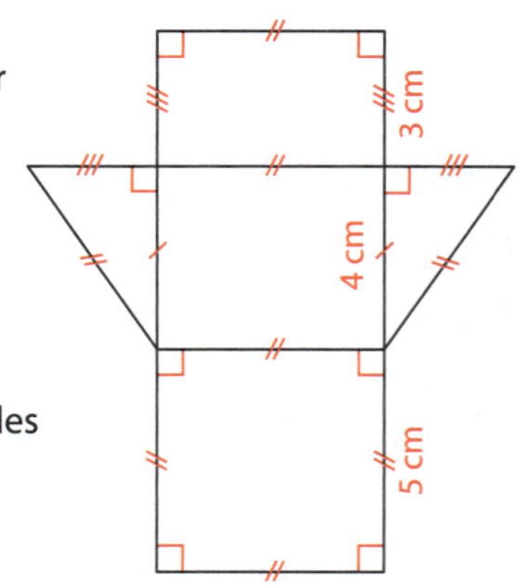

QCM & jeux

QCM

Voici un questionnaire à choix multiples.
Pour chaque question, entourer la (ou les) réponse(s) exacte(s).

Bilan ..... / 8

A	Partant de (3 ; 1), on se déplace de 1 vers la gauche et de 1 vers le haut. On se trouve alors en … 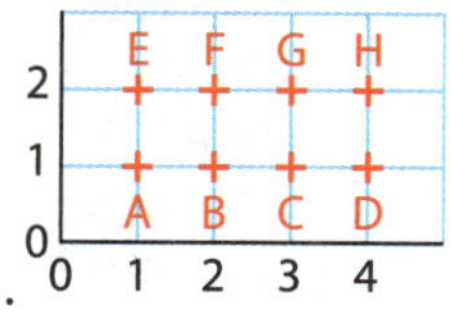	H	C	F
B	Au départ, le lutin est orienté vers le haut. Il a effectué le déplacement ci-contre grâce aux instructions … 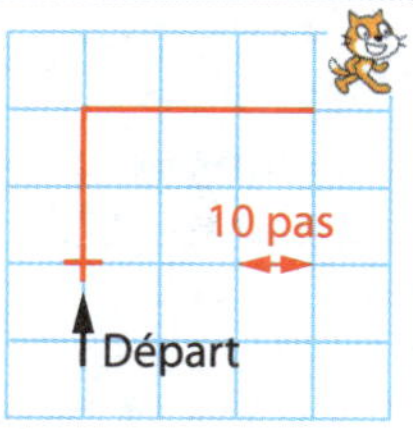	avancer de 10 pas / tourner ↻ de 90 degrés / avancer de 30 pas	avancer de 20 pas / tourner ↻ de 90 degrés / avancer de 30 pas	avancer de 20 pas / tourner ↺ de 90 degrés / avancer de 30 pas
C	Un pavé droit a …	8 sommets et 6 faces	6 faces et 10 arêtes	12 arêtes et 8 sommets
D	Un patron de pavé droit correctement dessiné est …	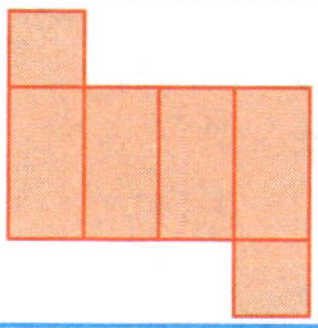	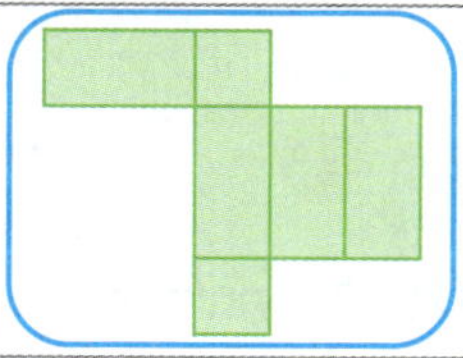	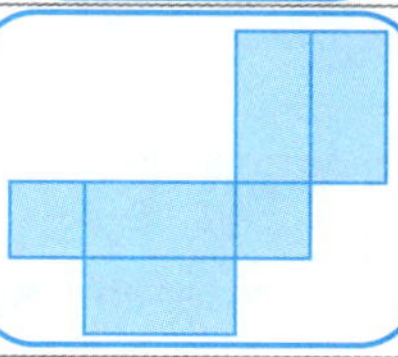
E	Pour le cube ci-contre, représenté en perspective cavalière, … 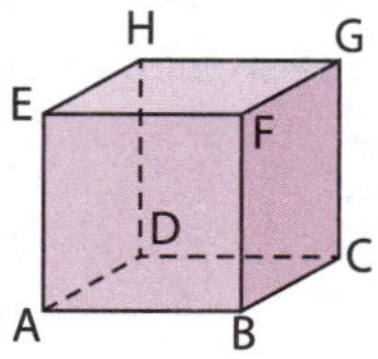	le sommet caché est le point D	une arête cachée est l'arête [AD]	une face cachée est la face BCGF
F	Les bases d'un cylindre sont …	deux rectangles	deux triangles	deux disques
G	Ce solide est un assemblage … 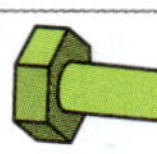	d'un cylindre et d'un pavé droit	d'un cylindre et d'un prisme droit	d'un pavé droit et d'un prisme droit
H	Ce crayon est un assemblage … 	d'un cylindre et d'un pavé droit	d'une pyramide et d'un cylindre	d'un cône et d'un cylindre

jeu 1

Adèle a écrit les six lettres A, B, C, D, E, F sur les six faces d'un cube.
Les dessins ci-contre montrent le cube dans deux positions différentes.
Quelle lettre est écrite sur la face opposée à celle du F ? Expliquer.

La lettre D est sur la face opposée à celle du F.
En effet, la 1re position montre que la face opposée à celle du F touche la face du A du côté de la pointe du A.
La 2e position montre que c'est la lettre D qui est sur cette face.

jeu 2

Il arrive quelquefois que notre cerveau interprète mal l'image transmise par l'intermédiaire du nerf optique.

a. Que voit-on ?

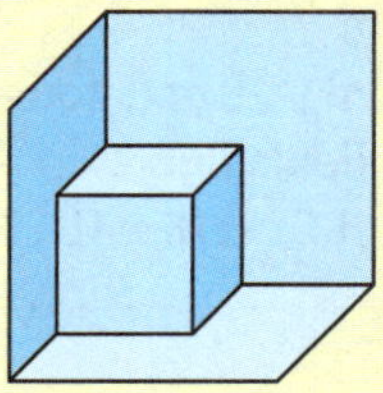

b. Combien de cubes entiers voit-on ?

a. On voit un cube posé dans un coin ou un cube enlevé à un autre cube.
b. On voit 4 cubes ou 5 cubes.

CALCUL MENTAL

• .... • ....

• .... • ....

• .... • ....

BILAN ..../........

FICHE 81 Vocabulaire et notations

→ La droite (AB)

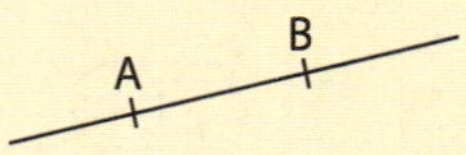

→ La droite (*d*)

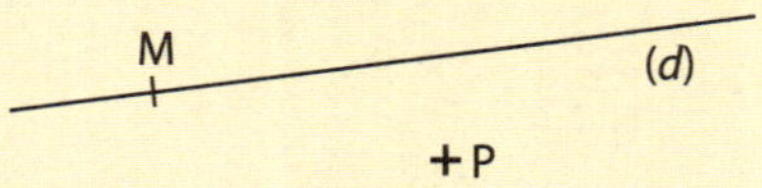

Le point M appartient à la droite (*d*) : M ∈ (*d*).
Le point P n'appartient pas à la droite (*d*) : P ∉ (*d*).

→ La demi-droite [AB) d'origine le point A.

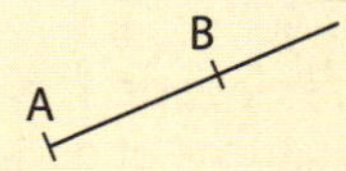

→ Le segment [CD] d'extrémités les points C et D. Sa **longueur** est notée **CD**.

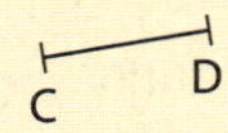

→ Le **milieu** d'un segment est le point de ce segment qui le partage en deux segments de **même longueur**.

→ Des **points alignés** sont des points qui **appartiennent à une même droite**.

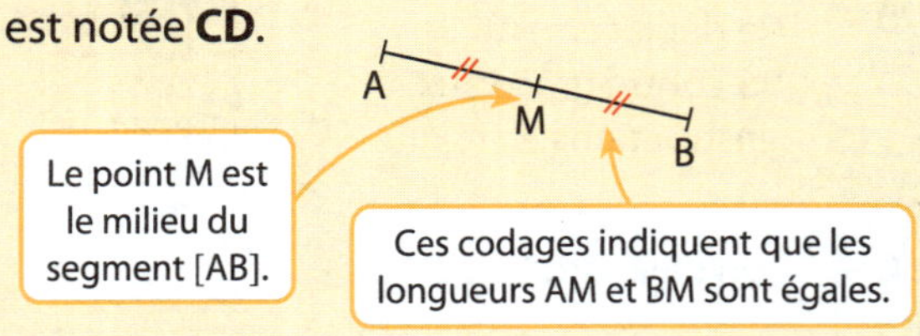

1 Repasser en rouge la partie indiquée.

a. Le segment [EF]

b. La demi-droite [EF)

c. La demi-droite [FE)

d. La droite (EF)

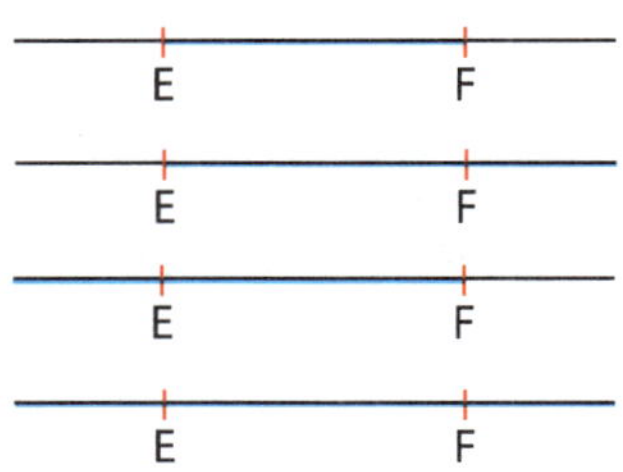

2 **a.** Tracer :
• le segment [AB] ; • la droite (BC) ; • la demi-droite [CA).
b. Marquer un point D aligné avec les points B et C.

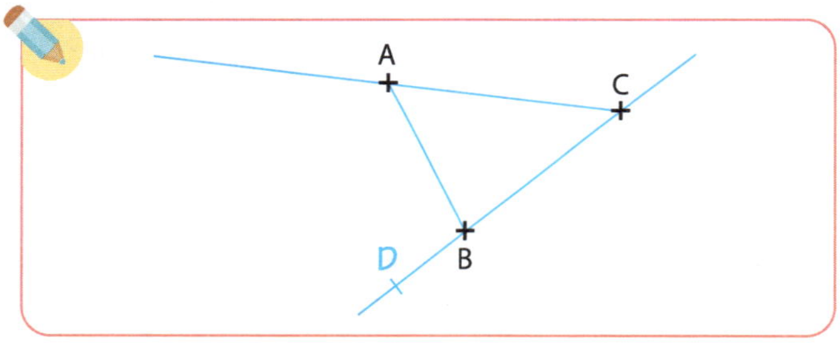

3 **a.** Tracer :
• un segment [AB] de longueur 5 cm ;
• un segment [AC] tel que AC = 3,5 cm (A, B et C non alignés).
b. Marquer le milieu I de [AB] et coder la figure.
c. Marquer un point M tel que M ∈ [BC) et M ∉ [BC].

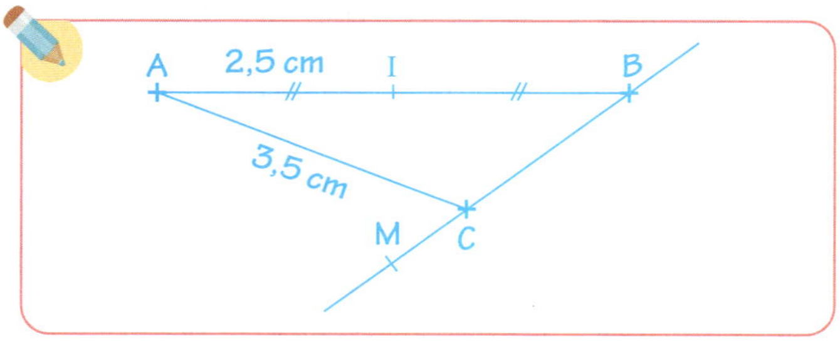

4 **a.** Tracer en rouge les droites (AB) et (AC).
b. Tracer en vert les demi-droites [EG) et [FB).
c. Tracer en bleu les segments [DC] et [BC].

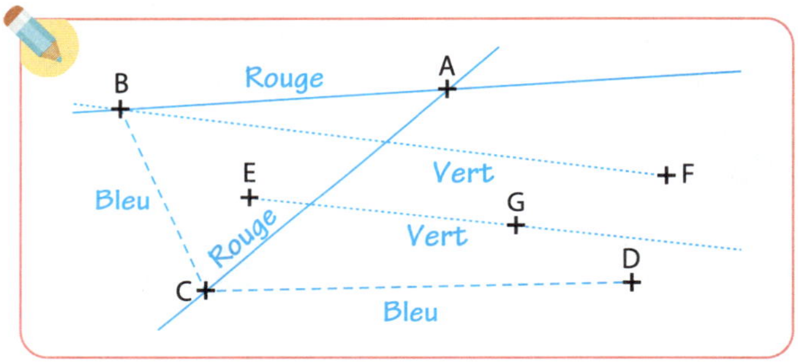

d. Mesurer la distance, en cm, entre les points A et D puis entre les points C et F. Compléter.
• AD = ...3... cm
• CF = ...5,3... cm

5 Placer les points M, N et T sachant que :
• M ∈ [AC] et M ∈ [BD] ;
• N ∈ (AD) et N ∈ (BC) ;
• les points M, N et T sont alignés ainsi que les points A, B et T.

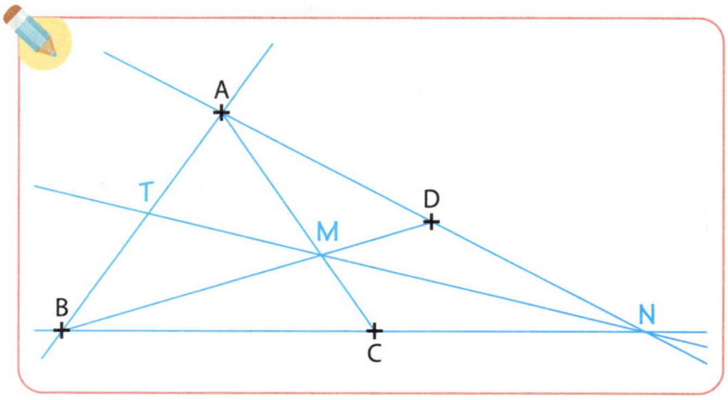

FICHE 82 Droites perpendiculaires : construction, équerre

CALCUL MENTAL
- .... • ....
- .... • ....
- .... • ....

BILAN ..../........

→ Deux droites **sécantes** sont deux droites qui ont **un seul point d'intersection**.
Les droites (d) et (d') ci-contre sont sécantes en A.

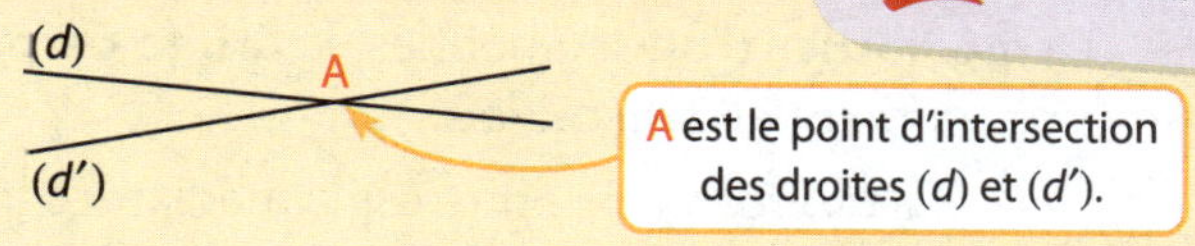

→ Deux droites **perpendiculaires** sont deux droites **sécantes** qui forment **quatre angles droits**.
Les droites (d) et (d') ci-contre sont perpendiculaires en A. On note : $(d) \perp (d')$.

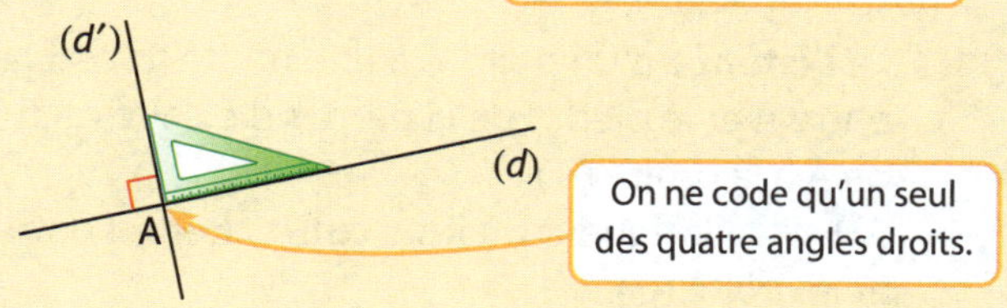

1

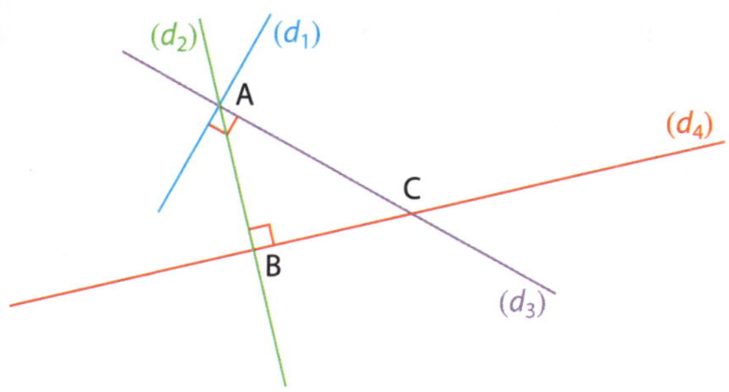

Observer la figure ci-dessus et compléter les phrases.

a. Les droites (d_3) et (d_4) sont ......sécantes...... en ..C...

b. Les droites (d_2) et (d_4) sont ..perpendiculaires.. en ..B...

c. Les droites ..(d_1).. et ..(d_3).. sont perpendiculaires en A.

2 Les droites (d) et (d') sont-elles sécantes ? Oui..........
Si oui, construire leur point d'intersection I.

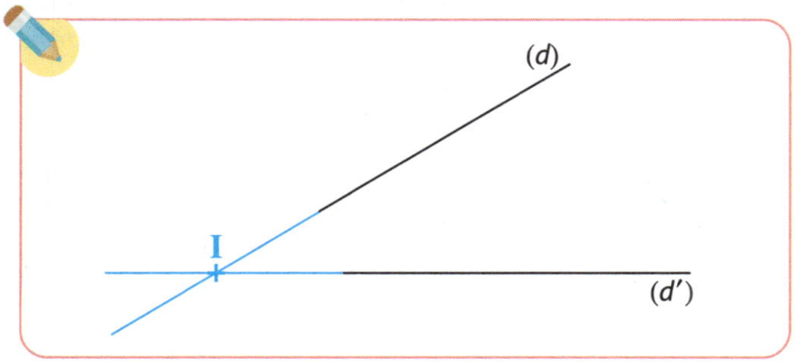

3 Dans chaque cas, tracer la droite perpendiculaire à la droite (d) et passant par le point M.

a.

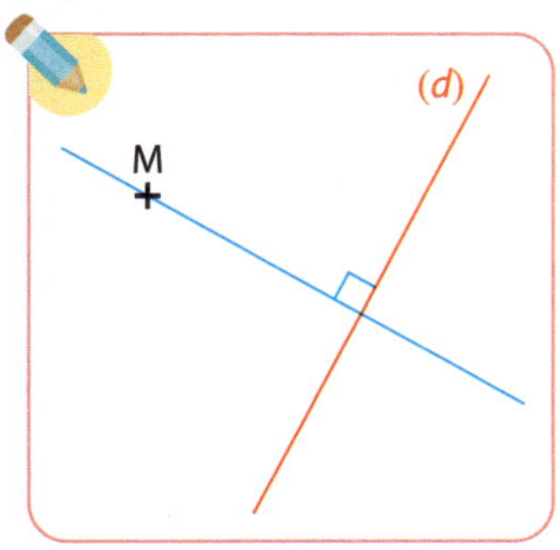

b.

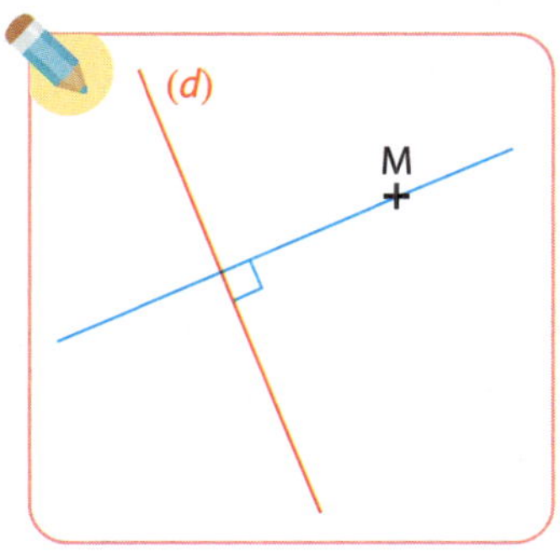

4 **a.** Par le point A, tracer :
- la droite (d_1) perpendiculaire à la droite (d) ;
- la droite (d_2) perpendiculaire à la droite (d').

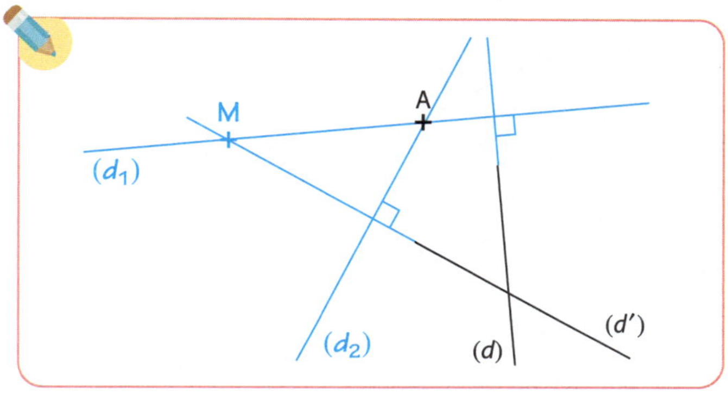

b. Compléter avec le symbole mathématique qui convient :

(d_1) ..⊥.. (d) et (d_2) ..⊥.. (d')

c. Marquer le point d'intersection M des droites (d_1) et (d').

5 **a.** Tracer :
- la perpendiculaire à la droite (BC) passant par A ;
- la perpendiculaire à la droite (AC) passant par B ;
- la perpendiculaire à la droite (AB) passant par C.

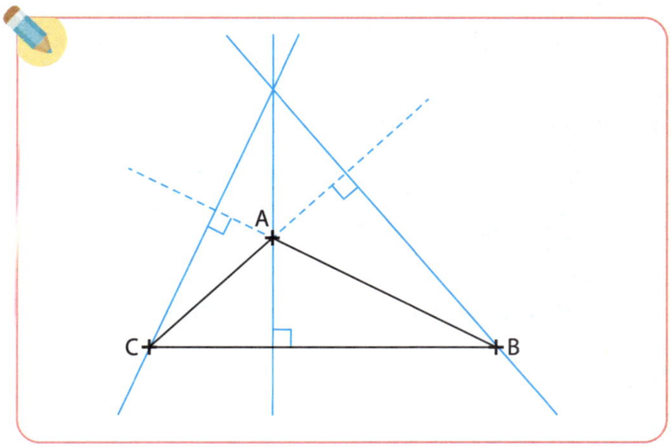

b. Que peut-on remarquer pour ces trois droites ?

Ces trois droites ont un point commun. On dit que ces.....
trois droites sont concourantes en ce point..............

CALCUL MENTAL

• .... • ....

• .... • ....

• .... • ....

BILAN ..../........

FICHE 83

Médiatrice : construction, équerre. Distance d'un point à une droite

→ La **médiatrice** d'un segment est la **droite perpendiculaire** à ce segment **en son milieu**.

La droite (*d*) ci-contre est la médiatrice du segment [AB].

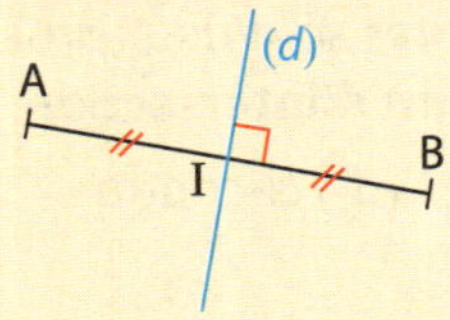

→ La **distance** d'un point A à une droite (*d*) est la distance AH entre A et le pied H de la perpendiculaire menée de A à la droite (*d*).
AH est la longueur du **plus court chemin** entre ce point A et la droite (*d*).

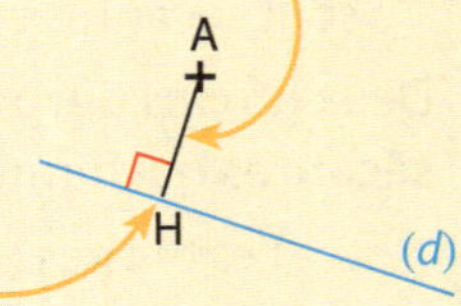

1 Tracer la médiatrice (*d*) du segment [AB].

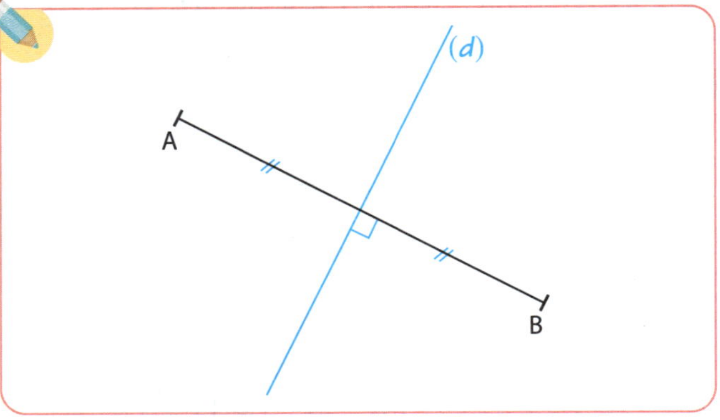

2 **a.** Par le point M, tracer :
- la droite (d_1) perpendiculaire à la droite (*d*) ;
- la droite (d_2) perpendiculaire à la droite (*d'*).

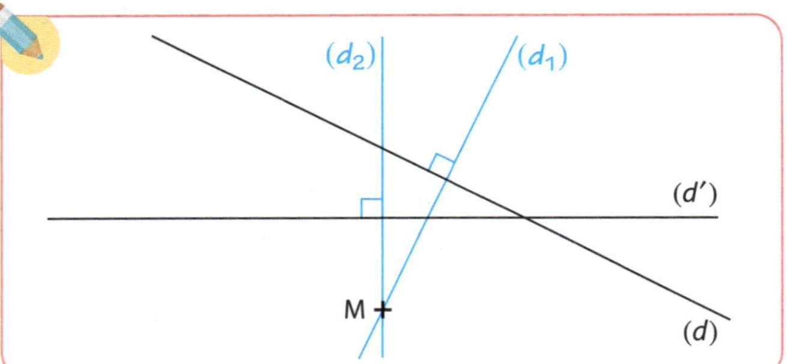

b. Mesurer avec la règle graduée et compléter.
- La distance entre le point M et la droite (*d*) est ..1,6.. cm.
- La distance entre le point M et la droite (*d'*) est ..1.. cm.

3 Placer trois points M, N et O situés à 1 cm de la droite (*d*).

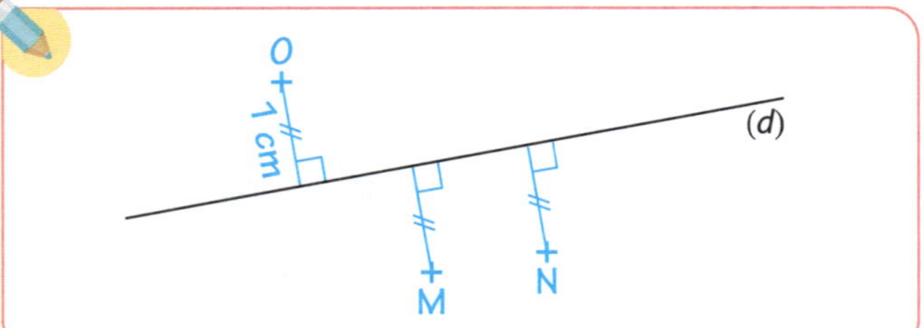

4 Construire le point d'intersection M de la médiatrice (*d*) du segment [AB] et de la perpendiculaire (*d'*) à la droite (BC) qui passe par A.

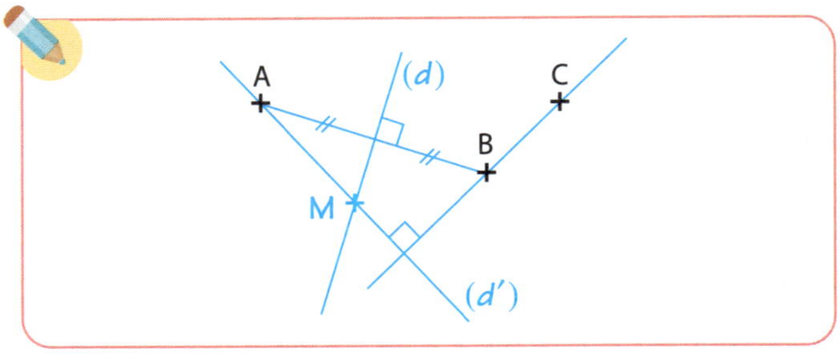

5 **Voici les emplacements des boules de Flavia (F), Greg (G) et Hélia (H) lors d'une partie de pétanque.**
Marquer l'emplacement du cochonnet (C) sachant qu'il :
- est aligné avec les boules de Hélia (H) et de Greg (G) ;
- appartient à la médiatrice du segment [FG].

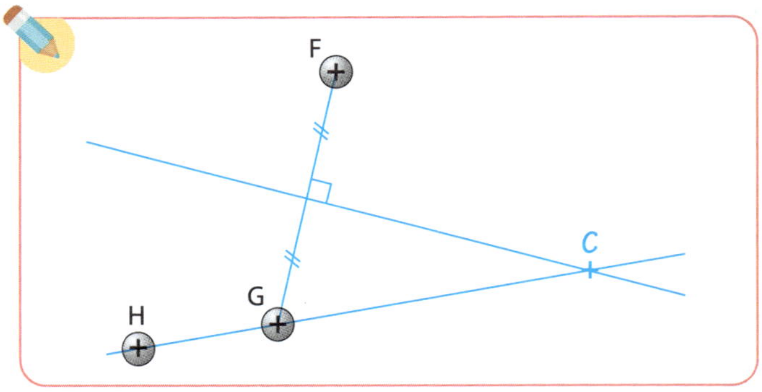

6 Écrire une consigne qui permet de construire la figure tracée ci-contre à main levée.

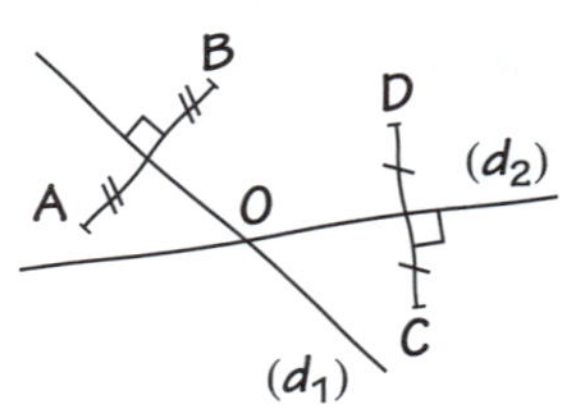

• Tracer deux segments [AB] et [CD] non parallèles.
• Tracer la médiatrice (d_1) du segment [AB] et la médiatrice (d_2) du segment [CD].
• Noter O le point d'intersection de (d_1) et de (d_2).

FICHE 84

Droites parallèles

CALCUL MENTAL

• .... • ....
• .... • ....
• .... • ....

BILAN ..../.......

→ Deux droites **parallèles** sont deux droites qui ne sont **pas sécantes**.
Remarque : deux droites **confondues** sont parallèles.

Tracé de la droite (d') parallèle à la droite (d) passant par le point A

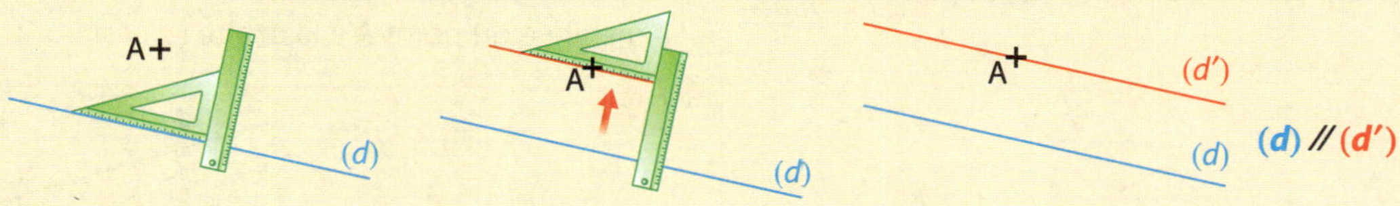

→ **Deux propriétés**

• Si deux droites sont perpendiculaires à une même droite, alors elles sont parallèles.

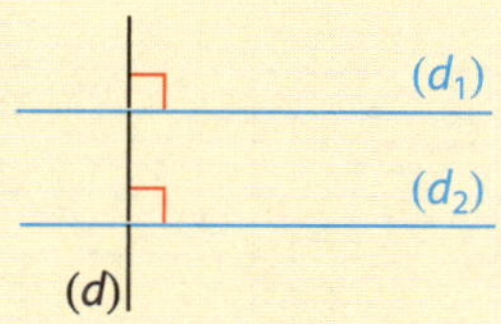

• Si deux droites sont parallèles et si une troisième droite est perpendiculaire à l'une, alors elle est perpendiculaire à l'autre.

1 À l'aide de la règle et de l'équerre, tracer la droite :
• (d_1) passant par M et parallèle à la droite (d) ;
• (d_2) passant par M et parallèle à la droite (d').

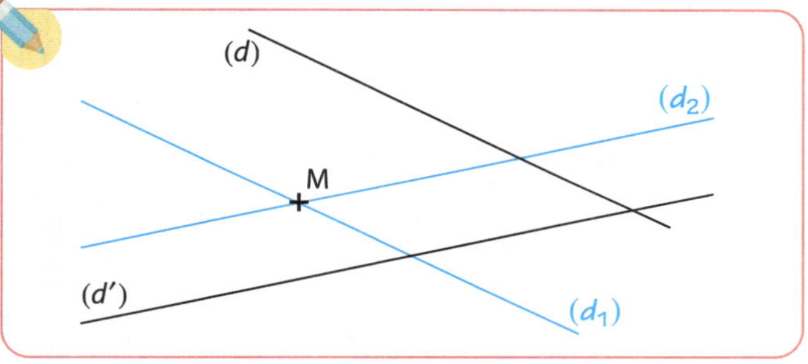

2 Tracer la droite (d_1) perpendiculaire à la droite (d) passant par le point A, puis la droite (d_2) parallèle à la droite (d) passant par le point A.

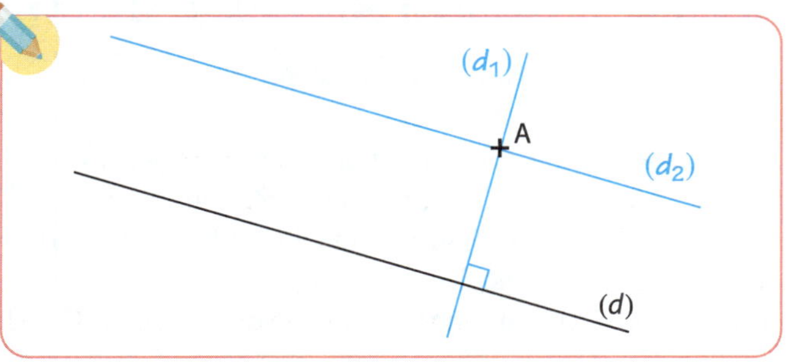

3 Tracer les parallèles aux trois côtés du triangle ABC qui passent par le point M.

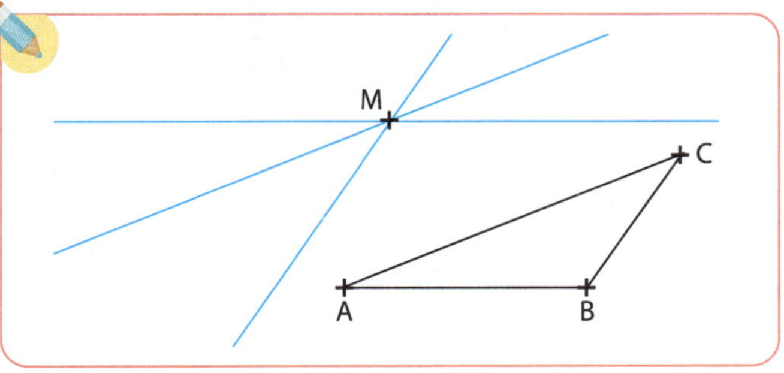

4 Que peut-on dire des droites (d_1) et (d_2) ci-dessous ? Expliquer pourquoi.

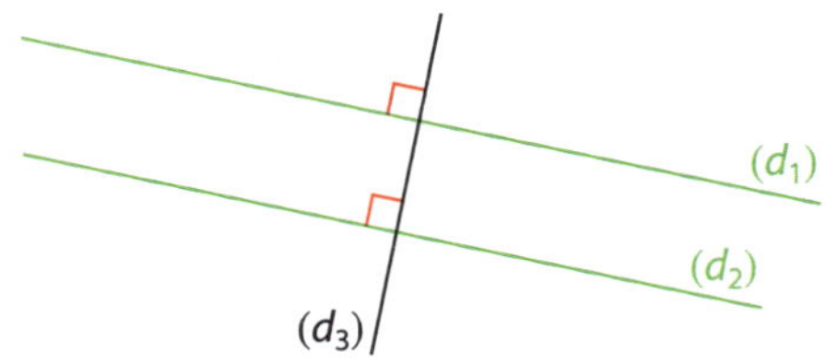

Données
D'après les codages, les droites (d_1) et (d_2) sont perpendiculaires à la droite (d_3).
Or, si deux droites sont perpendiculaires à une même droite, alors elles sont parallèles.
Conclusion
Les droites (d_1) et (d_2) sont parallèles.

5 **Ci-contre, les droites (d) et (d') sont parallèles.**

a. Des droites (d_1) et (d_2) quelle est celle qui semble perpendiculaire à la droite (d') ?

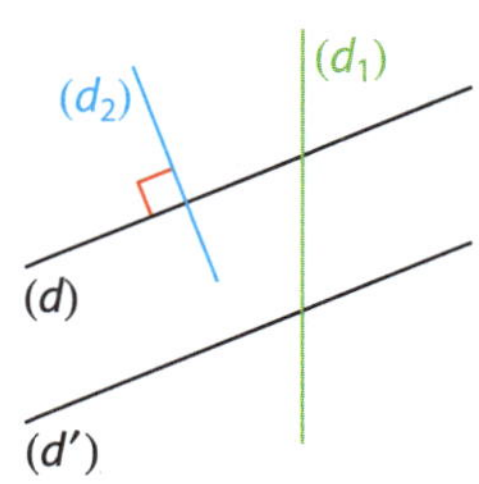

La droite (d_2).

b. Compléter pour expliquer la réponse à la question **a.**
Données
(d) // (d') et (d_2) ⊥ (d).
Or, si deux droites sont parallèles et si une troisième droite est perpendiculaire à l'une, alors elle est aussi perpendiculaire à l'autre.
Conclusion
Donc (d_2) ⊥ (d').

FICHE 85

Perfectionnement

CALCUL MENTAL

•............ •............
•............ •............
•............ •............

BILAN ..../........

1 Compléter le programme de construction ci-dessous pour réaliser cette figure, où les droites (d) et (AC) sont parallèles.

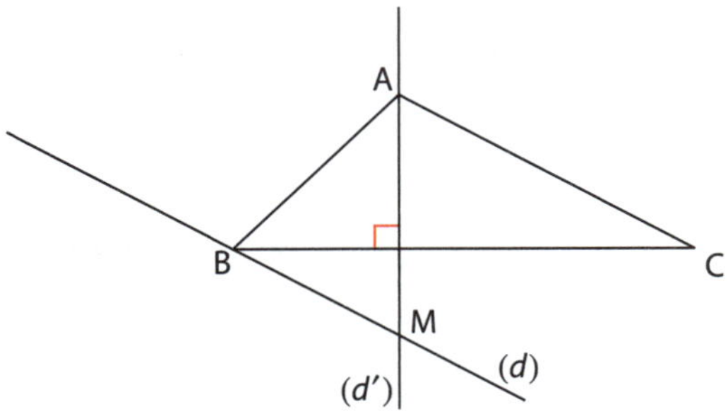

• Tracer un triangle ABC.
• Tracer la droite (d) parallèle à la droite (AC) passant par le point B.
• Tracer la droite (d') perpendiculaire à la droite (BC) passant par le point A.
• Noter M le point d'intersection de la droite (d) et de la droite (d').

2 **Algo** **Voici un script Scratch qui permet d'obtenir le tracé du motif ci-dessous.**

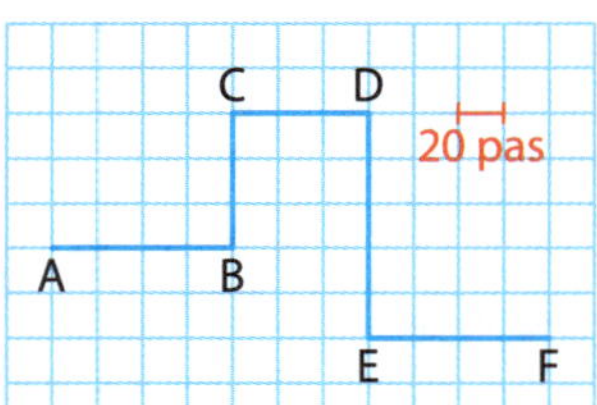


```
quand [drapeau] est cliqué
aller à x: 0 y: 0
effacer tout
stylo en position d'écriture
s'orienter à 90
avancer de 80 pas
tourner ↺ de 90 degrés
avancer de 60 pas
tourner ↻ de 90 degrés
avancer de 60 pas
tourner ↻ de 90 degrés
avancer de 100 pas
tourner ↺ de 90 degrés
avancer de 80 pas
```

a. Compléter les valeurs du script qui ont été effacées.

b. Expliquer chacune des propriétés suivantes :
• (BC) // (DE)
• (EF) ⊥ (BC)
• (AB) // (EF)

• (BC) ⊥ (CD) et (DE) ⊥ (CD).
Deux droites perpendiculaires à une même droite sont parallèles, donc (BC) // (DE).
• (EF) ⊥ (DE) et (BC) // (DE), donc (EF) ⊥ (BC).
• (AB) ⊥ (BC) et (EF) ⊥ (BC), donc (AB) // (EF).

3 **a.** Mesurer avec la règle graduée la distance du point A à la droite (d) et compléter :
La distance du point A à la droite (d) est ....2.... cm.

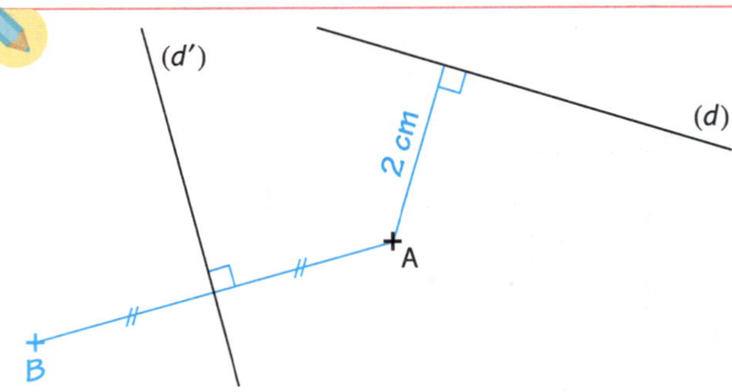

b. Marquer le point B afin que la droite (d') soit la médiatrice du segment [AB].

4 **a.** Tracer la droite (d_1) perpendiculaire en A à la droite (AB) et la droite (d_2) médiatrice du segment [AB].

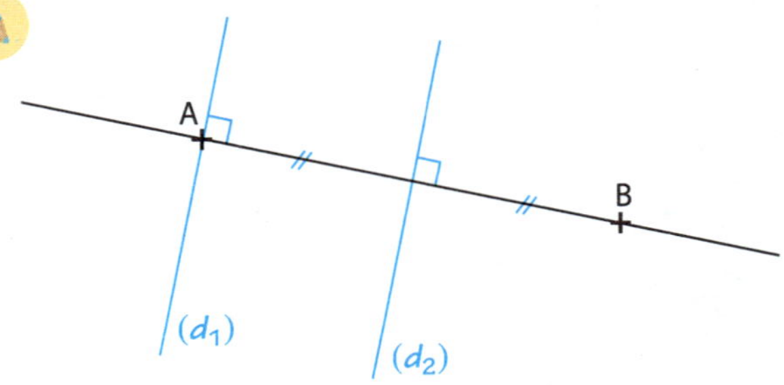

b. Que peut-on dire des droites (d_1) et (d_2) ? Expliquer pourquoi.

Les droites (d_1) et (d_2) sont perpendiculaires à la même droite (AB), donc elles sont parallèles.

5 À l'aide des informations ci-dessous, marquer sur la carte les balises U et T d'une course d'orientation :
• les droites (CT) et (BM) sont parallèles, et les droites (ST) et (BC) sont perpendiculaires ;
• les points M, T, U sont alignés, de même que les points C, S, U.

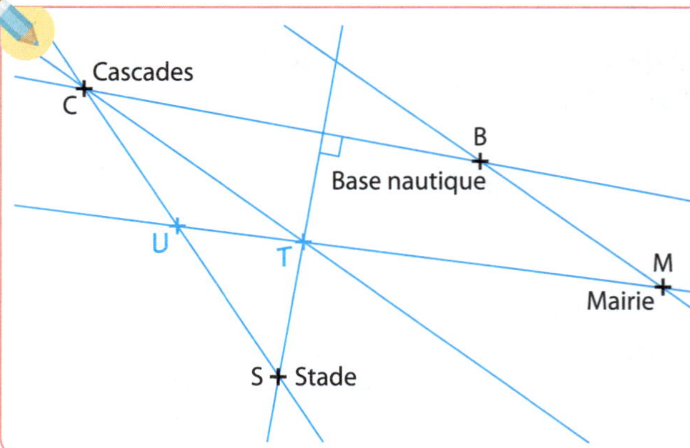

QCM & jeux

QCM

Voici un questionnaire à choix multiples.
Pour chaque question, entourer la (ou les) réponse(s) exacte(s).

Bilan ..... / 6

A	La droite qui passe par les points A et B est notée ...	(AB)	[AB)	[AB]
B	La longueur du segment [MN] est notée ...	[MN)	MN	NM
C	Sur cette figure … 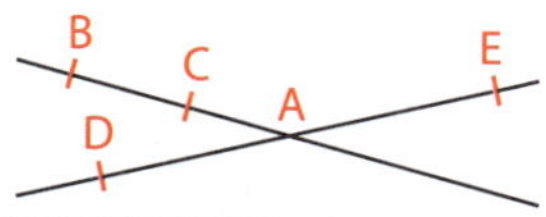	A ∈ (BC)	A ∈ [DE]	B ∉ [CA)
D	Sur cette figure, les droites… 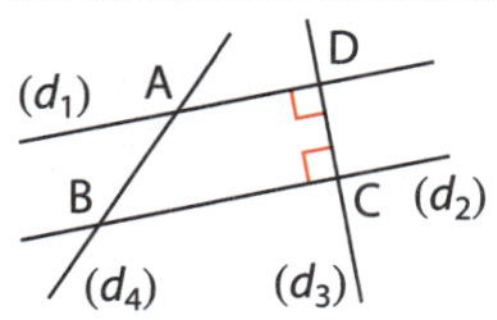	(d_1) et (d_4) sont sécantes en A	(d_2) et (d_3) sont perpendiculaires en C	(d_1) et (d_2) sont parallèles
E	Une droite (d) est la médiatrice d'un segment [AB] de milieu M. Un point E appartient à la droite (d). Alors …	$(d) \perp (AB)$	$M \in (d)$	$(EA) \perp (AB)$
F	Sur cette figure … 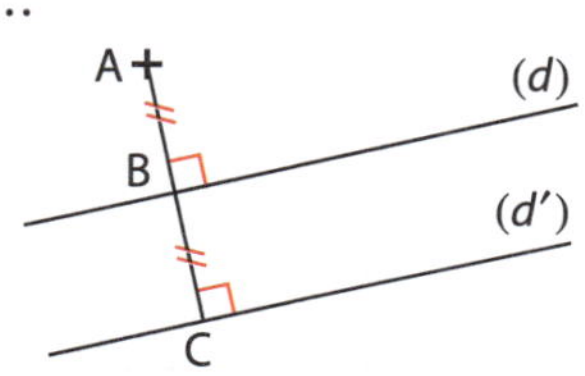	la droite (d) est la médiatrice du segment [AB]	la droite (d) est la médiatrice du segment [AC]	$(d) // (d')$

jeu 1

Comment peut-on relier ces neuf points ci-contre en traçant quatre segments sans lever le stylo de la feuille ?

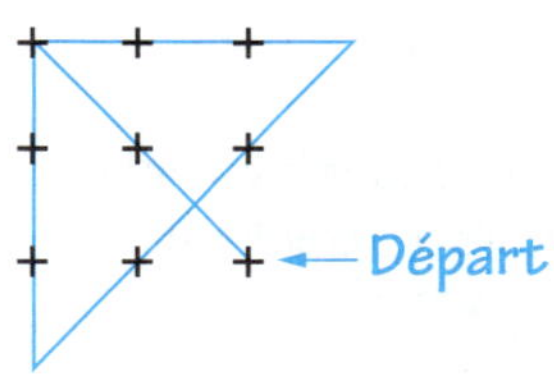

jeu 2

- Tracer ci-contre :
  – les trois droites parallèles à la droite (d) qui passent respectivement par les points A, B et C ;
  – la droite perpendiculaire à la droite (d') qui passe par le point D, puis la droite parallèle à la droite (d') qui passe par le point D.
- Déterminer les six nombres obtenus à l'aide des points d'intersection de ces droites et des axes tracés en noir.
- Utiliser le codage : 1 → A, B → 2, C → 3, D → 4, … pour découvrir les six lettres du mot caché.
- Remettre ces lettres dans le bon ordre et écrire le mot caché.

Le mot caché : DROITE

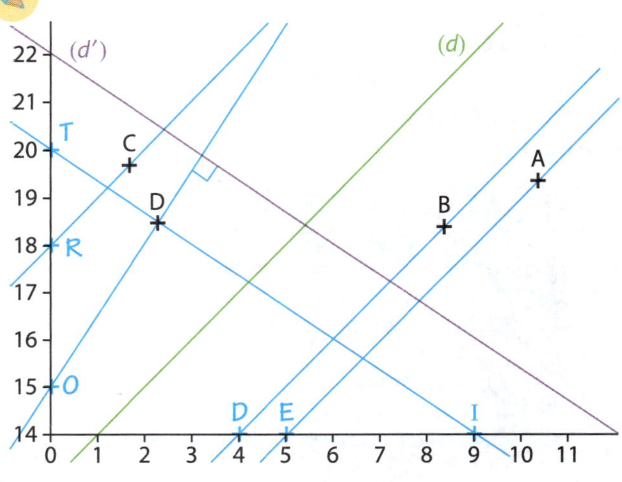

CALCUL MENTAL

•............ •............
•............ •............
•............ •............

BILAN ..../........

FICHE 87

Cercle et disque

→ Le **cercle** de **centre** O et de **rayon** 1 cm est l'ensemble de tous les points situés à 1 cm du point O.

Un diamètre a pour milieu le centre du cercle.

→ Le **disque** de **centre** O et de **rayon** 1 cm est l'ensemble des points situés à une distance inférieure ou égale à 1 cm du point O.

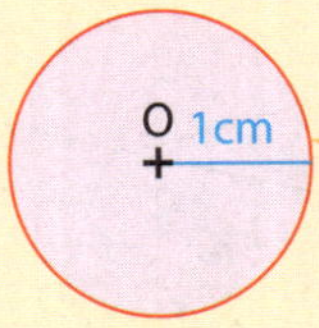

Le cercle fait partie du disque.

1 **a.** Tracer le cercle de centre A et de rayon 2 cm.
b. Marquer un point B qui appartient à ce cercle.
c. Compléter : AB = 2 cm.

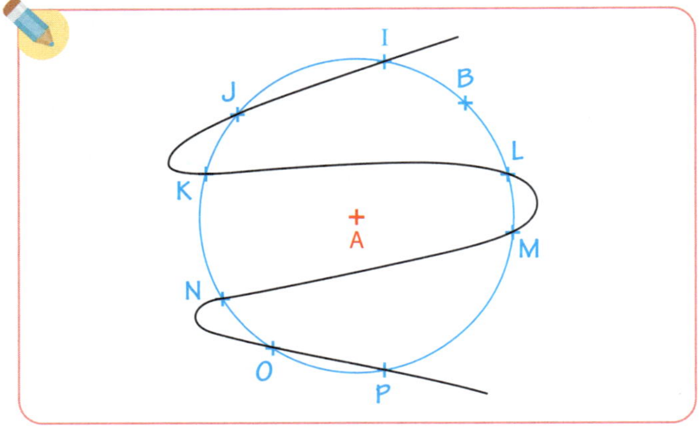

d. Marquer et nommer tous les points du chemin tracé en noir qui sont situés à 2 cm du point A.

2 **Ce disque 𝒟 a pour centre O et pour rayon 1,5 cm.**

a. Sans effectuer de mesures, compléter par les points qui conviennent.
• O A = 1,5 cm • O C = 1,5 cm

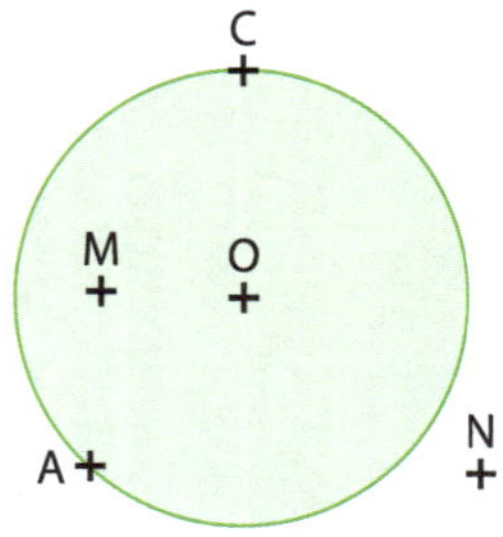

b. Voici un extrait de script Scratch. Compléter les messages énoncés par le lutin.

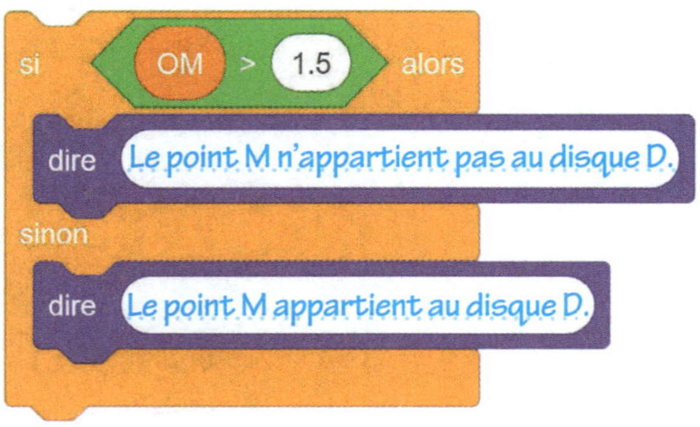

3 **Le segment [MN] ci-dessous a pour longueur 4,2 cm.**
Tracer le cercle de diamètre [MN].

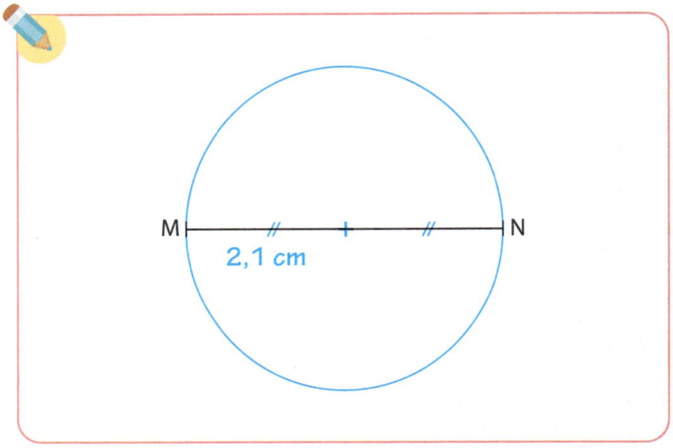

4 Tracer :
a. en rouge le cercle de centre A et de rayon AB ;
b. en vert le cercle de centre B et de rayon AC ;
c. en bleu le cercle de diamètre [AB].

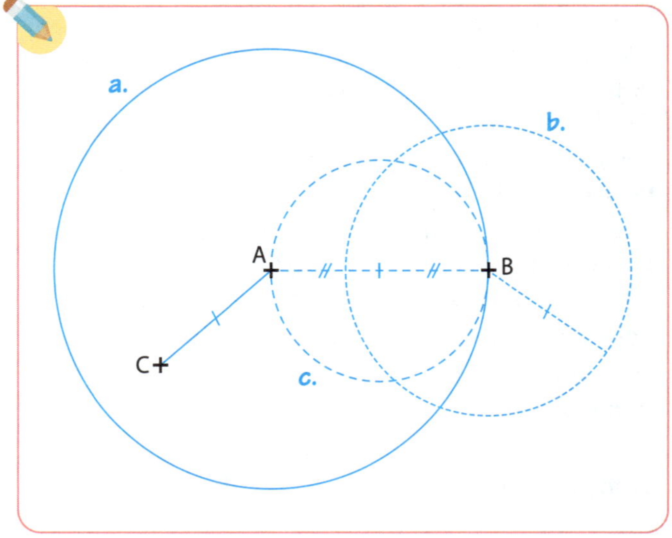

FICHE **88**

Triangle

CALCUL MENTAL
● ………… ● …………
● ………… ● …………
● ………… ● …………
BILAN ……/……

→ Un **triangle** est un polygone à trois côtés.
Un triangle ABC tel que AB = 3 cm, AC = 2 cm, BC = 1,5 cm se construit à la règle graduée et au compas, en suivant les étapes ❶ à ❹.

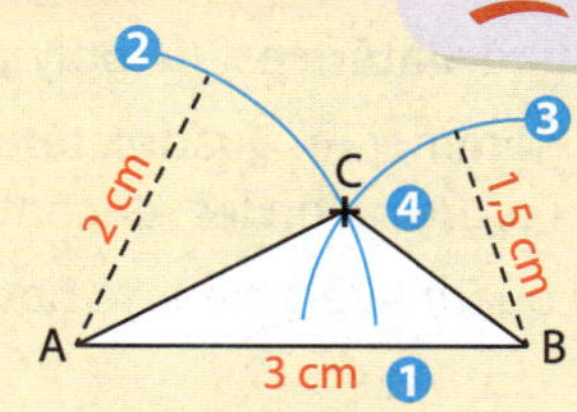

→ La **hauteur** issue du sommet C (ou relative au côté [AB]) de ce triangle désigne la longueur CH ou le segment [CH].

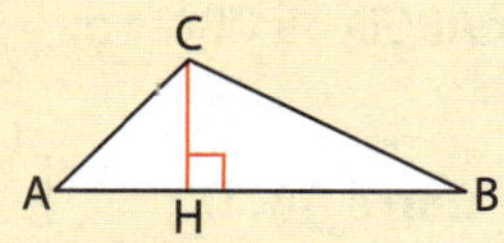

→ Triangle ABC **isocèle** en A

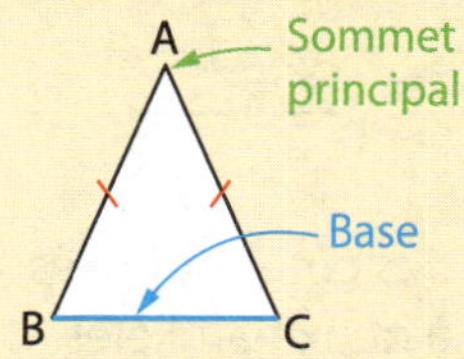

→ Triangle ABC **équilatéral**

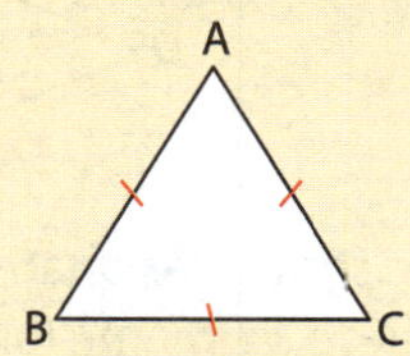

→ Triangle ABC **rectangle** en A

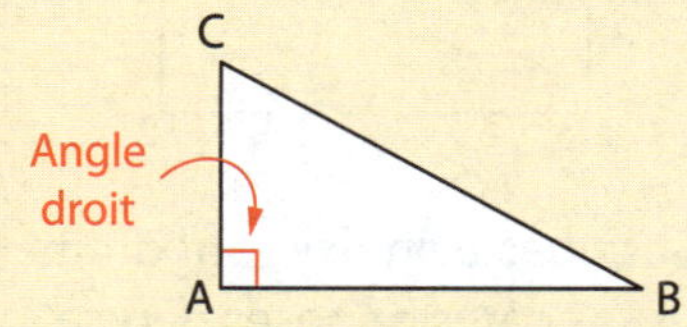

1 À l'aide du compas et de la règle, compléter la figure afin d'obtenir un triangle LAC tel que :
LA = 4,2 cm, LC = 2,5 cm et AC = 6 cm.

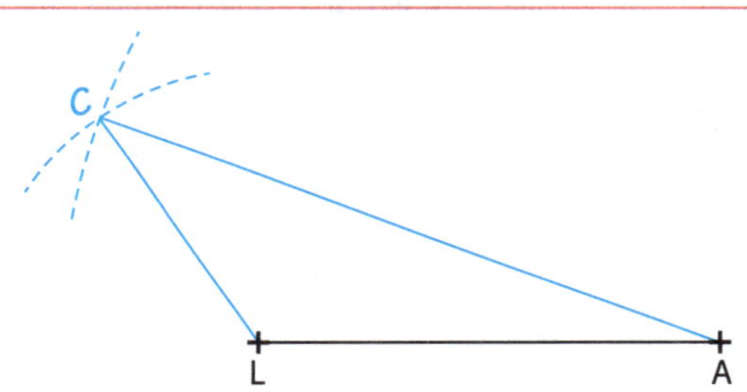

2 Pour chaque triangle ci-dessous, écrire s'il s'agit d'un triangle isocèle, équilatéral ou rectangle. Expliquer

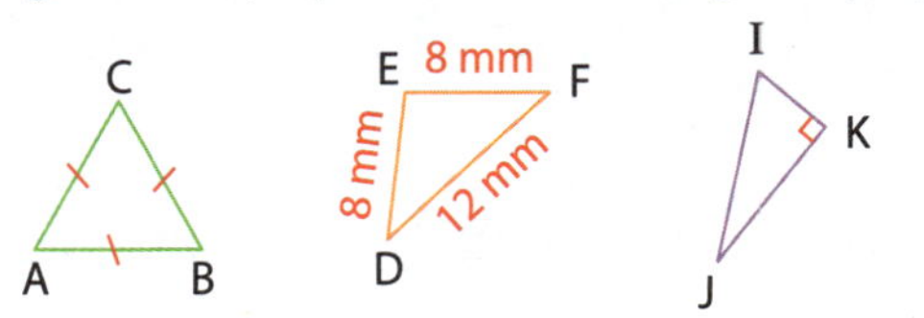

ABC est un triangle équilatéral car AB = AC = BC.
DEF est un triangle isocèle en E car ED = EF.
IJK est un triangle rectangle en K car $\widehat{IKJ} = 90°$.

3 **a.** Tracer la hauteur issue de O de ce triangle MOI.
b. Prolonger le côté [MO] puis tracer la hauteur relative au côté [MO].

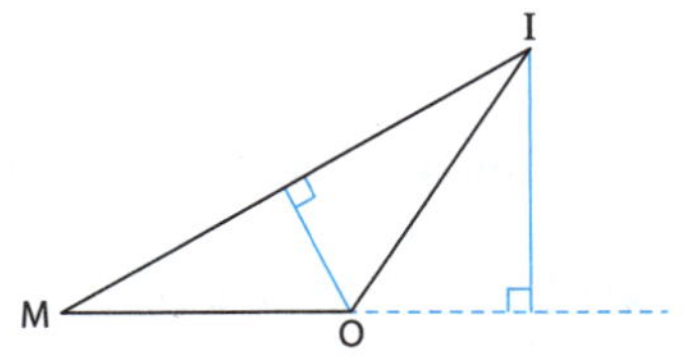

4 Construire en vraie grandeur les triangles ROI et TOI tracés à main levée ci-contre.

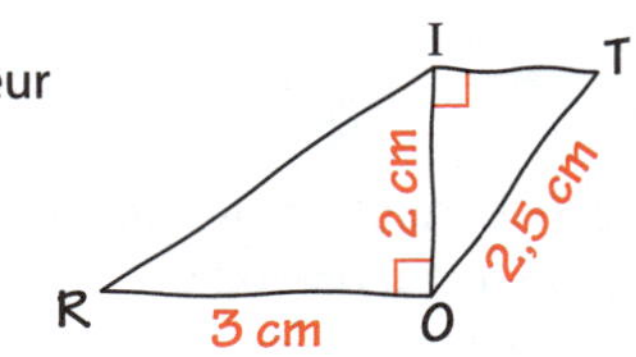

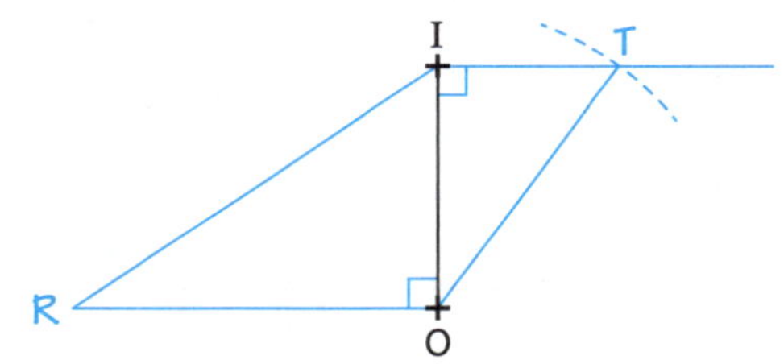

5 Construire tous les points G possibles tels que EFG est un triangle isocèle en E, et G est un point de la droite (*d*).

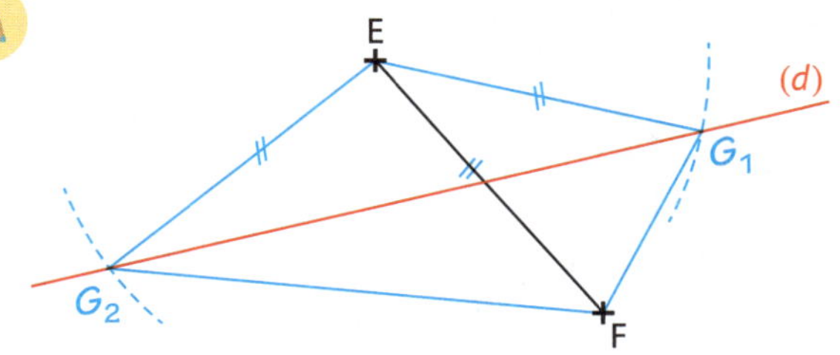

6 Construire un triangle équilatéral ABC de côté 3,5 cm.

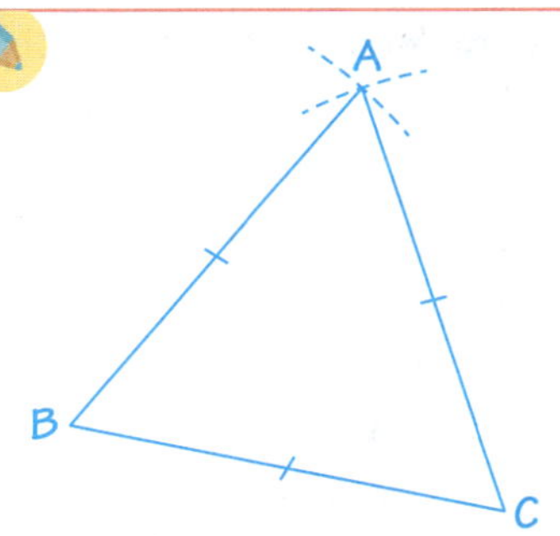

FICHE 89

Quadrilatère

CALCUL MENTAL

• ………… • …………
• ………… • …………
• ………… • …………

BILAN ……/……

→ Un **quadrilatère** est un polygone à quatre côtés.
Pour nommer un quadrilatère, on note les sommets dans l'ordre où on les rencontre en tournant dans le même sens.
Ici, le quadrilatère peut se noter ABCD ou CBAD ou … (mais pas ACDB).

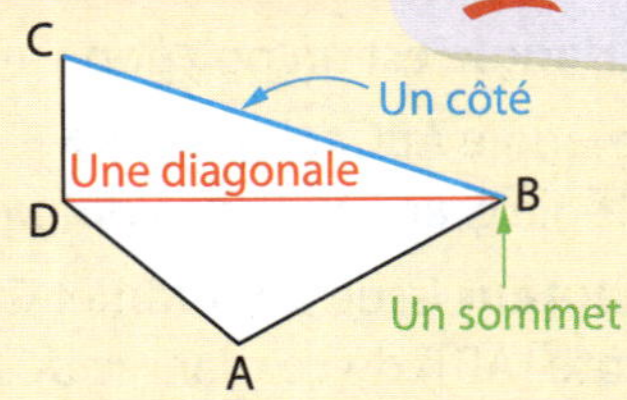

→ **Rectangle** ABCD

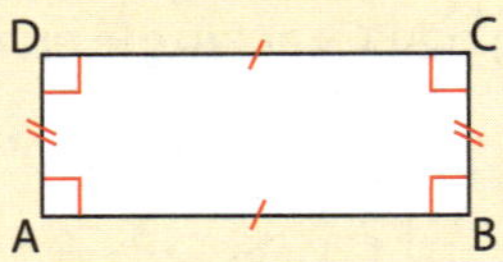

Ses quatre angles sont droits et ses côtés opposés deux à deux de même longueur.
AB = DC et AD = BC

→ **Carré** ABCD

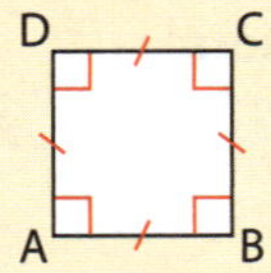

Ses quatre angles sont droits et ses côtés de même longueur.
AB = BC = CD = DA

→ **Losange** ABCD

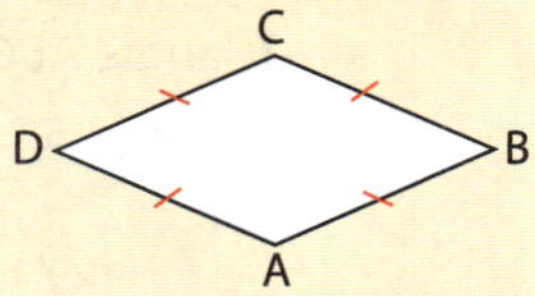

Ses quatre côtés sont de même longueur.
AB = BC = CD = DA

→ **Parallélogramme** ABCD

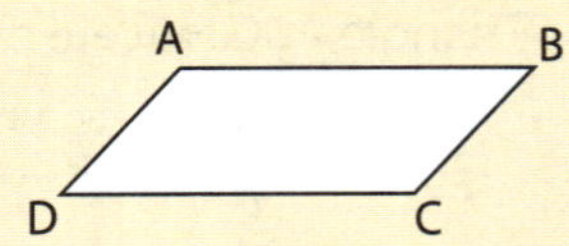

Ses côtés opposés sont deux à deux parallèles.
(AB) // (DC) et (AD) // (BC)

1 Compléter la figure afin d'obtenir un carré ABCD et un rectangle AEFD.

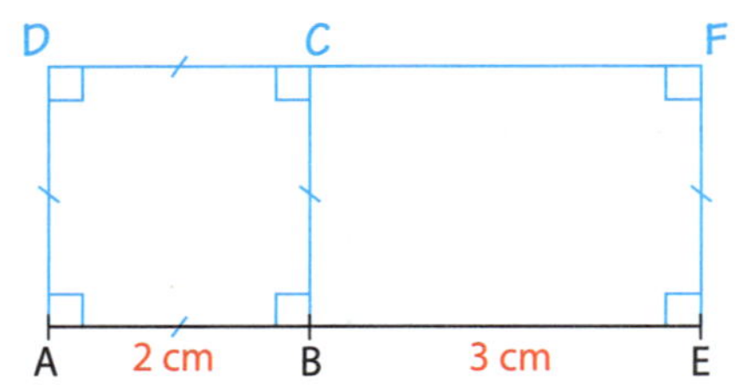

2 Compléter la figure afin d'obtenir un losange IJKL.

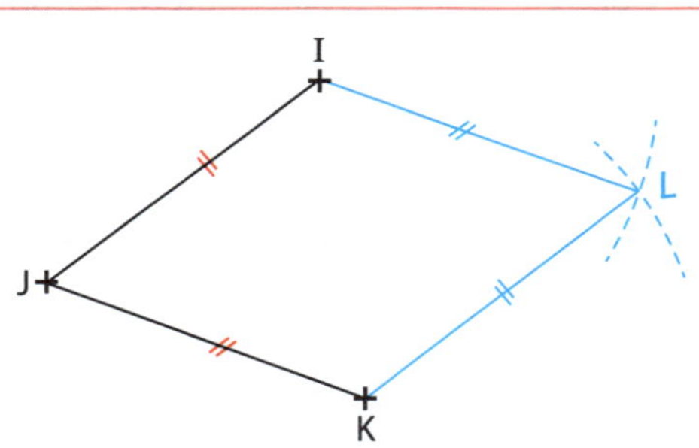

3 Compléter la figure afin d'obtenir un parallélogramme MATH.

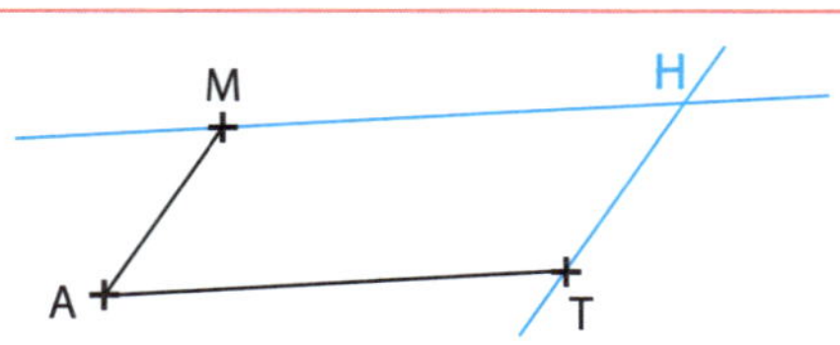

(MH) // (AT) et (TH) // (AM)

4 Voici une figure tracée à main levée.
Rédiger des consignes afin de construire cette figure.

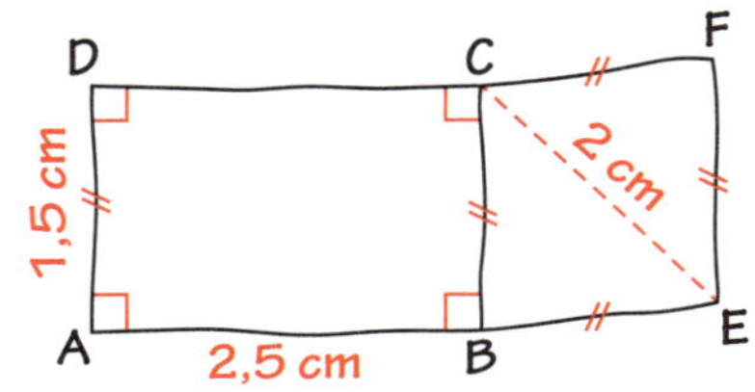

• Construire un rectangle ABCD tel que : AB = 2,5 cm et AD = 1,5 cm.
• Construire, à l'extérieur du rectangle, le point E tel que BE = 1,5 cm et CE = 2 cm.
• Construire le point F tel que BCFE est un losange.

5 Voici un segment [TR] de longueur 4,8 cm.

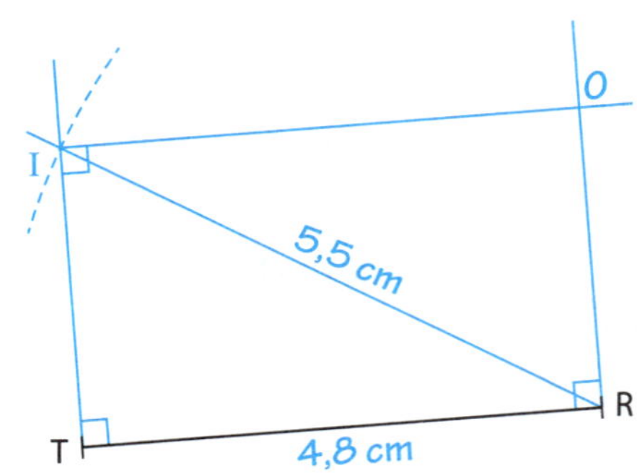

a. Marquer un point I tel que le triangle TRI soit rectangle en T et RI = 5,5 cm.
b. Marquer le point O tel que le quadrilatère TIOR soit un rectangle.

Perfectionnement

CALCUL MENTAL

• .... • ....

• .... • ....

• .... • ....

BILAN ..../........

1 Sur la figure représentée ci-dessous :

- le cercle bleu de centre A a pour rayon 9 cm ;
- le cercle vert de centre B a pour diamètre [DC] et DC = 20 cm ;
- le segment [AB] a pour longueur 12 cm ;
- les points E et R appartiennent au cercle bleu ;
- les points E, A, D, R, B et C sont alignés.

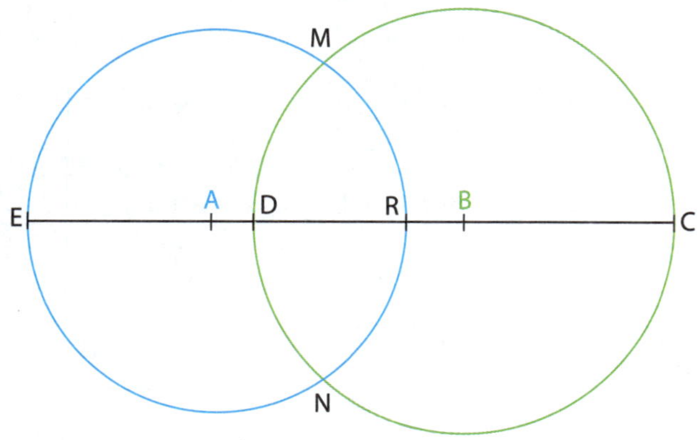

Donner chacune des longueurs :

a. AM **b.** BM **c.** BD **d.** AR **e.** ER
f. BE **g.** BR **h.** AD **i.** DR

20 cm : 2 = 10 cm donc le rayon du cercle vert est 10 cm.
a. AM = 9 cm b. BM = 10 cm c. BD = 10 cm
d. AR = 9 cm e. ER = 2 × 9 cm = 18 cm
f. BE = BA + AE = 12 cm + 9 cm = 21 cm
g. BR = AB − AR = 12 cm − 9 cm = 3 cm
h. AD = AB − BD = 12 cm − 10 cm = 2 cm
i. • 1re méthode :
DR = AR − AD = 9 cm − 2 cm = 7 cm
• 2e méthode :
DR = BD − BR = 10 cm − 3 cm = 7 cm

2 Rédiger un programme de construction en vraie grandeur de la figure représentée ci-contre.

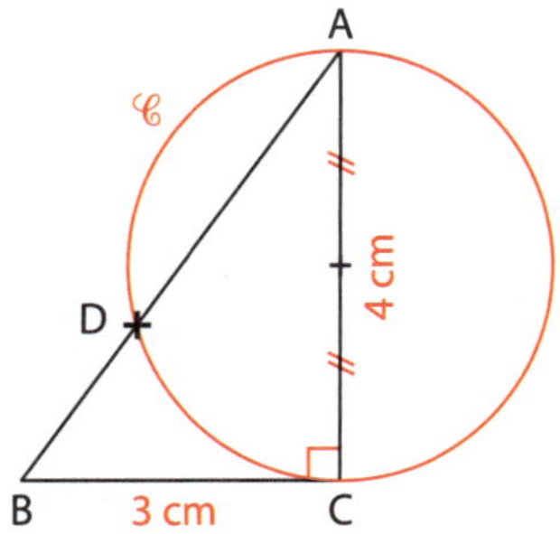

• Construire un triangle ABC rectangle en C tel que CA = 4 cm et CB = 3 cm.
• Construire le cercle 𝒞 de diamètre [AC].
• Noter D le point d'intersection, autre que A, du cercle 𝒞 et du segment [AB].

3 Une boucle d'oreille a la forme d'un losange ABCD tel que :
AB = 3 cm et BD = 2 cm.

Terminer la construction en vraie grandeur d'un tel losange.

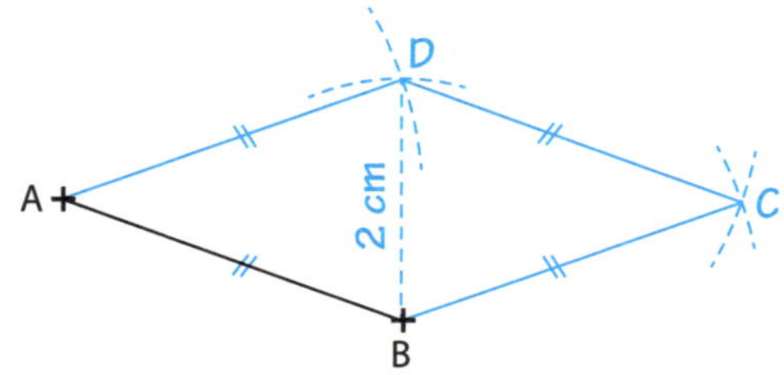

4 Voici un plan du célèbre triangle des Bermudes.

Reproduire ce triangle avec les instruments de géométrie.

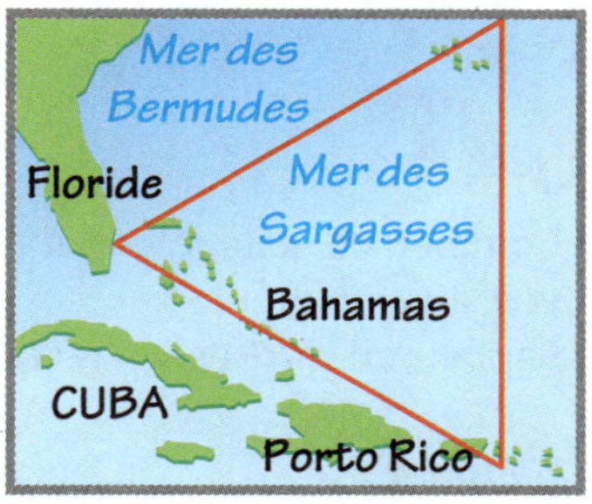

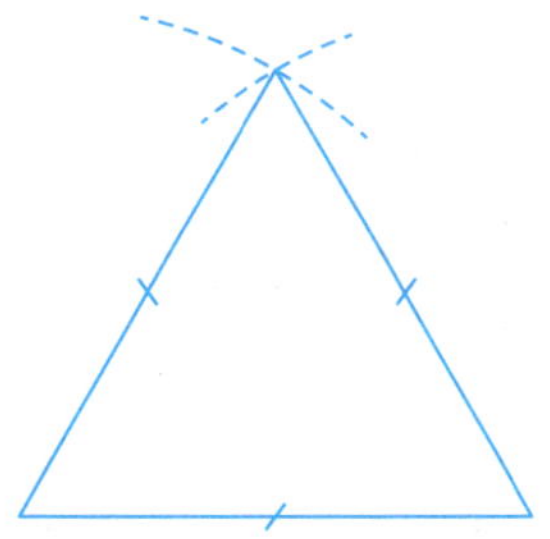

On mesure avec le compas la longueur d'un côté du triangle sur la carte puis on reporte cette longueur.

5 Placer les noms des sept sommets de cette figure à l'aide des informations suivantes :

- ANGE est un carré ;
- NEOL est un parallélogramme ;
- DEG est un triangle rectangle en E ;
- E ∈ [AD].

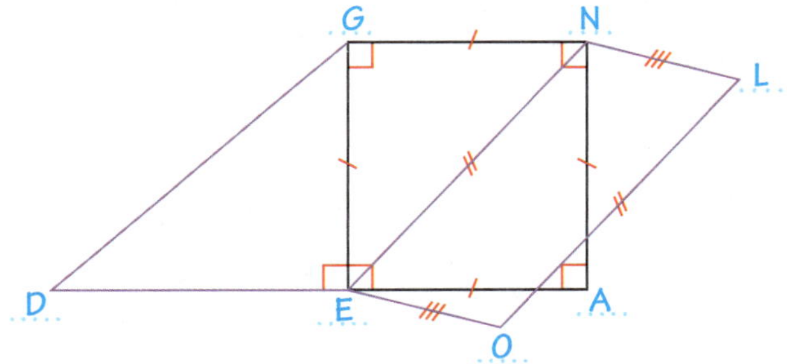

FICHE 91

QCM & jeux

QCM

Voici un questionnaire à choix multiples.
Pour chaque question, entourer la (ou les) réponse(s) exacte(s).

Bilan ..... / 7

A	M et N sont deux points d'un cercle de centre O et de diamètre 7 cm. Alors …	OM = 7 cm	OM = 3,5 cm	ON = OM
B	Un point qui appartient au disque de centre A et de rayon 4 cm est un point …	B tel que AB = 3 cm	C tel que AC = 4 cm	D tel que AD = 5 cm
C	Un triangle rectangle a …	deux côtés perpendiculaires	trois côtés de même longueur	un angle droit
D	ABC est un triangle équilatéral. Alors ce triangle …	est isocèle en A	est isocèle en B	n'est pas isocèle
E	ABCD est un rectangle. Alors …	on peut aussi le nommer ADBC	on peut aussi le nommer DCBA	le triangle ABC est rectangle en B
F	EFGH est un carré. Alors …	le triangle EFG est isocèle en F	EF = EG	FG = GH
G	EFGH est un losange non carré. Alors …	le triangle EFH est isocèle en E	EF = HG	EG = FH

jeu 1

Combien de rectangles peut-on voir sur cette figure ?
Rappel : un carré est un rectangle.

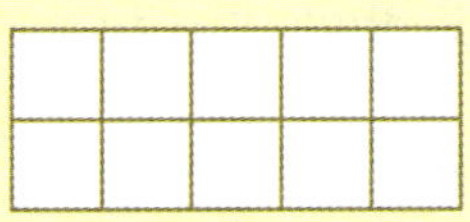

Réponse : On peut voir 45 rectangles.

Dimensions	1 et 1	1 et 2	1 et 3	1 et 4	1 et 5
Nombre de rectangles	10	13	6	4	2

Dimensions	2 et 2	2 et 3	2 et 4	2 et 5	Total
Nombre de rectangles	4	3	2	1	45

jeu 2

Comment peut-on déplacer trois allumettes seulement pour que ces allumettes ne forment plus que deux triangles ?

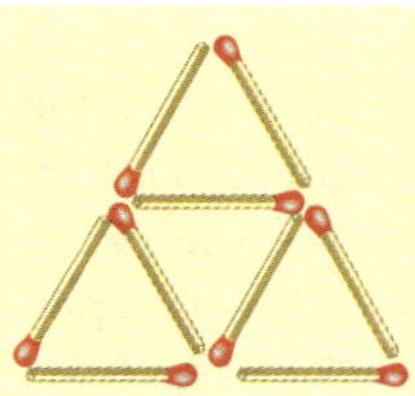

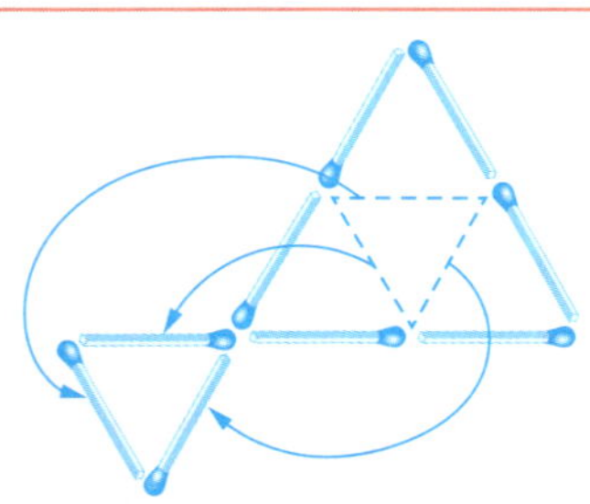

jeu 3

En utilisant certains points de la figure, retrouver :

① un carré : EFMJ

② un triangle équilatéral : FIE

③ un losange : EJGB

④ un rectangle : JGCH

Construire ces quatre figures et les coder.

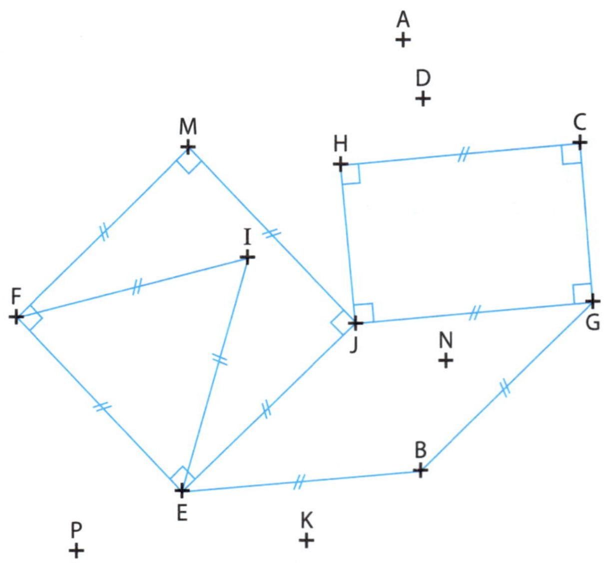

FICHE **92**

Atelier problèmes

Apprendre à chercher

1 Se repérer et décrire un déplacement

La souris est placée à l'entrée du labyrinthe comme ci-contre.
Voici quatre instructions Scratch.

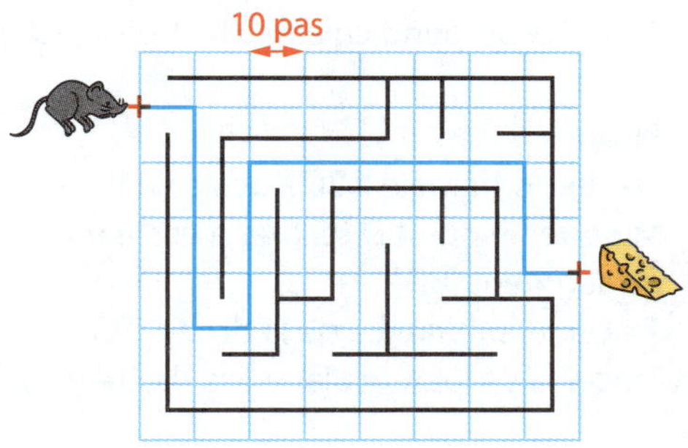

1. avancer de 10 pas
2. avancer de 20 pas
3. tourner ↺ de 90 degrés
4. tourner ↻ de 90 degrés

Chaque instruction peut être utilisée plusieurs fois.

Écrire une liste, avec le moins d'instructions possibles, afin que la souris atteigne le fromage pour le manger.

① ④ ② ② ③ ① ③ ② ① ④ ① ② ② ④ ② ③ ①

2 Observer et représenter

Voici deux représentations d'un même cube.

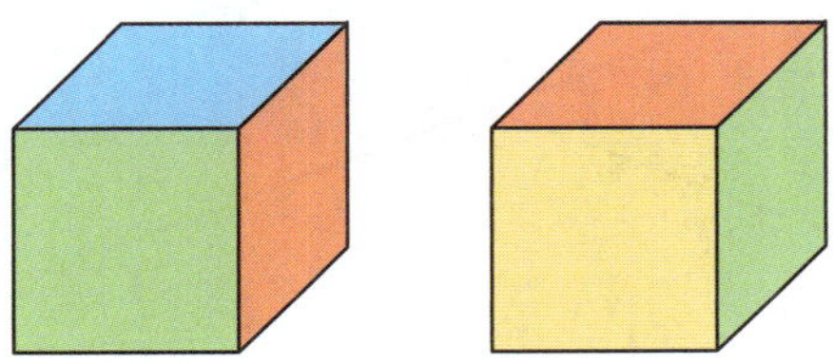

Les faces sont coloriées avec cinq couleurs :
orange, vert, bleu, jaune et violet.
Il y a deux faces orange qui sont des faces parallèles.
On a commencé à tracer ci-contre un patron de ce cube.

Compléter ce patron et colorier les faces afin que les couleurs correspondent à celle du cube.

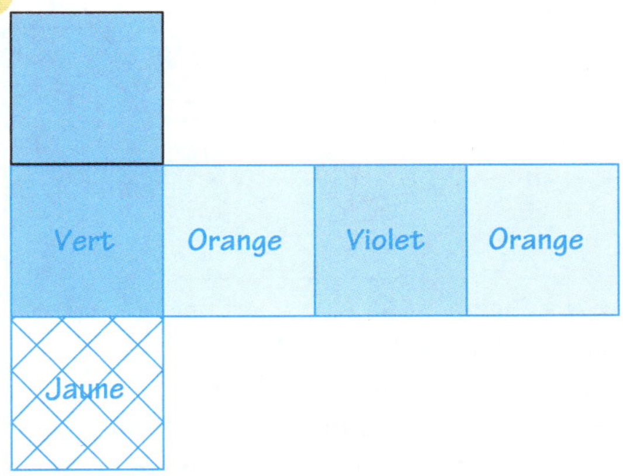

3 Résoudre avec les instruments de géométrie

Voici le plan d'un jardin qui a la forme d'un carré de côté 12 m.
Un robinet muni d'un tuyau d'arrosage de 6 m est installé en A.
Un robinet muni d'un tuyau d'arrosage de 10 m est installé en B.
Lina veut planter un abricotier qui puisse être arrosé avec les deux tuyaux et qui soit situé à 4 m du mur.

Indiquer, sur ce plan, tous les points où Lina peut planter cet arbre.
Prendre 1 cm pour 2 m.

Lina peut planter l'abricotier le long du segment [MN].

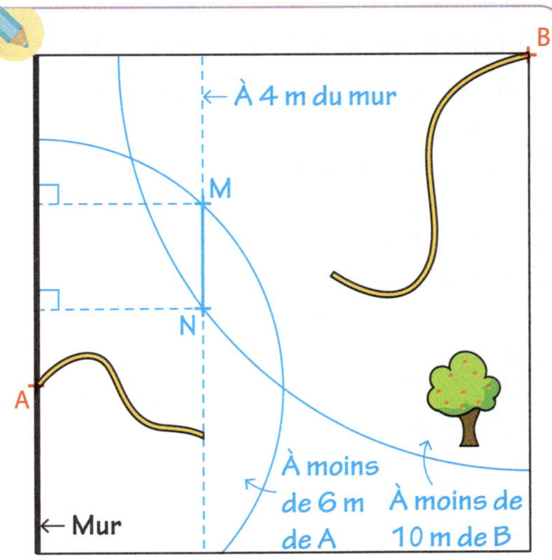

4 Présenter une situation par une représentation adaptée

Énoncé 1
Tracer un triangle ABC isocèle en A.
Marquer le point D tel que A est le milieu du segment [BD].
Tracer la médiatrice du segment [BD].
Tracer la perpendiculaire à la droite (BD) passant par D.

Énoncé 2
Tracer un triangle ABC isocèle en B.
Marquer le point D tel que A est le milieu du segment [BD].
Tracer la perpendiculaire à la droite (BC) passant par C.
Tracer la perpendiculaire à la droite (BD) passant par D.

Énoncé 3
Tracer un triangle ABC isocèle en B.
Marquer le point D tel que A est le milieu du segment [BD].
Tracer la médiatrice de la droite [BD].
Tracer la perpendiculaire à la droite (BC) passant par C.

Énoncé 4
Tracer un triangle ABC isocèle en A.
Marquer le point D tel que A est le milieu du segment [BD].
Tracer la perpendiculaire à la droite (AC) passant par A.
Tracer la perpendiculaire à la droite (BD) passant par D.

a. Associer chaque énoncé à la figure ci-dessous qui lui correspond.

b. Rédiger ensuite un énoncé pour la figure qui ne correspond à aucun énoncé.

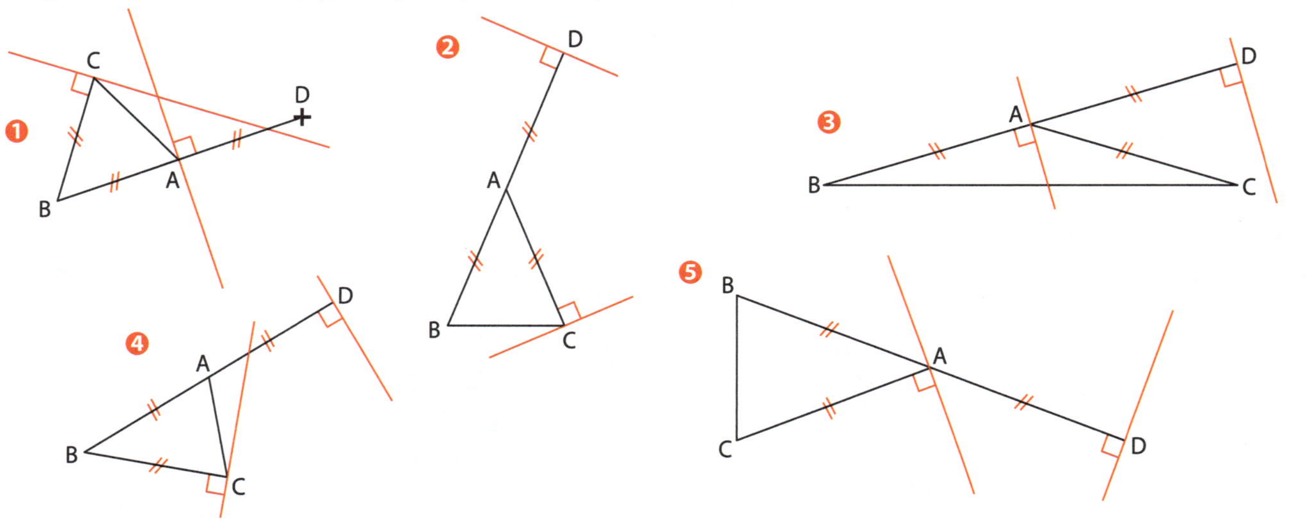

a. • Énoncé 1 : ❸ • Énoncé 2 : ❹ • Énoncé 3 : ❶ • Énoncé 4 : ❺

b. Énoncé correspondant à la figure ❷ :
Tracer un triangle ABC isocèle en A.
Marquer le point D tel que A est le milieu du segment [BD].
Tracer la perpendiculaire à la droite (AC) passant par C.
Tracer la perpendiculaire à la droite (BD) passant par D.

5 Raisonner pour construire une figure

Le quadrilatère JEUX est un rectangle. La droite (*d*) passe par le point E et est parallèle à la droite (JU).

Terminer la construction de ce rectangle.

On trace la parallèle à la droite (*d*) passant par le point J et la perpendiculaire en E à la droite (EJ).
Ces deux droites se coupent en U.
On trace les perpendiculaires en U à la droite (EU) et en J à la droite (EJ).
Ces deux droites se coupent en X.

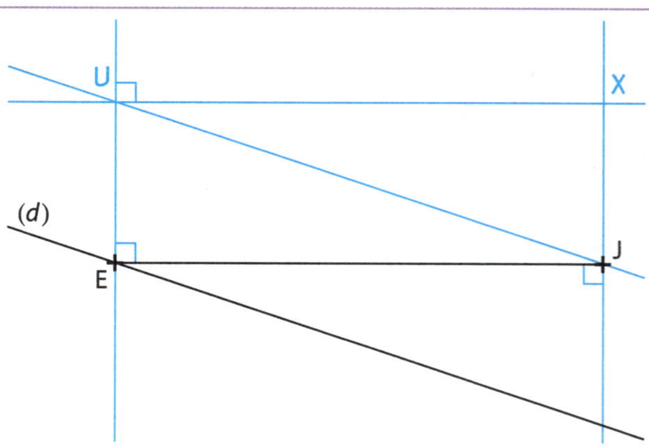

CALCUL MENTAL
• .... • ....
• .... • ....
• .... • ....
BILAN ..../........

FICHE 93 Figures symétriques

→ Deux figures sont **symétriques** par rapport à une droite (*d*) lorsqu'elles se superposent par pliage autour de la droite (*d*).

Les figures $\mathscr{F}$ et $\mathscr{F}'$ ci-contre sont symétriques par rapport à la droite (*d*).

1 Barrer les schémas où ne sont pas représentées une figure et sa symétrique par rapport à la droite (*d*).

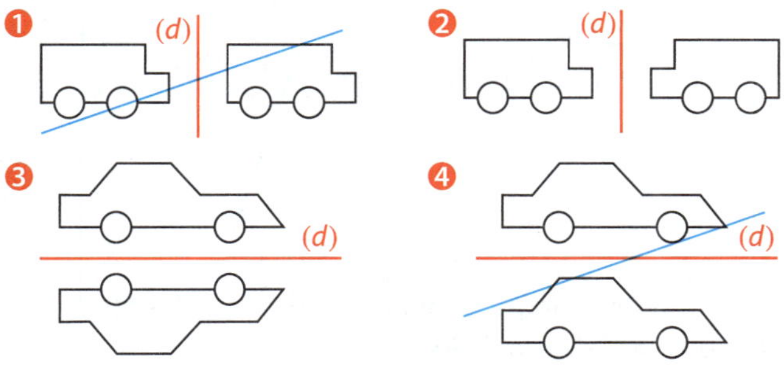

2 Dans chaque cas, dessiner à main levée le symétrique de la lettre Z par rapport à la droite (*d*).

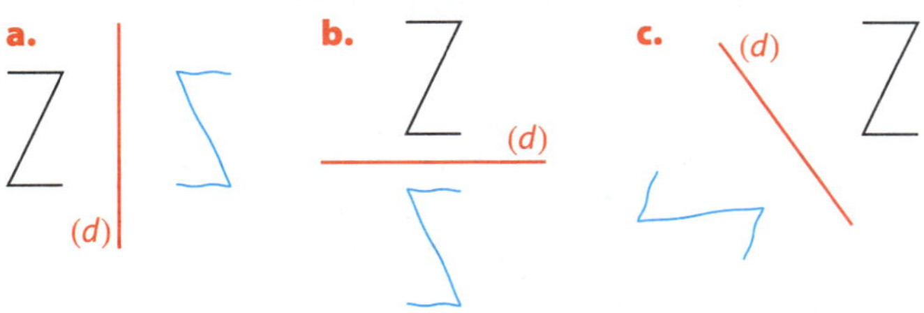

3 Dans chaque cas, observer la figure et dire si les motifs sont symétriques par rapport à une droite.

a. Les motifs 1 et 2 : oui ......
b. Les motifs 1 et 3 : non ......
c. Les motifs 1 et 4 : oui ......
d. Les motifs 1 et 5 : non ......
e. Les motifs 1 et 6 : oui ......
f. Les motifs 3 et 4 : oui ......

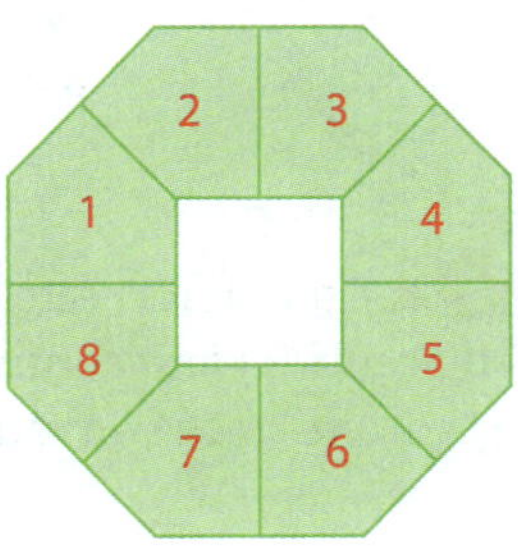

4 Tracer la symétrique de la figure par rapport à la droite (*d*).

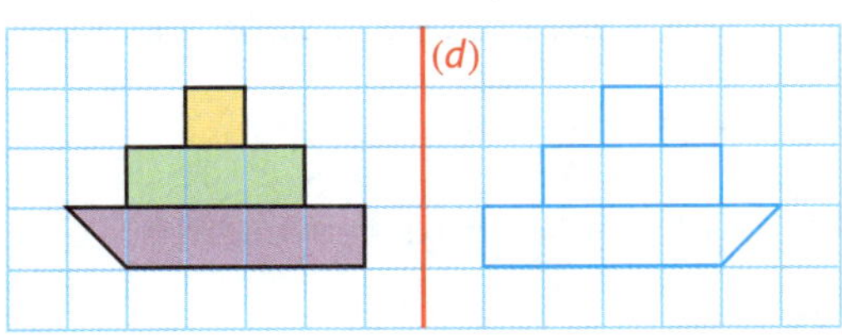

5 Tracer la symétrique de chaque figure par rapport à la droite (*d*).

a.

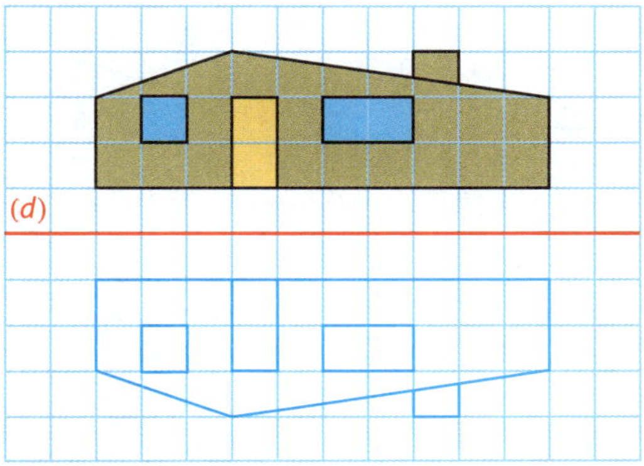

b.

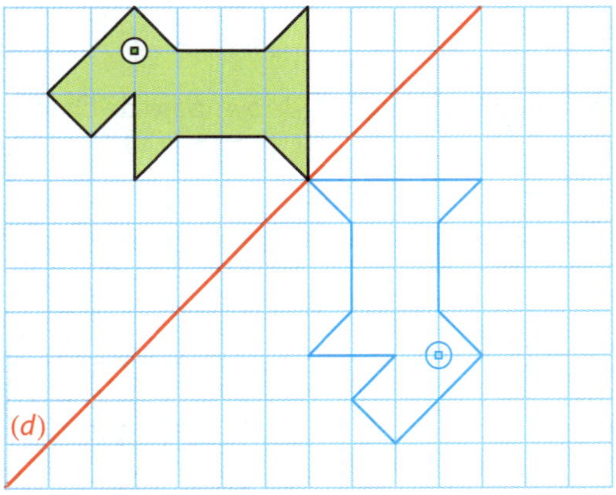

6 Tracer la symétrique de cette figure par rapport à la droite (*d*).

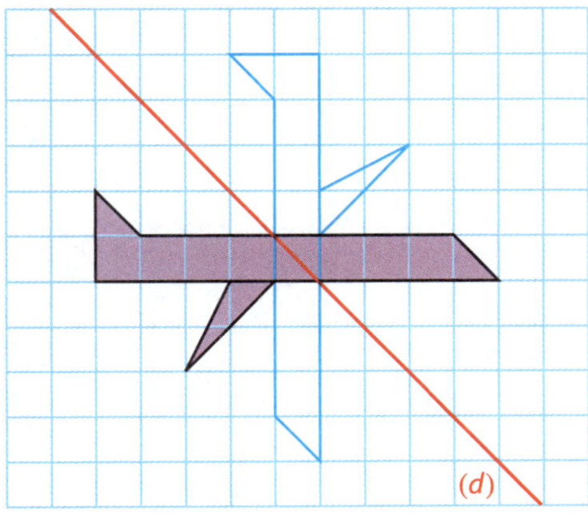

CALCUL MENTAL

• .... • ....
• .... • ....
• .... • ....

BILAN ..../........

FICHE 94 Axe de symétrie d'une figure

→ Cette figure coïncide avec sa symétrique par rapport à la droite rouge.
La droite (*d*) est un **axe de symétrie** de cette figure.

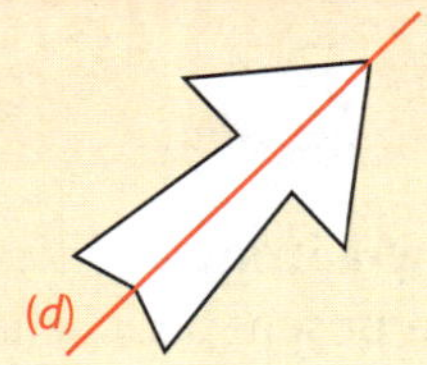

1 Tracer tous les axes de symétrie de chacune des figures.

a.

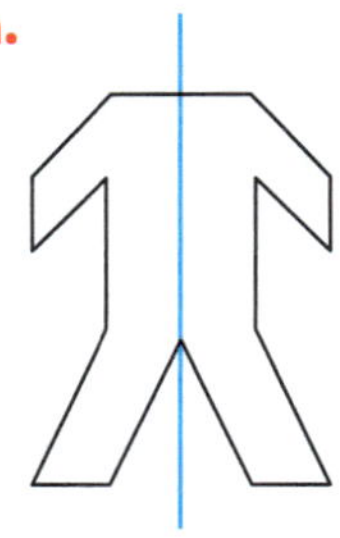

b.

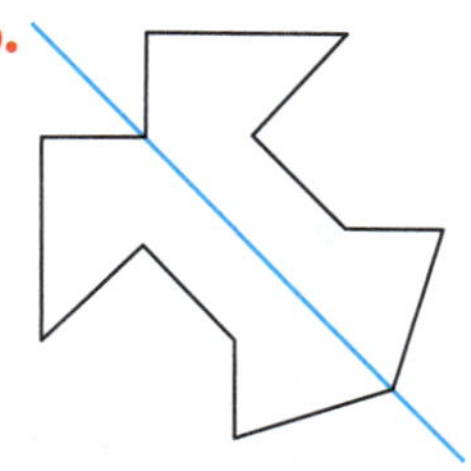

c.

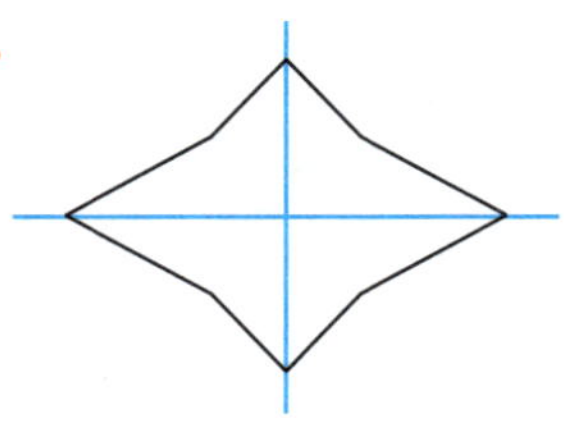

d.

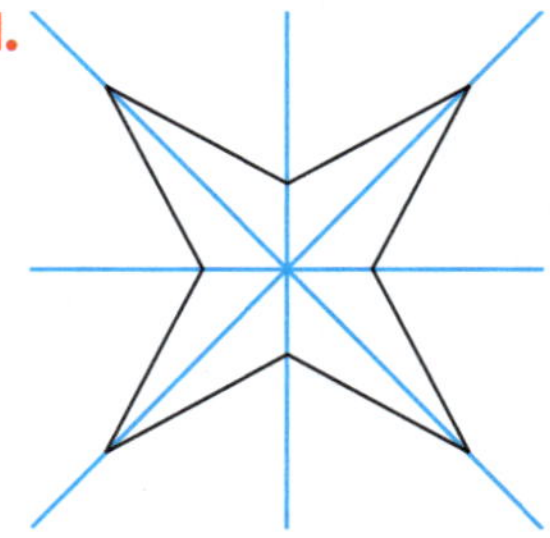

2 Tracer en rouge tous les axes de symétrie de chacune des figures.

a.

b.

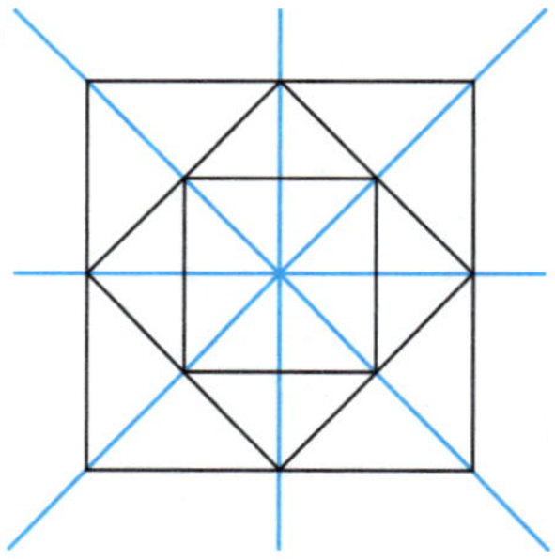

3 Compléter à main levée chaque figure pour que la droite (*d*) soit un axe de symétrie.

a.

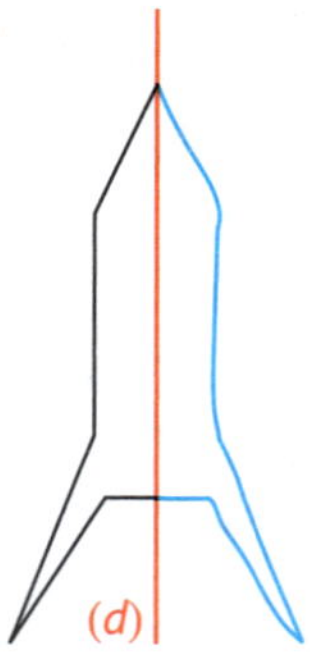

b.

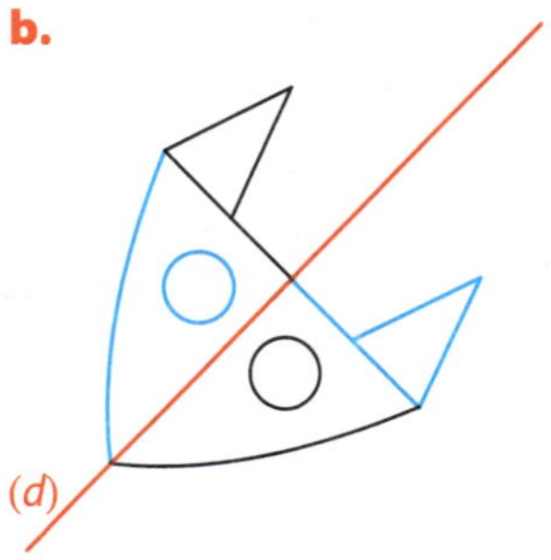

4 Dans chaque cas, tracer trois axes de symétrie de la figure.

a. Un cercle

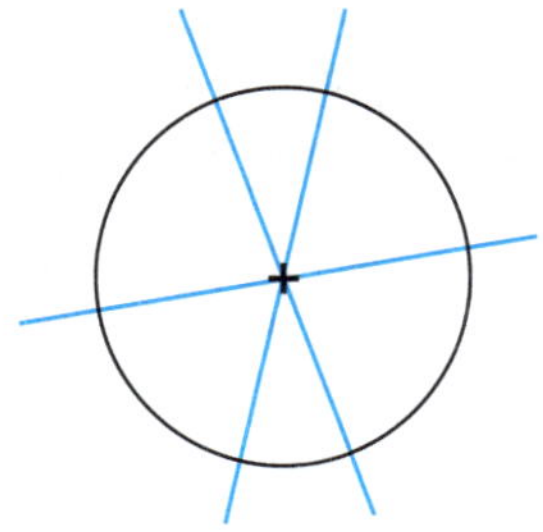

b. Une droite

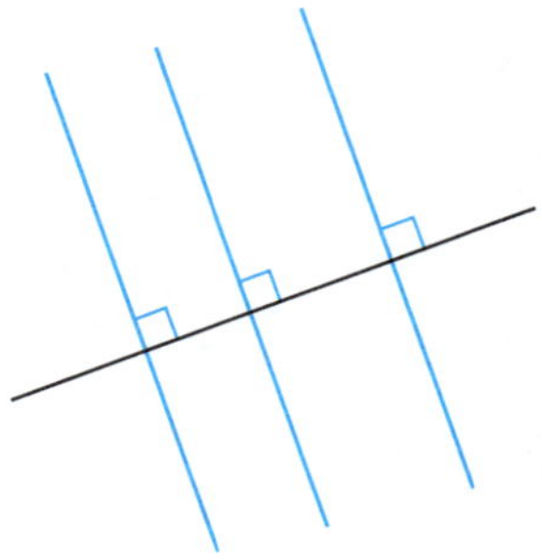

5 Compléter la figure pour que les droites (*d*) et (*d'*) soient des axes de symétrie.

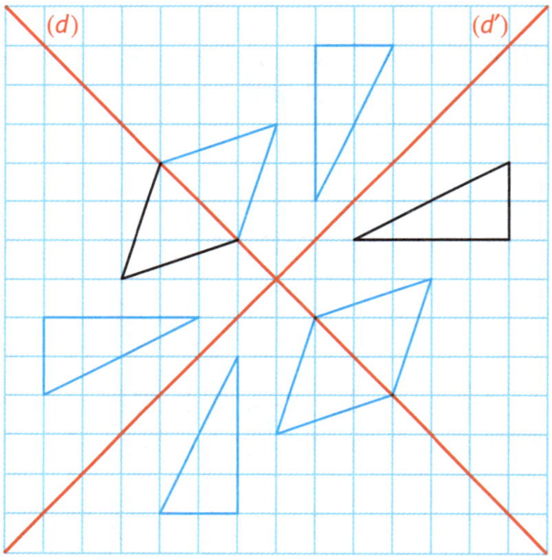

6 **a.** Compléter cette frise de façon que deux carrés adjacents (et leur contenu) soient symétriques par rapport à la droite tracée en rouge qui les sépare.

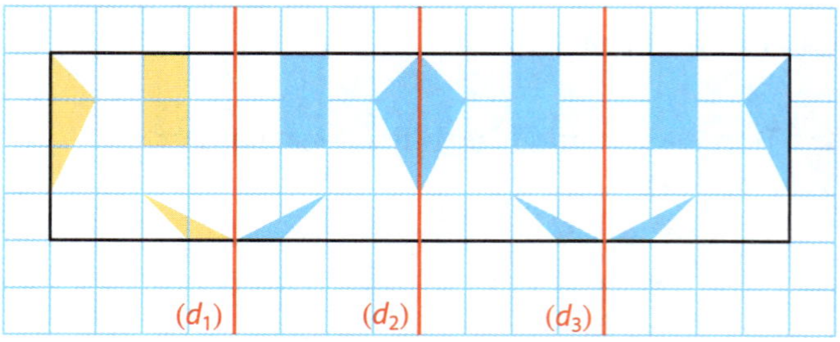

b. Cette frise admet-elle un axe de symétrie ? Si oui lequel.

Oui, la droite (d_2). ....

FICHE
95 Propriétés conservées par symétrie axiale

CALCUL MENTAL
• .... • ....
• .... • ....
• .... • ....
BILAN ..../........

→ **La symétrie par rapport à une droite conserve :**
• les longueurs, • l'alignement, • les mesures d'angles, • le parallélisme, • les aires.

Les triangles rectangles ABC et AB′C′ ci-contre sont symétriques par rapport à la droite (*d*).

• AB = AB′, AC = AC′, BC = B′C′.

• Le point M est aligné avec les points A et C.
Son symétrique M′ est aussi aligné avec les points A et C′.

• $\widehat{ABC} = 90°$ et $\widehat{AB'C'} = 90°$.

• Les triangles ABC et AB′C′ ont la même aire.

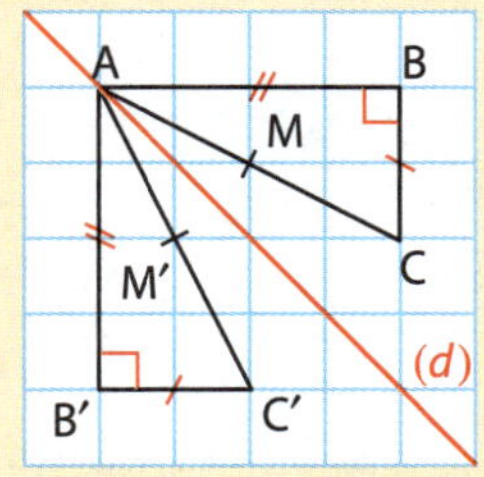

1 Sur cette figure, le triangle RST est le symétrique du triangle BCD par rapport à la droite (*d*).

Compléter :

RS = 2 cm

RT = 1 cm

$\widehat{RST}$ = 20°

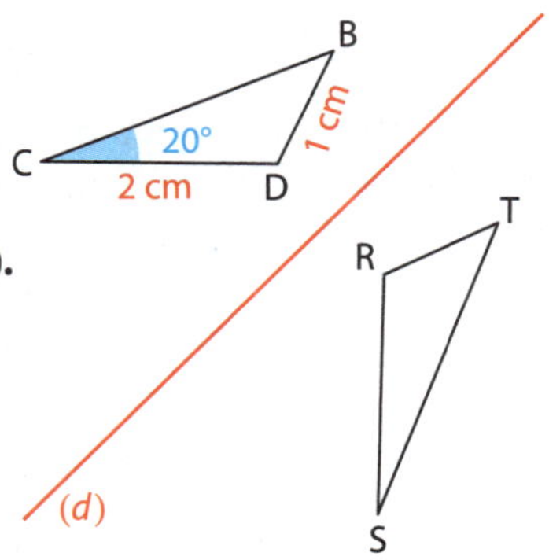

2 ABCD est un rectangle tel que :
AB = 5 cm et BC = 3 cm.
A′, B′, C′ et D′ sont les symétriques respectifs des points A, B, C et D par rapport à une droite (*d*).

Compléter :

• A′B′ = AB = 5 cm

• B′C′ = BC = 3 cm

• $\widehat{A'B'C'}$ = $\widehat{ABC}$ = 90°

3 On imagine construire le symétrique de ce carré par rapport à une droite (*d*).

• Quelle figure obtiendra-t-on ?
• Quel sera son périmètre ?
• Quelle sera son aire ?

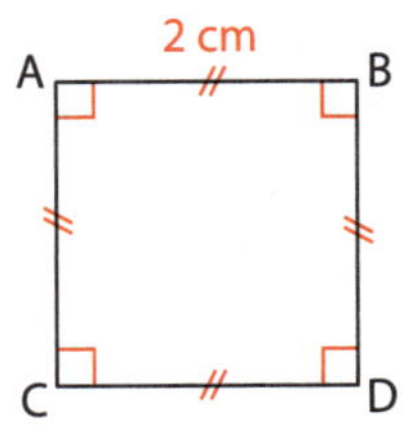

• Une symétrie axiale conserve les longueurs et les angles donc on obtiendra un quadrilatère qui aura quatre côtés de longueur 2 cm et quatre angles droits.
La figure obtenue sera donc un carré A′B′C′D′ de côté 2 cm.
• Le périmètre de A′B′C′D′ sera le même que celui de ABCD : 4 × 2 cm = 8 cm.
• L'aire de A′B′C′D′ sera la même que celle de ABCD : 2 cm × 2 cm = 4 cm².

4 Les points G′ et H′ sont les symétriques respectifs des points G et H par rapport à la droite (*d*).

Construire, à l'aide du compas et de la règle non graduée, le symétrique G′H′I′ du triangle GHI.

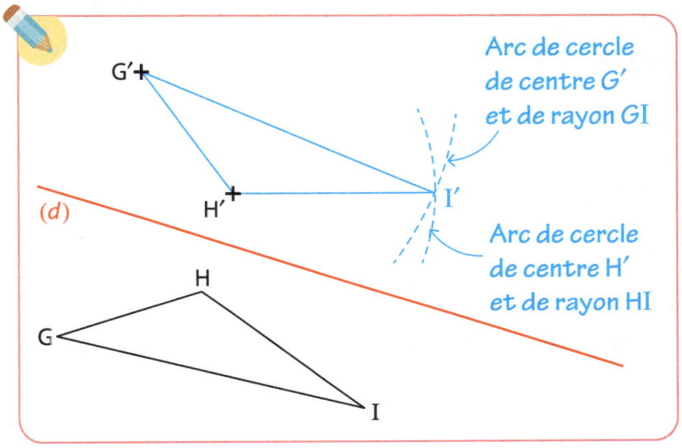

5 Les points J′ et K′ sont les symétriques respectifs des points J et K par rapport à la droite (*d*).

Construire, à l'aide du rapporteur et de la règle graduée, le symétrique J′K′L′M′ du quadrilatère JKLM.

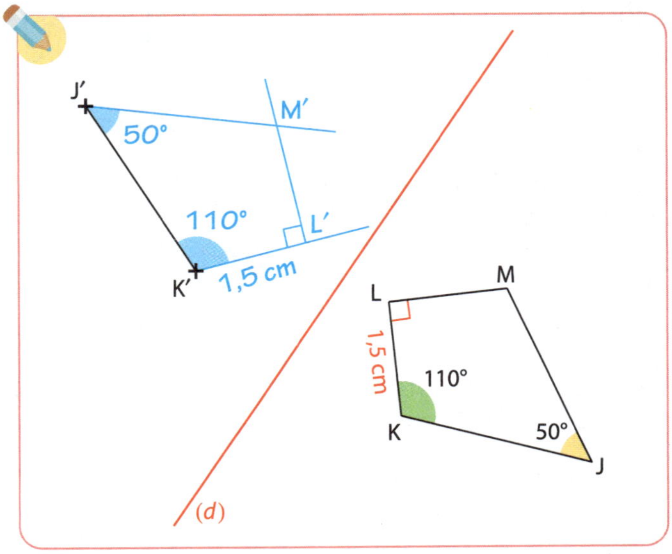

CALCUL MENTAL

• .... • ....
• .... • ....
• .... • ....

BILAN ..../........

FICHE 96

Symétrique d'un point, d'une droite, d'un cercle

→ Construction du symétrique A′ d'un point A par rapport à une droite (*d*).

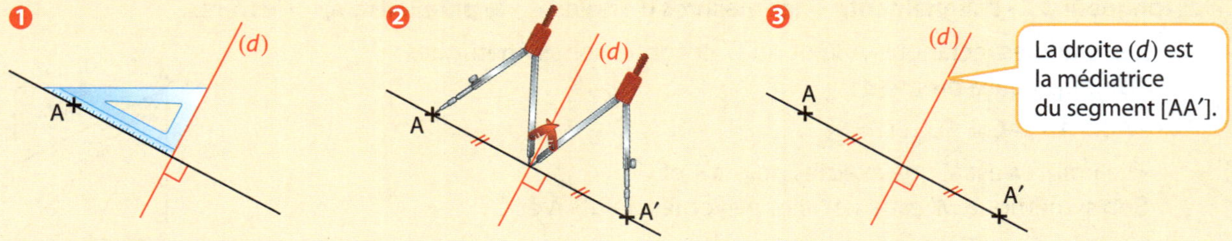

→ Le symétrique par rapport à une droite :

- d'une droite est une droite ;
- d'un segment est un segment de même longueur ;
- d'un cercle est un cercle de même rayon.

★

1 À l'aide des instruments de géométrie, construire les symétriques M′, N′ et P′ des points M, N et P par rapport à la droite (*d*).

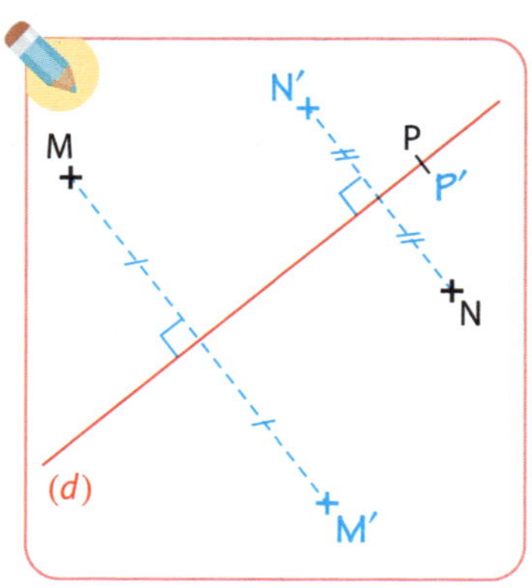

2 Construire le symétrique du segment [AB] par rapport à la droite (*d*).

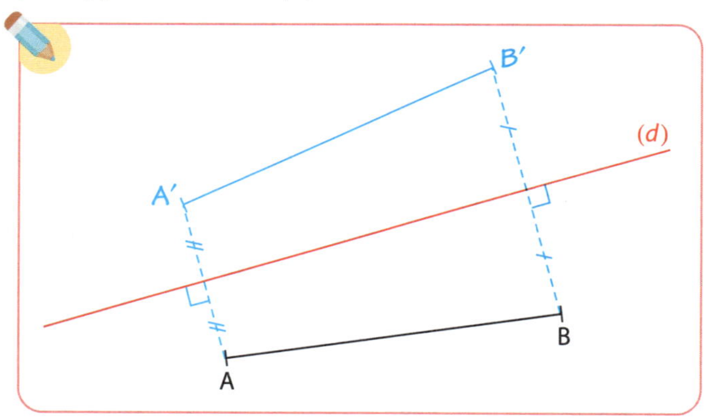

3 Construire la symétrique de la droite (AB) par rapport à la droite (*d*).

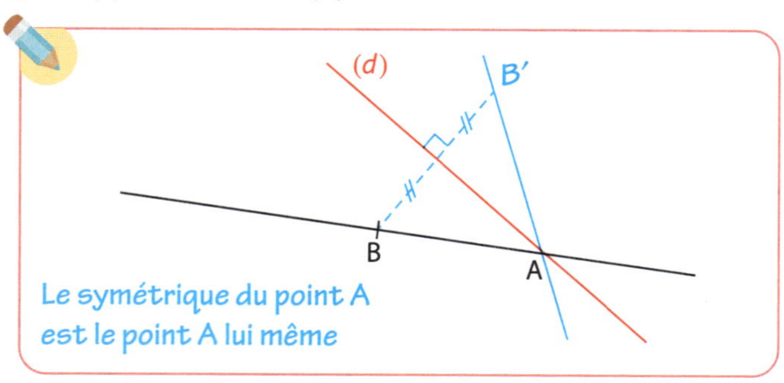

★★

4 Construire les symétriques par rapport à la droite (*d*) des cercles $\mathscr{C}_1$ et $\mathscr{C}_2$ de centres respectifs A et B.

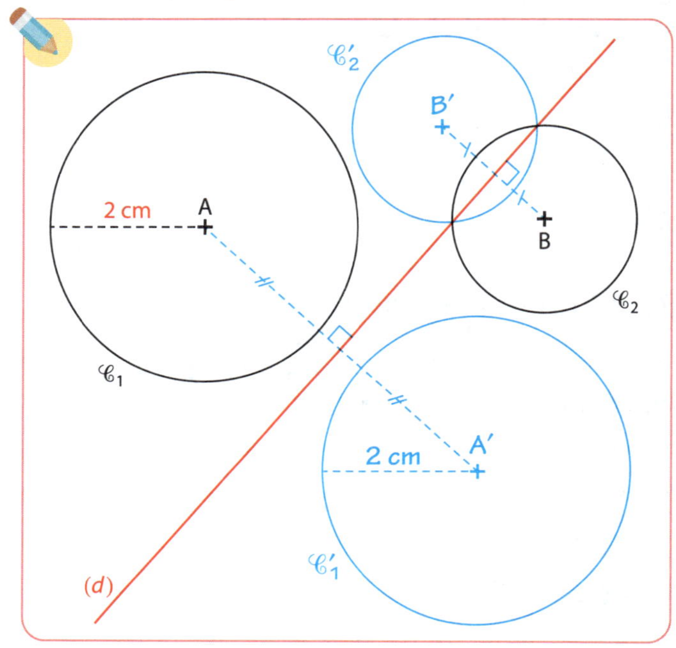

5 **a.** Construire le symétrique du segment [AB] par rapport à la droite (*d*).
b. À l'aide de la règle graduée et de l'équerre uniquement, construire le symétrique du segment [BC] par rapport à (*d*).

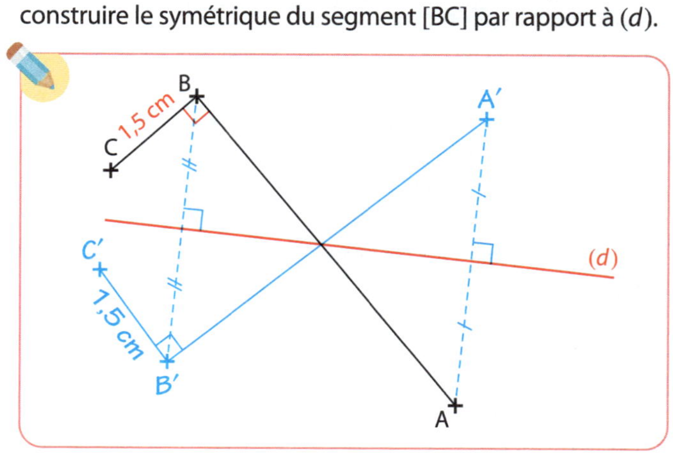

FICHE 97

Symétrique d'une figure usuelle

CALCUL MENTAL

● .... ● ....
● .... ● ....
● .... ● ....

BILAN ..../........

1 Construire la symétrique de chaque figure par rapport à la droite (*d*).
Laisser apparents les traits de construction.

a.

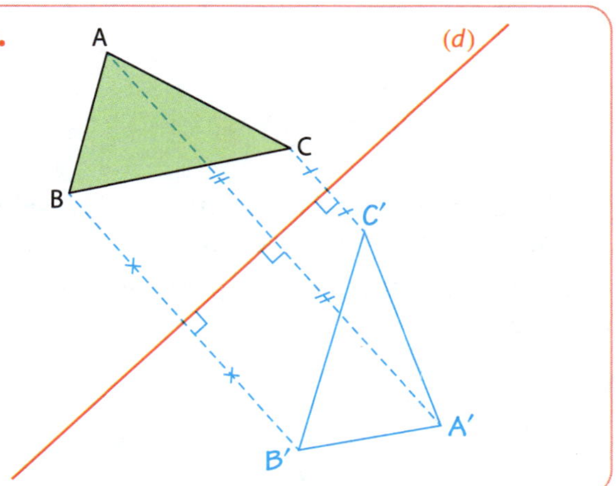

b.

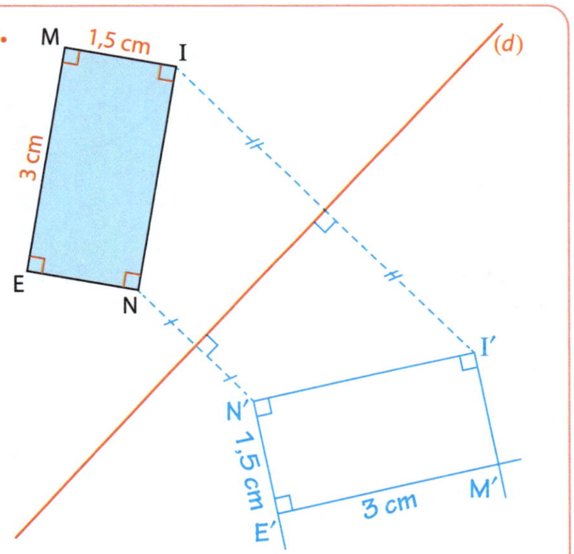

On construit les symétriques N′ et I′ des points N et I, puis on termine la construction du rectangle M′I′N′E′ en utilisant les propriétés conservées par la symétrie.

c.

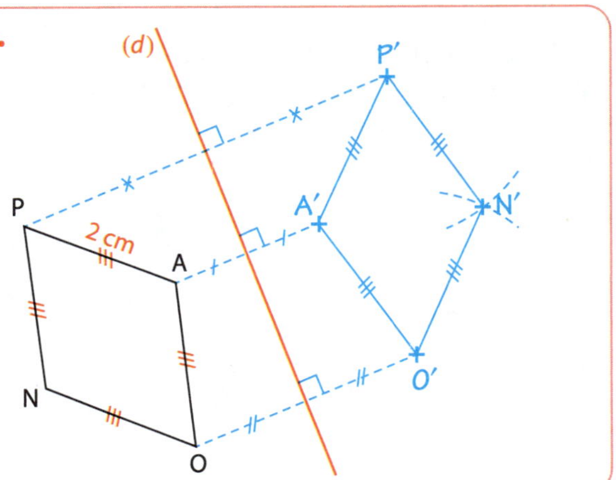

2 Construire la symétrique de chaque figure noire par rapport à la droite (*d*).

a.

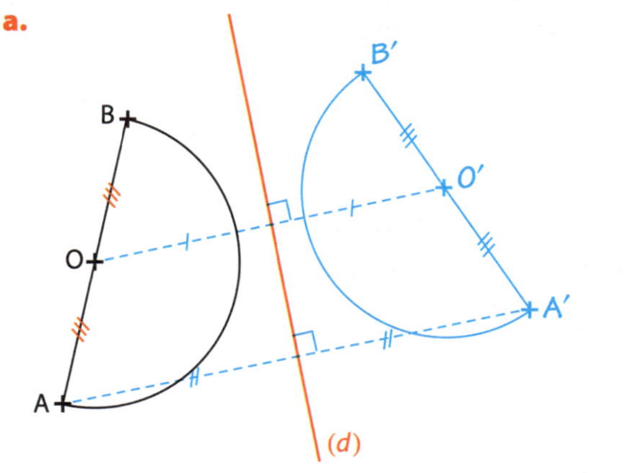

b.

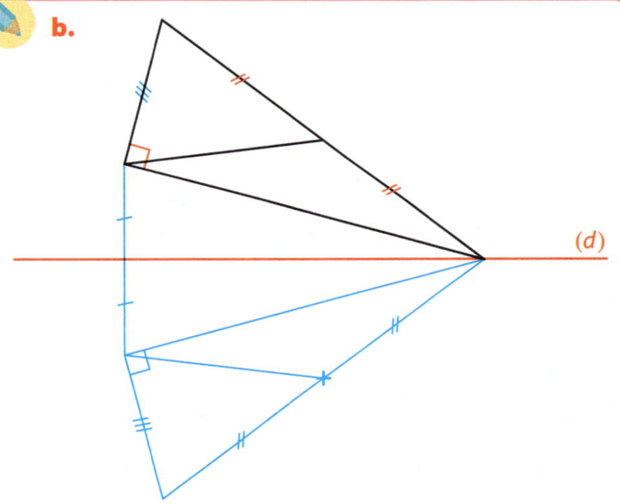

3 Construire le symétrique du rectangle RECT par rapport à la droite (AB).

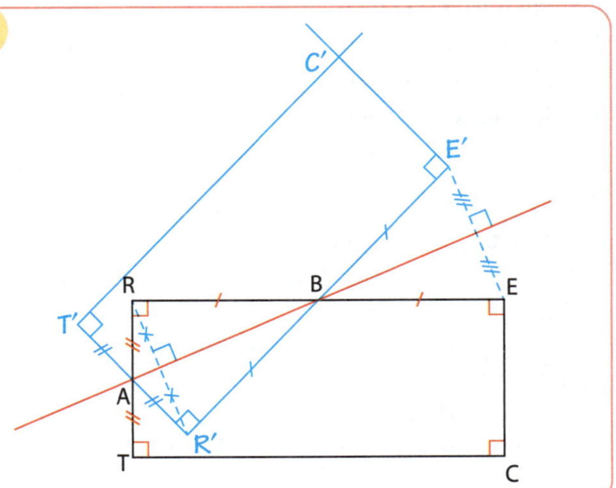

FICHE 98

Médiatrice et équidistance

CALCUL MENTAL

• .... • ....
• .... • ....
• .... • ....

BILAN ..../.......

- La **médiatrice** d'un segment est la droite perpendiculaire à ce segment en son milieu.
- • Si un point **M appartient à la médiatrice d'un segment [AB]**, alors **MA = MB**.
  • Si M est un point tel que **MA = MB**, alors **M appartient à la médiatrice du segment [AB]**.

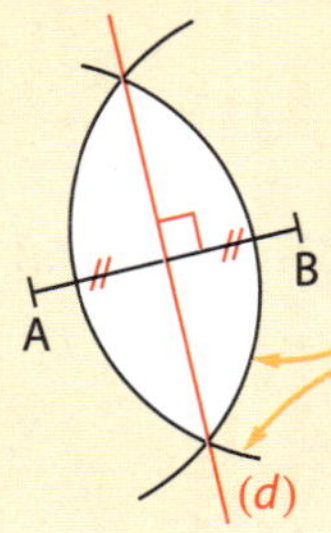

La droite (*d*) est la médiatrice du segment [AB].

Les arcs de cercles de centres A et B ont le même rayon.

1 Construire à l'aide de la règle graduée et de l'équerre la médiatrice (*d*) du segment [AB].

AB = 3,2 cm
3,2 cm : 2 = 1,6 cm

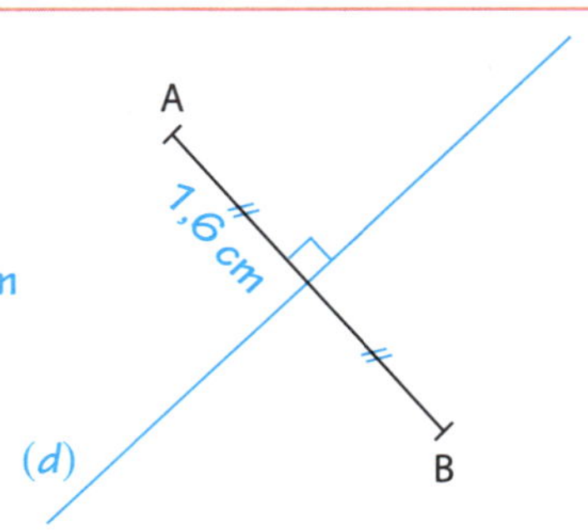

2 Construire à l'aide de la règle non graduée et du compas la médiatrice (*d*) du segment [AB].

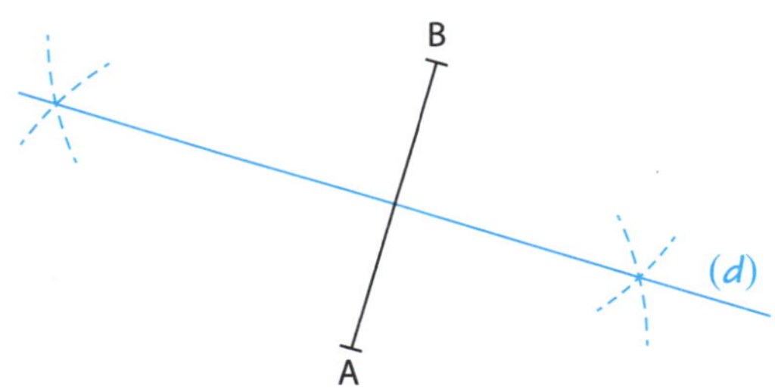

3 **a.** Expliquer pourquoi la droite (MN) est la médiatrice du segment [RS].

b. Que peut-on en déduire pour les droites (RS) et (MN) ?

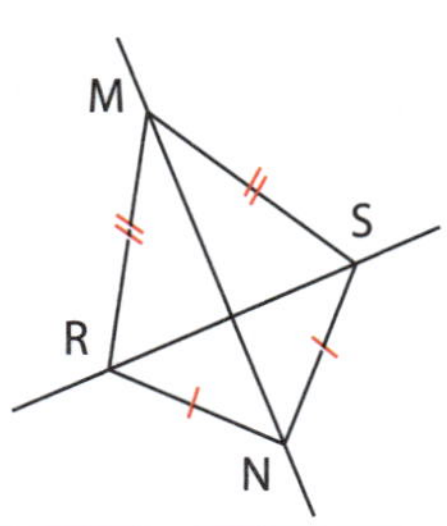

a. MR = MS, donc le point M appartient à la médiatrice du segment [RS].
NR = NS, donc le point N appartient à la médiatrice du segment [RS].
Donc la droite (MN) est la médiatrice du segment [RS].
b. La médiatrice d'un segment est perpendiculaire à ce segment, donc les droites (RS) et (MN) sont perpendiculaires.

4 **Des antennes relais doivent être placées le long de l'autoroute à égale distance de City et de Town.**
Construire sur ce plan toutes les positions possibles de ces antennes.

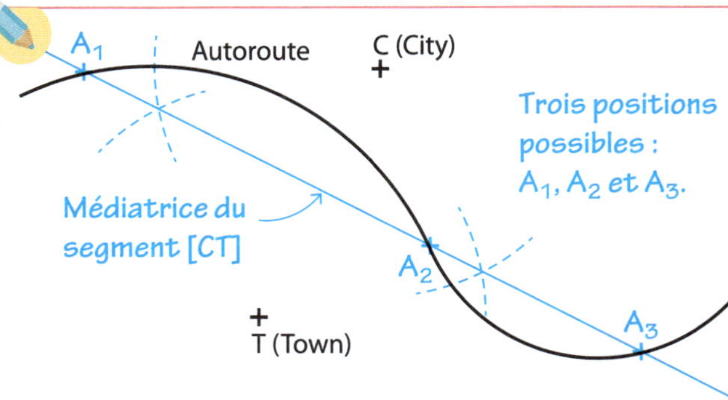

Trois positions possibles : A_1, A_2 et A_3.

5 Construire un point T tel que les points R, S et T soient alignés et MT = ST.

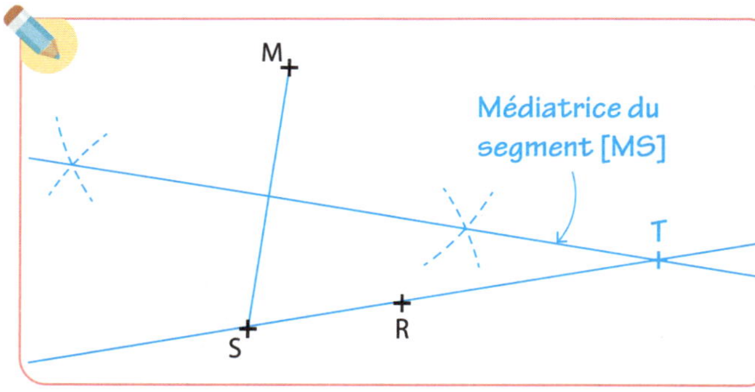

6 Sur ce plan, placer la balise D telle :
• MD = ND ; • LD = 1,5 cm ; • D est le plus loin possible de M.

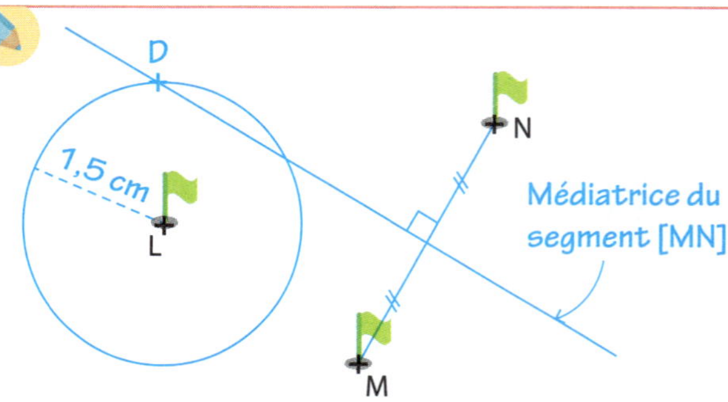

Perfectionnement

CALCUL MENTAL

• .... • ....
• .... • ....
• .... • ....

BILAN ..../........

1 Une piste d'atterrissage est représentée par un segment [AB].
Un deuxième avion est symétrique de celui dessiné par rapport à la droite (AB).

Représenter ce deuxième avion.

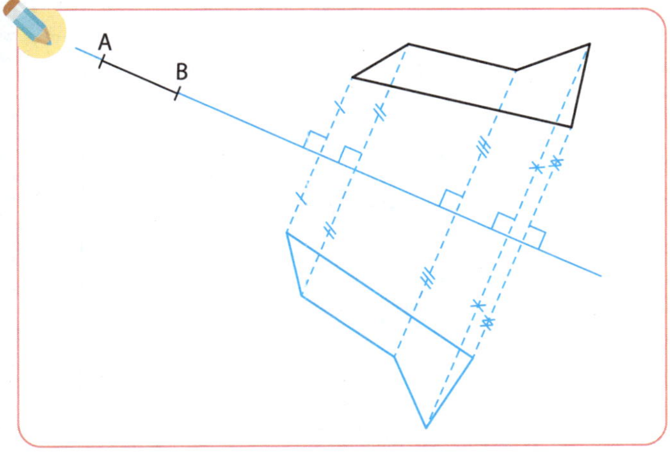

2 Sur ce plan d'un jardin public, 1 cm représente 10 m dans la réalité.
Un chêne (point C) est situé :
• à la même distance de la fontaine (point F) et du lampadaire (point L),
• à 50 m du rhododendron (point R),
• à plus de 40 m du lampadaire.

Marquer l'emplacement du chêne (C).

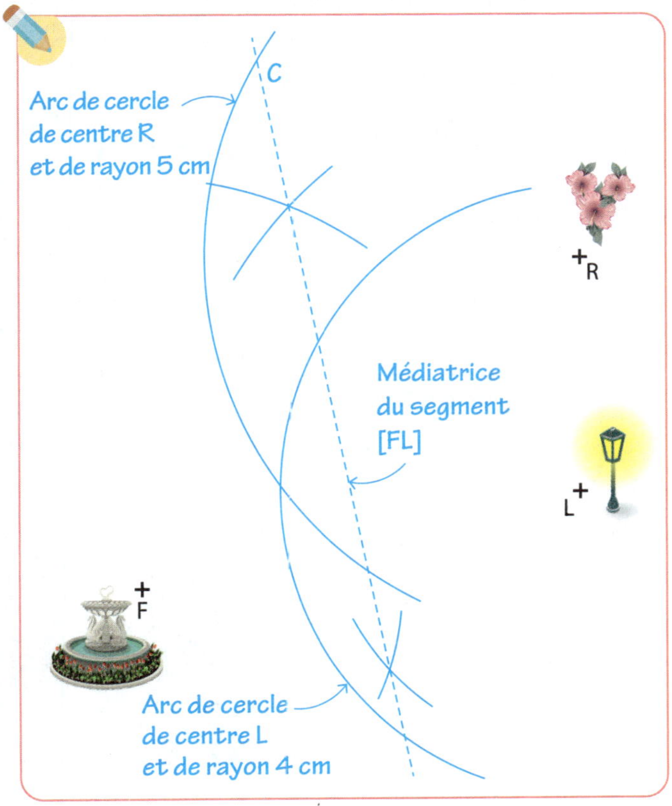

3 a. Construire à l'aide de la règle et du compas les médiatrices (*d*) et (*d'*) des segments [AB] et [AC].

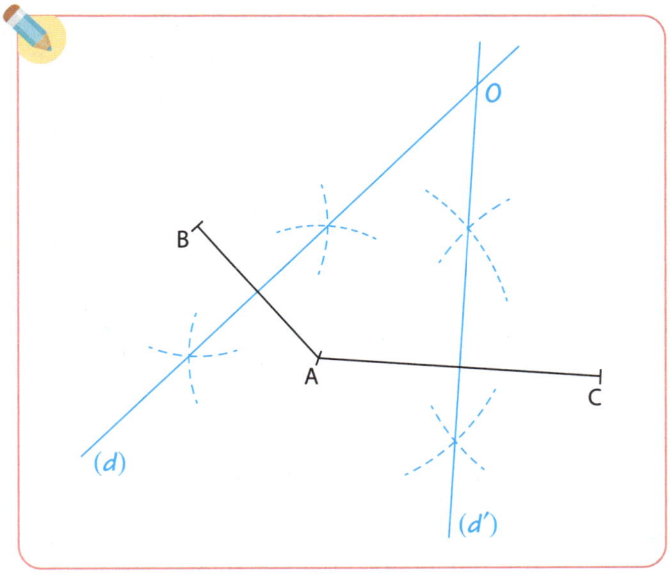

b. Noter O le point d'intersection des médiatrices (*d*) et (*d'*).

c. Compléter : « O appartient à la médiatrice du segment [AB] donc OA = OB et O appartient à la médiatrice du segment [AC] donc OA = OC. »

d. Jenny affirme : « Le cercle de centre O qui passe par A, passe aussi par B et C. » Pourquoi Jenny a-t-elle raison ?

OA = OB et OA = OC, donc OA = OB = OC.

Le point O est à égale distance de A, B et C.

4 Les points A et A' sont symétriques par rapport à une droite (*d*) qui a été effacée.

Construire la droite (*d*), puis terminer la construction du symétrique A'B'C' du triangle ABC.

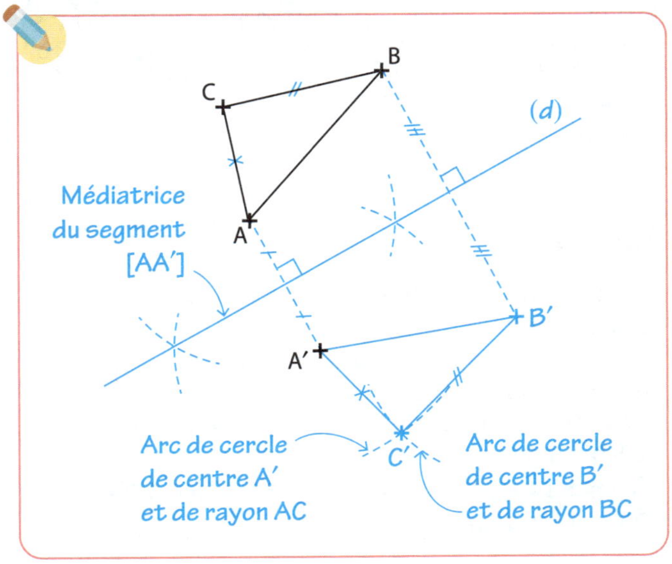

FICHE 100

QCM & jeux

QCM

Voici un questionnaire à choix multiples.
Pour chaque question, entourer la (ou les) réponse(s) exacte(s).

Bilan ..... / 5

A	Les figures $\mathcal{F}$ et $\mathcal{F}'$ sont symétriques par rapport à la droite (d) sur le dessin …	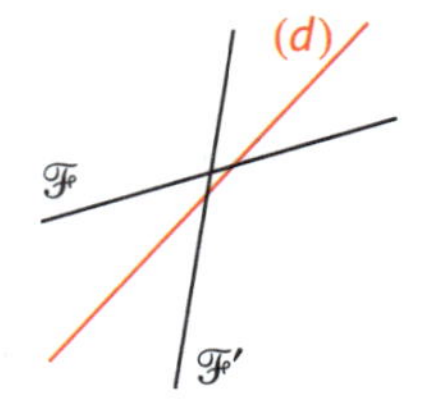	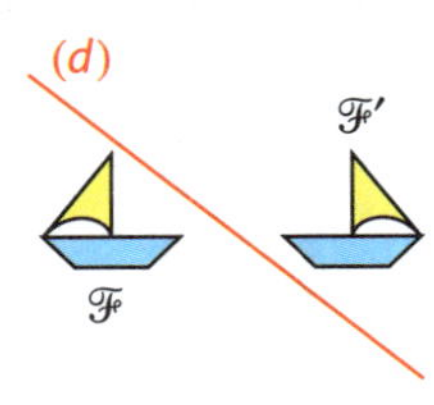	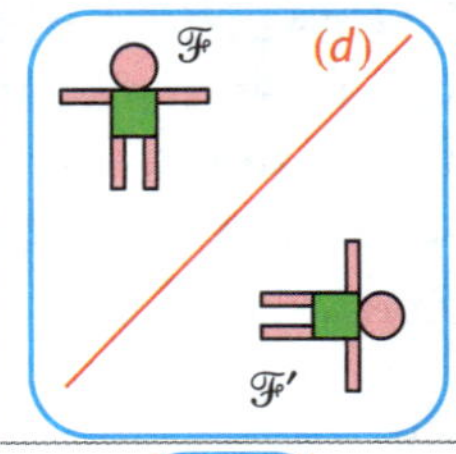
B	Une figure qui a quatre axes de symétrie est représentée sur le(s) dessin(s) …			
C	Un rectangle a pour dimensions 5 cm et 3 cm. Son symétrique par rapport à une droite est …	un rectangle d'aire 15 cm^2	un rectangle de périmètre 16 cm	un quadrilatère qui a quatre angles droits
D	La droite (d) est la médiatrice du segment [AB] sur la figure …	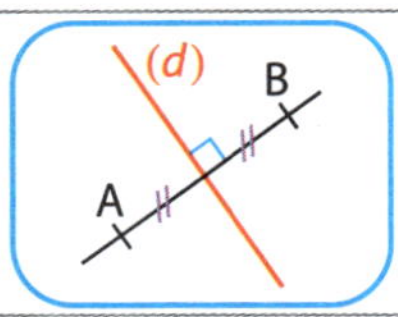	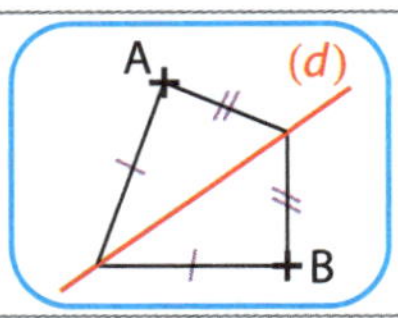	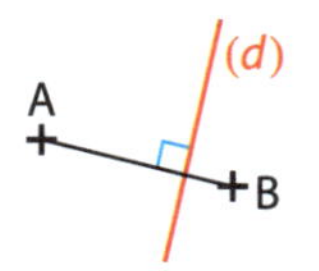
E	A, B, M sont trois points tels que AM = 2 cm, AB = 2 cm et BM = 3 cm. Alors …	A est le milieu du segment [BM]	A appartient à la médiatrice du segment [BM]	M appartient à la médiatrice du segment [AB]

jeu 1

En haut le dessin original, en bas son symétrique qui comporte 5 erreurs.
Trouver ces erreurs.

jeu 2

1. Construire la symétrique :
a. de la figure verte par rapport à la droite (d_1),
b. de la figure totale obtenue par rapport à la droite (d'_1) ainsi que par rapport à la droite (d'_2).
c. Recommencer par rapport aux droites (d_2) et (d_3).
2. Colorier le pavage ainsi obtenu.

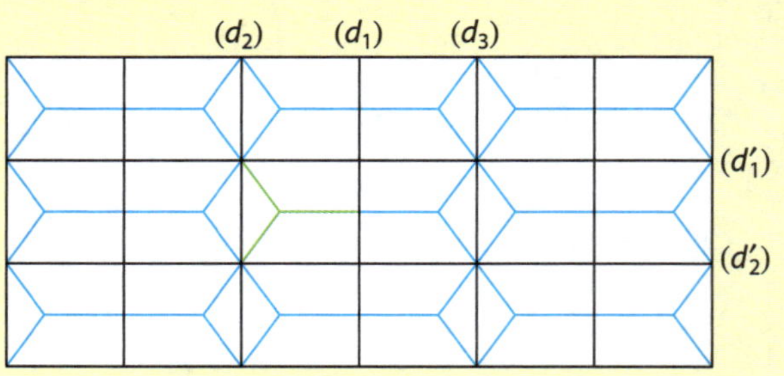

jeu 3

Dans le labyrinthe à droite, le jeton se déplace en effectuant des symétries par rapport à des segments, comme le montre l'exemple ci-contre.

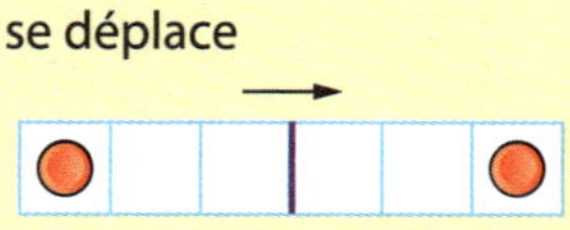

On a représenté à droite les 7 positions du jeton dans le labyrinthe.
Tracer sept segments qui permettent au jeton d'aller chercher la coupe.

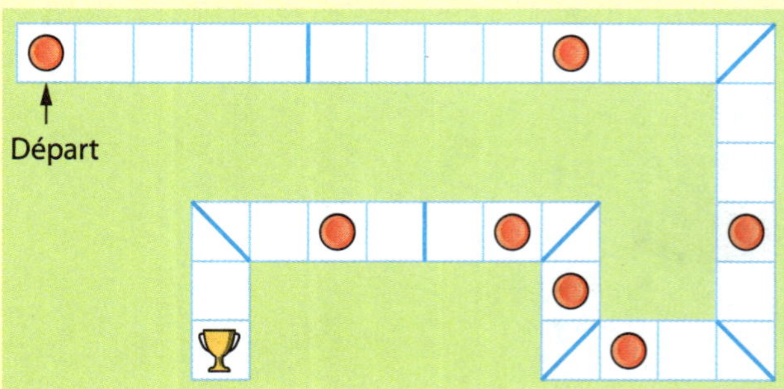

FICHE 101

Axes de symétrie de figures usuelles

CALCUL MENTAL
- .... - ....
- .... - ....
- .... - ....

BILAN ..../........

Triangle isocèle en A
Un axe de symétrie : la médiatrice du côté [BC].

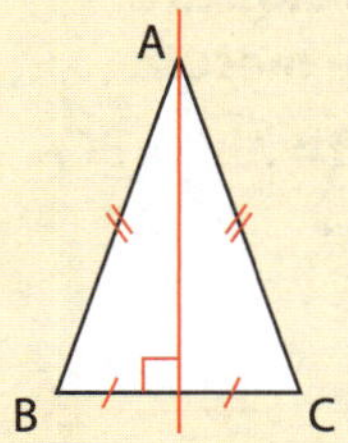

Triangle équilatéral
Trois axes de symétrie : les médiatrices des trois côtés.

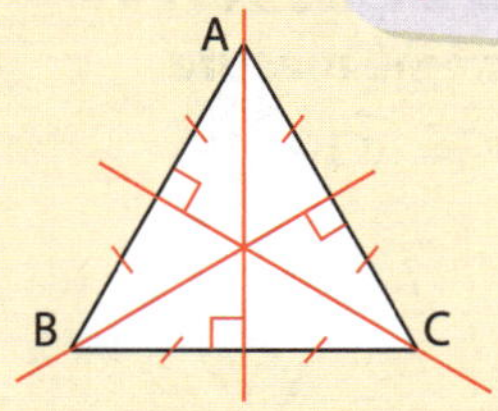

Losange
Deux axes de symétrie : les droites qui portent ses diagonales.

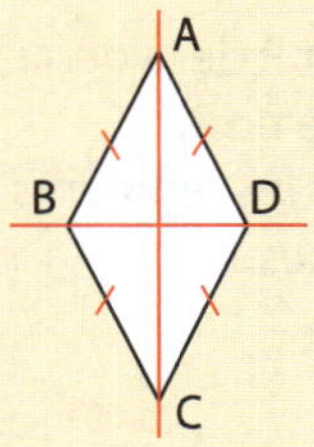

Rectangle
Deux axes de symétrie : les médiatrices de ses côtés.

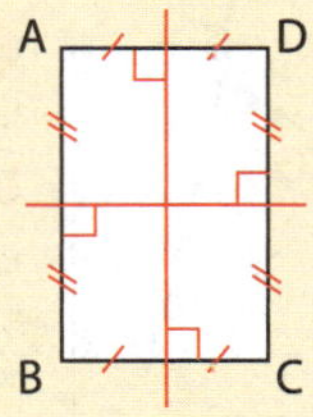

Carré
Quatre axes de symétrie : les droites qui portent ses diagonales et les médiatrices de ses côtés.

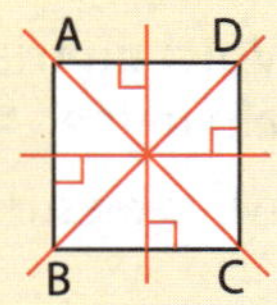

1 MNP est un triangle isocèle en M.

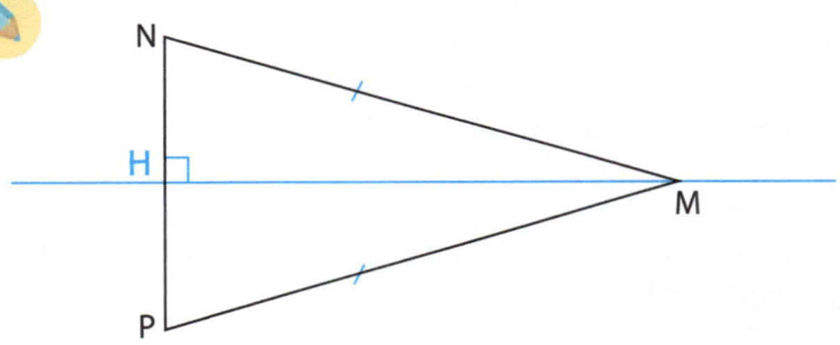

a. Sur la figure, coder les longueurs égales.
b. Avec l'équerre uniquement, tracer en rouge l'axe de symétrie de ce triangle.
Noter H le point d'intersection avec le côté [NP].
Que peut-on dire du point H ?

Le point H est le milieu du segment [NP]. ....

2 ABC est un triangle équilatéral.
Avec l'équerre uniquement, tracer ses axes de symétrie.

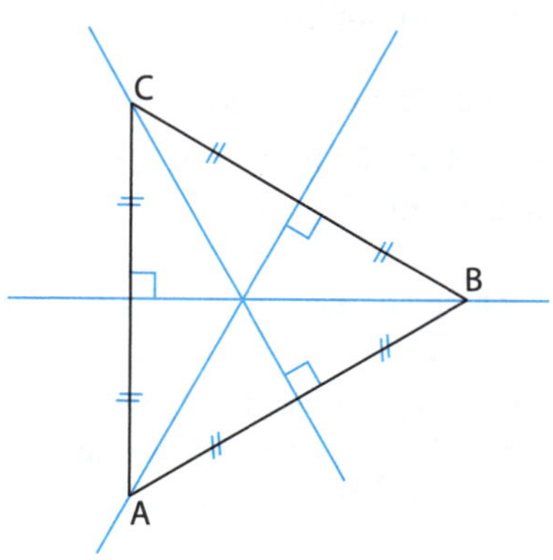

3 (*d*) et (*d'*) sont les axes de symétrie d'un rectangle IJKL.
Terminer la construction d'un tel rectangle IJKL.

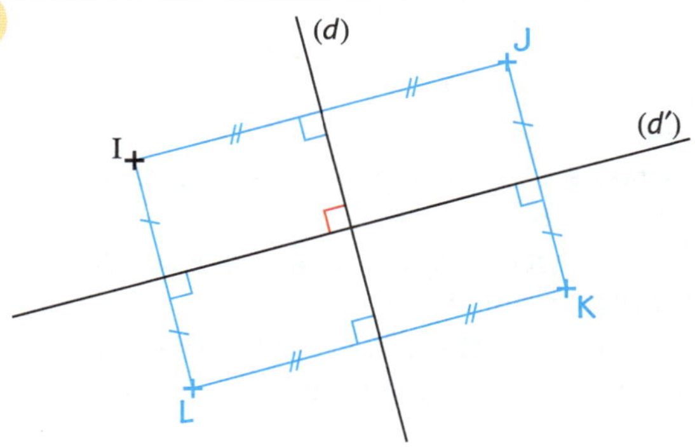

4 Dans chaque cas, faire une figure à main levée correspondant à l'énoncé, puis indiquer la nature de la figure.
a. EFG est un triangle qui a un seul axe de symétrie.
Cet axe de symétrie passe par le point E.
b. MNOP est un quadrilatère qui a seulement deux axes de symétrie (MO) et (PN).

a.

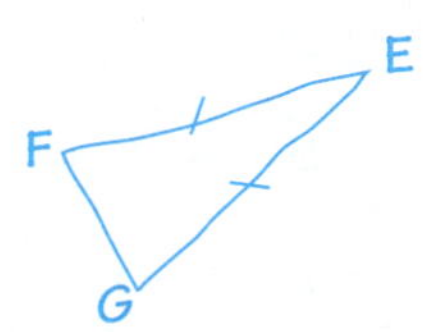

EFG est un triangle isocèle en E.

b.

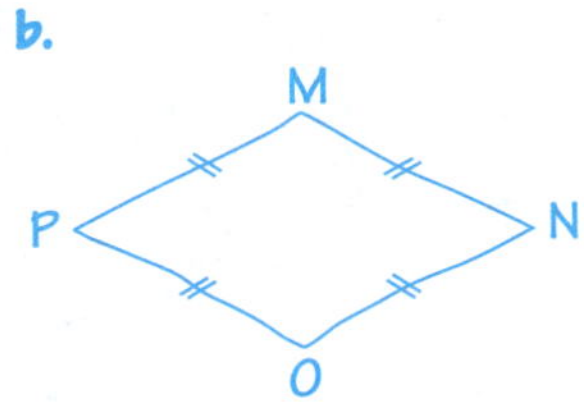

MNOP est un losange.

FICHE **102**

Triangles particuliers : propriétés

CALCUL MENTAL

• .... • ....
• .... • ....
• .... • ....

BILAN ..../........

→ Triangle isocèle

Dans un triangle isocèle, les **deux angles à la base** ont la **même mesure**.

$\widehat{ABC} = \widehat{ACB}$

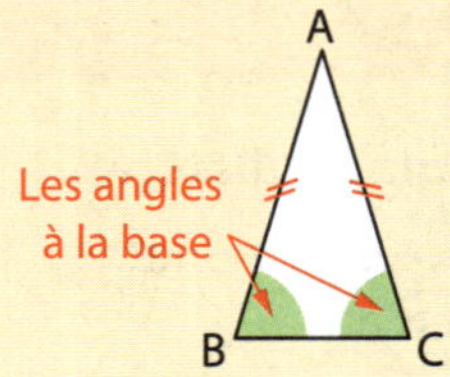

→ Triangle équilatéral

Dans un triangle équilatéral, les **trois angles** ont la **même mesure**.

$\widehat{CAB} = \widehat{ABC} = \widehat{BCA}$

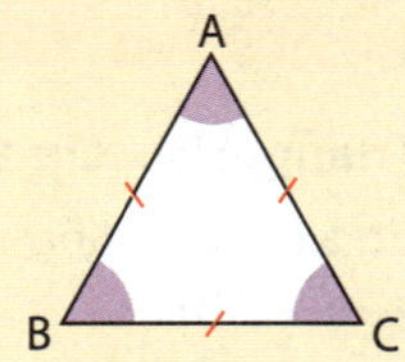

1 Voici un triangle LAC représenté à main levée.

Donner la mesure de l'angle $\widehat{ALC}$.

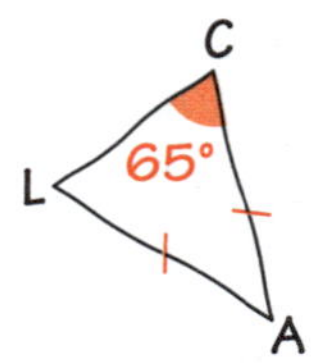

D'après le codage, le triangle LAC est isocèle en A, donc $\widehat{ALC} = \widehat{ACL} = 65°$.

2 EFG est un triangle isocèle en G.

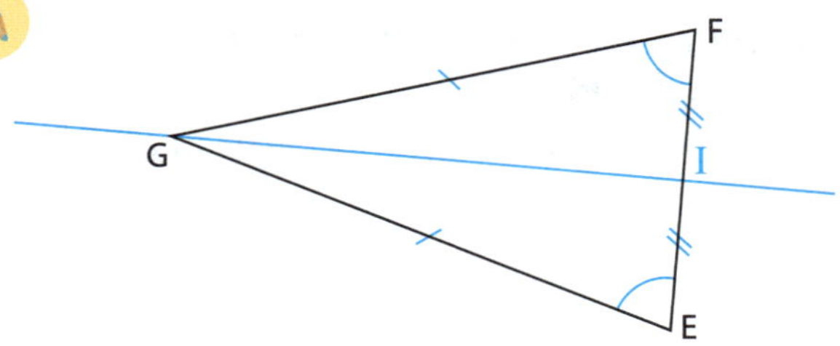

a. Sur la figure, coder les longueurs égales et les angles de même mesure.
b. À l'aide de la règle graduée uniquement, tracer l'axe de symétrie de ce triangle.
Noter I son point d'intersection avec le côté [EF].
Que peut-on dire de la droite (GI) ?

La droite (GI) est la médiatrice du segment [EF].

c. Citer des angles de même mesure.

• $\widehat{EFG} = \widehat{FEG}$ • $\widehat{IGF} = \widehat{IGE}$

3 La droite (*d*) est un axe de symétrie d'un triangle équilatéral HIJ.

Construire ce triangle HIJ.

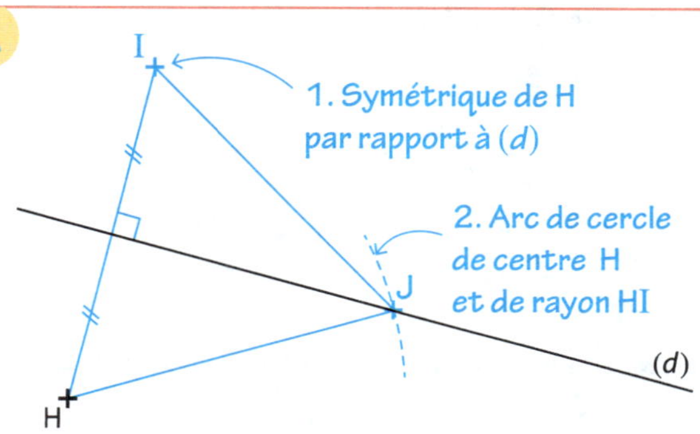

4 a. Construire le point P de la demi-droite [E*x*) tel que le triangle EPI soit isocèle en P.
b. Sur cette figure, coder les segments de même longueur et les angles de même mesure.

a. et b.

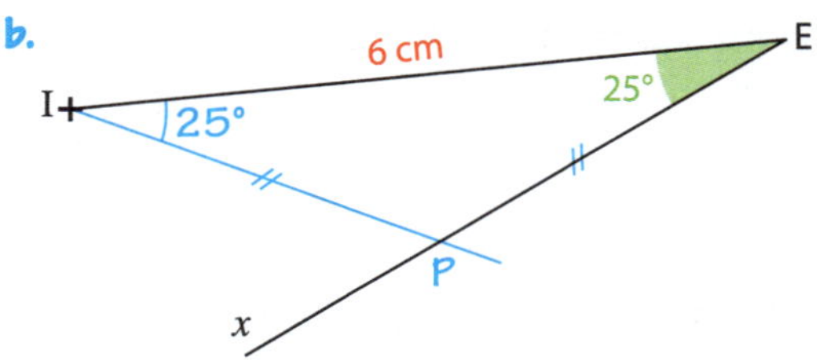

Autre méthode : on peut aussi construire la médiatrice du côté [IE] ;
P est alors son point d'intersection avec la demi-droite [E*x*).

5 IJK est un triangle isocèle en I et M est le milieu du segment [JK].

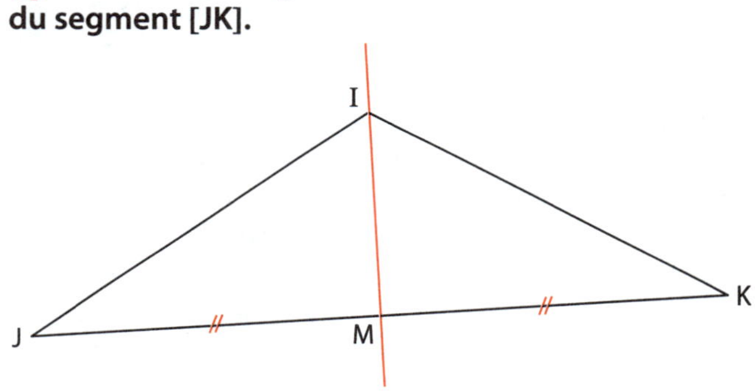

a. Compléter, sans utiliser le rapporteur : $\widehat{IMJ} = 90°$

b. Compléter en utilisant le rapporteur : $\widehat{IJK} = 30°$

c. En déduire, sans utiliser le rapporteur : $\widehat{JKI} = 30°$

d. Compléter en utilisant le rapporteur : $\widehat{JIK} = 120°$

e. En déduire, sans utiliser le rapporteur, la mesure de l'angle $\widehat{JIM}$. Expliquer.

Une symétrie axiale conserve les mesures des angles.
Or les angles $\widehat{JIM}$ et $\widehat{KIM}$ sont symétriques par rapport à la droite (MI), donc $\widehat{JIM} = \widehat{KIM}$.
$\widehat{JIK} = \widehat{JIM} + \widehat{KIM} = 2 \times \widehat{JIM}$, c'est-à-dire $120° = 2 \times \widehat{JIM}$.
Ainsi, $\widehat{JIM} = 120° : 2 = 60°$.

FICHE 103

Quadrilatères particuliers : propriétés

CALCUL MENTAL
• .... • ....
• .... • ....
• .... • ....
BILAN ..../.........

→ **Rectangle**

Dans un rectangle, les **côtés opposés** sont parallèles et ont la même longueur.

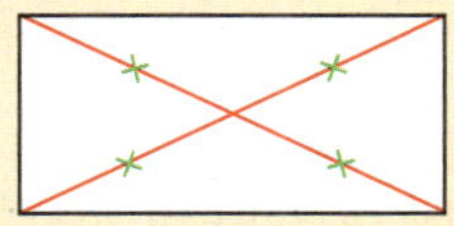

Dans un rectangle, les **diagonales** se coupent en leur milieu et ont la même longueur.

→ **Losange**

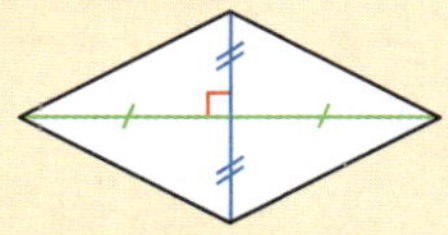

Dans un losange, les **diagonales** se coupent en leur milieu et sont perpendiculaires.

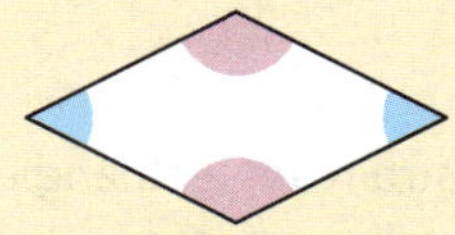

Dans un losange, les **angles opposés** ont la même mesure.

→ **Carré**

Un carré est à la fois un rectangle et un losange. Il a :
- des côtés opposés deux à deux parallèles ;
- des diagonales perpendiculaires, qui se coupent en leur milieu, et qui ont la même longueur.

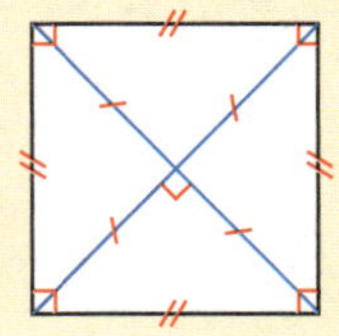

1 MATH est un rectangle représenté à main levée. Les diagonales de ce rectangle se coupent en O.

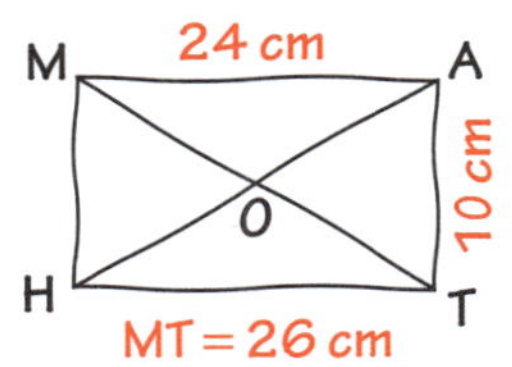

1. Compléter.

a. HT = MA = 24 cm .... **b.** MH = AT = 10 cm ....

c. HA = MT = 26 cm .... **d.** MO = MT : 2 = 13 cm ....

e. HO = MO = 13 cm ....

2. Que peut-on dire des triangles :

a. MHT, HMA, MAT et ATH ?

Ce sont tous des triangles rectangles.

b. MOA, AOT, TOH et HOM ?

Ce sont tous des triangles isocèles en O.

2 VENT est un losange représenté à main levée. Les diagonales de ce losange se coupent en S.

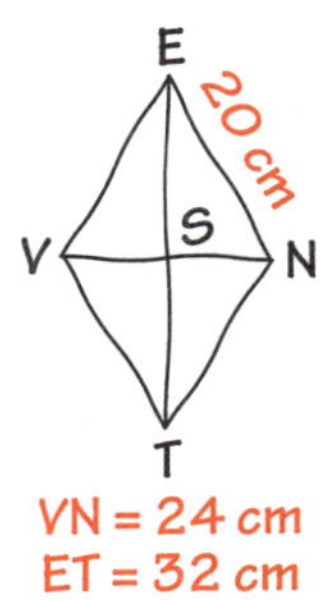

1. Compléter.

a. VT = EN = 20 cm ....

b. ES = ET : 2 = 32 cm : 2 = 16 cm ....

c. SV = VN : 2 = 24 cm : 2 = 12 cm ....

2. Que peut-on dire des triangles :

a. VEN, ENT, NTV et TVE ?

Ce sont tous des triangles isocèles.

b. VSE, ESN, NST et TSV ?

Ce sont tous des triangles rectangles en S.

3. Compléter.

a. $\widehat{VEN} = \widehat{VTN}$ **b.** $\widehat{EVT} = \widehat{ENT}$

3 PARI est un losange.

a. Tracer ses diagonales et coder l'angle droit.

b. Coder les longueurs égales et les angles de même mesure.

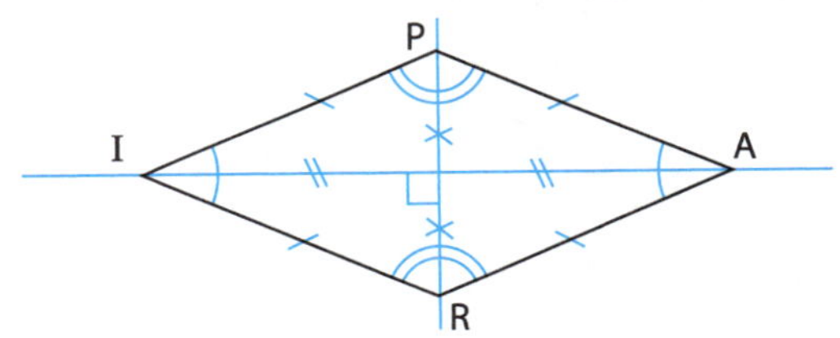

4 **a.** Construire un carré ABCD dont les diagonales mesurent 4 cm et se coupent en O.

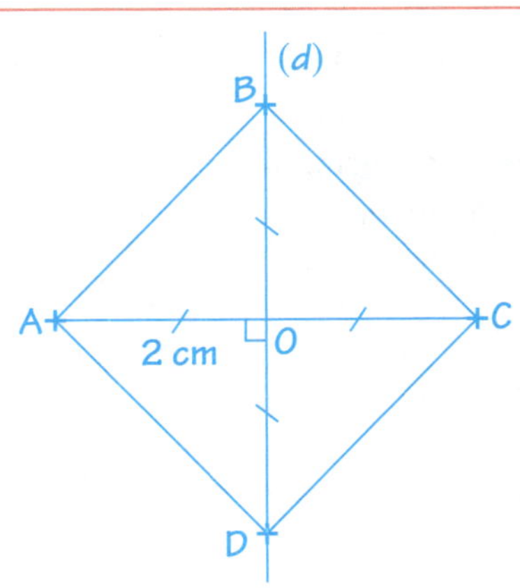

b. Rédiger un programme de construction de ce carré.

- Tracer un segment [AC] de longueur 4 cm.
- Marquer le milieu O de [AC].
- Tracer la médiatrice (d) du segment [AC].
- Marquer les points B et C de la droite (d) tels que OB = OD = 2 cm.

FICHE **104**

Construction de triangles et de quadrilatères

CALCUL MENTAL

• .... • ....
• .... • ....
• .... • ....

BILAN ..../.......

★

1 Construire un tel triangle isocèle SUC en vraie grandeur.

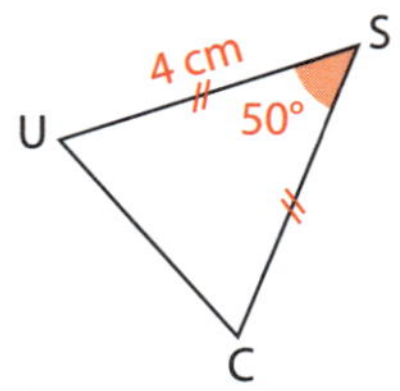

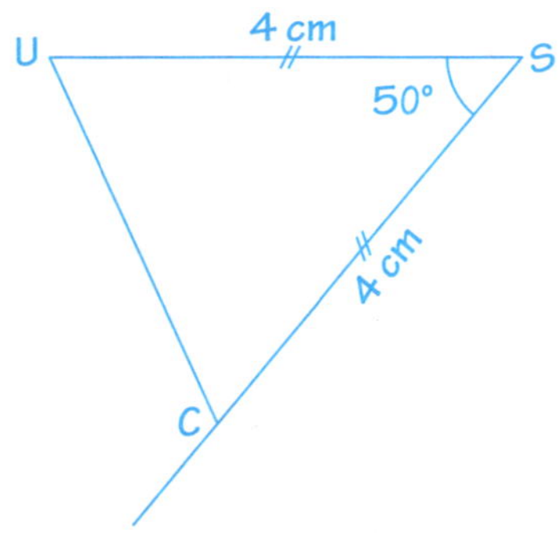

2 Construire un tel triangle isocèle BAR en vraie grandeur.

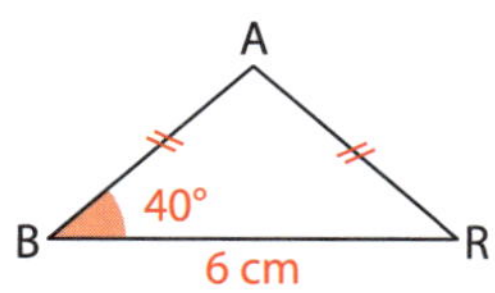

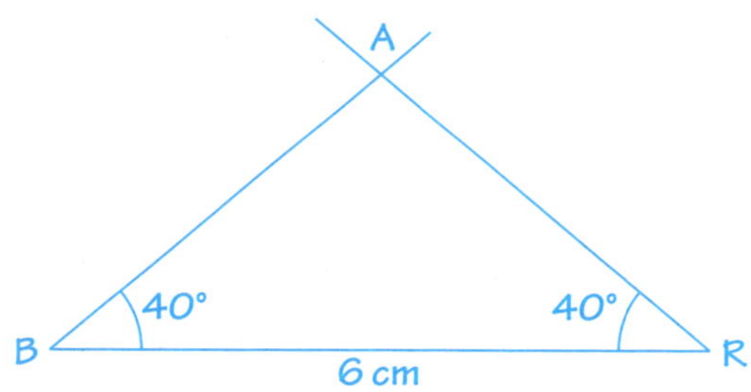

3 Construire un tel rectangle AMIS en vraie grandeur. Expliquer.

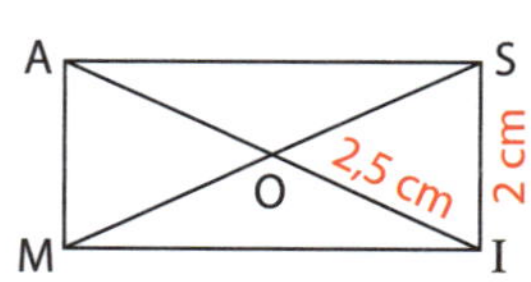

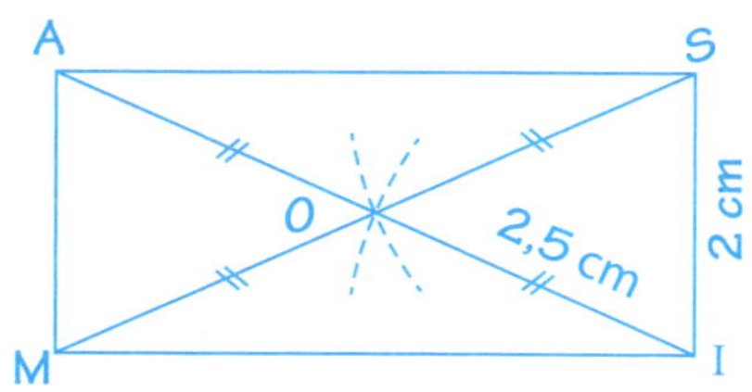

On utilise le fait que les diagonales d'un rectangle sont de même longueur et se coupent en leur milieu.
On trace un segment [SI] de longueur 2 cm, puis on marque le point O à l'aide du compas.
On place ensuite les points A et M tels que le point O est le milieu des segments [IA] et [SM].

★★

4 **a.** Les diagonales de ce losange MURI se coupent en O. Construire un tel losange en vraie grandeur.
b. Construire le point E tel que le quadrilatère ROUE soit un rectangle.

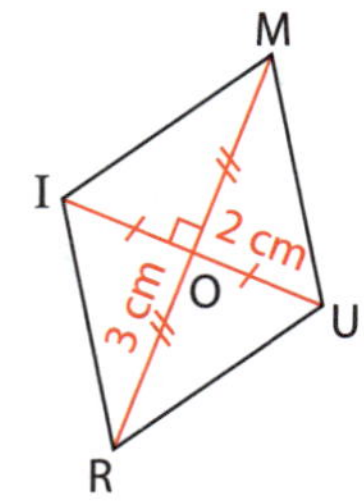

a.* et *b.
On trace d'abord les segments [IU] et [RM].

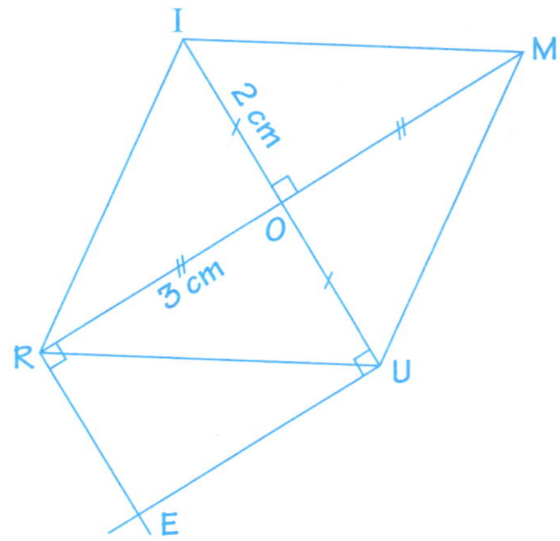

5 Construire un tel rectangle ROSE en vraie grandeur.

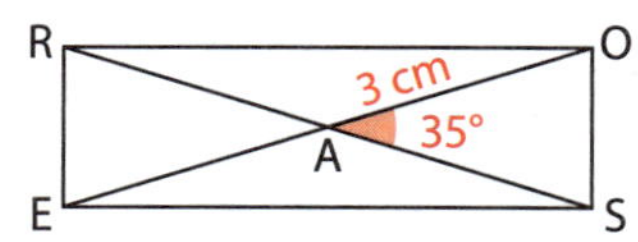

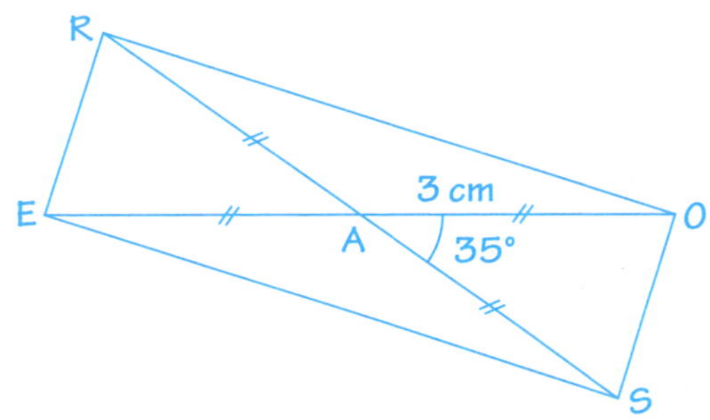

On construit le triangle SOA isocèle en A puis on place les points R et E.

6 **LAST est un losange tel que LS = 4 cm et AT = 2 cm.**

Tracer une figure à main levée puis construire ce losange LAST en vraie grandeur.

On note O le milieu des diagonales [LS] et [AT].
LO = 4 cm : 2 = 2 cm et AO = 2 cm : 2 = 1 cm.

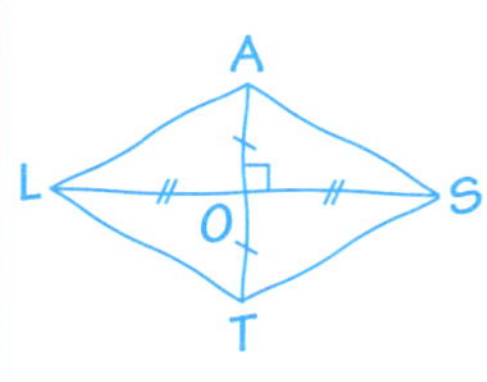

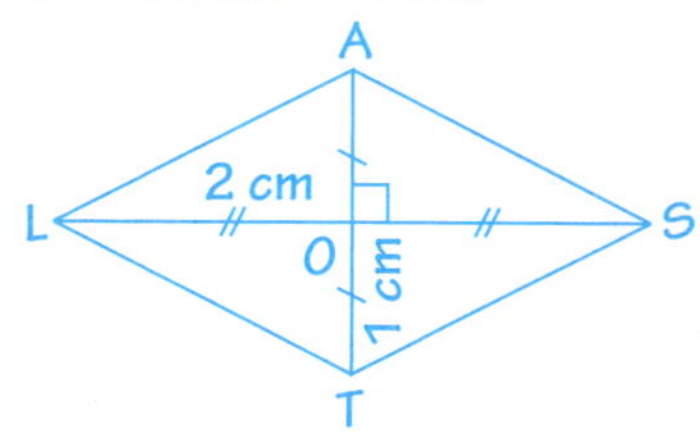

Perfectionnement

CALCUL MENTAL
• .... • ....
• .... • ....
• .... • ....
BILAN ..../.........

1 Construire le losange ABCD où B est un point de la droite (*d*).

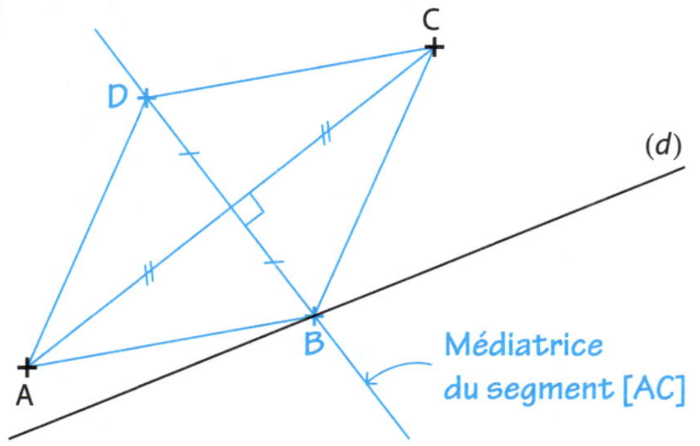

2 C est un point de la droite (*d*) tel que le triangle ABC est isocèle.

Construire tous les emplacements possibles du point C.

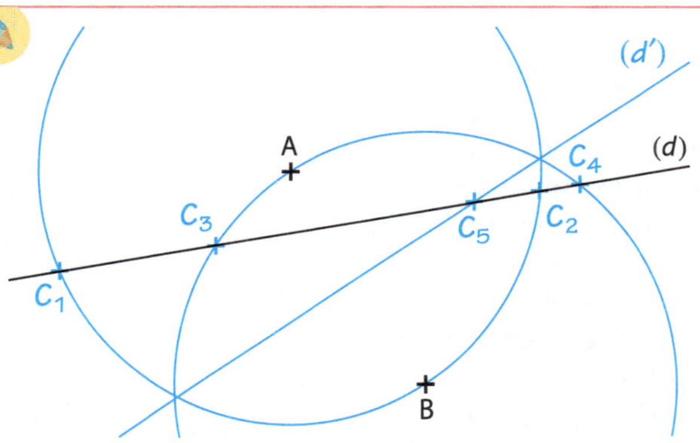

Les points C_1 et C_2 correspondent à un triangle isocèle en A (AB = AC) et les points C_3 et C_4 à un triangle isocèle en B (BA = BC).
La droite (*d'*) est la médiatrice du segment [AB] et le triangle ABC_5 est isocèle en C (CA = CB).

3 Voici une figure tracée à main levée.

Déterminer la mesure de l'angle $\widehat{ACE}$. Expliquer la réponse.

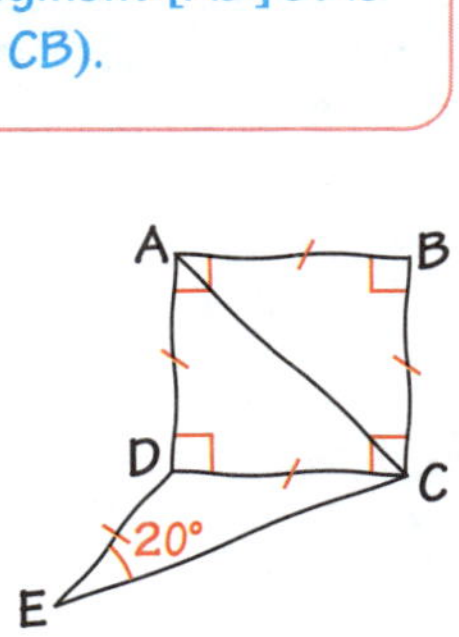

• ABCD est un carré, donc sa diagonale (AC) est un axe de symétrie et $\widehat{ACD} = 90° : 2 = 45°$.
• CED est un triangle isocèle en D, donc ses angles à la base ont la même mesure.
Ainsi $\widehat{DCE} = \widehat{DEC} = 20°$.
• $\widehat{ACE} = \widehat{ACD} + \widehat{DCE}$, soit $\widehat{ACE} = 45° + 20° = 65°$.

4 Voici un pavage utilisé par les artistes de l'Antiquité. À droite figure un grossissement de la partie coloriée en vert.

Construire cet assemblage de six triangles équilatéraux de côté 2 cm.

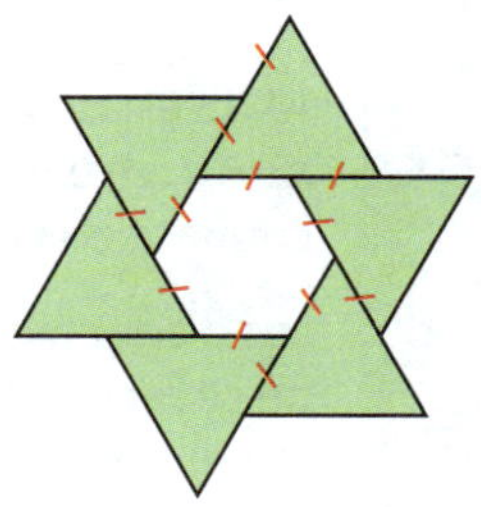

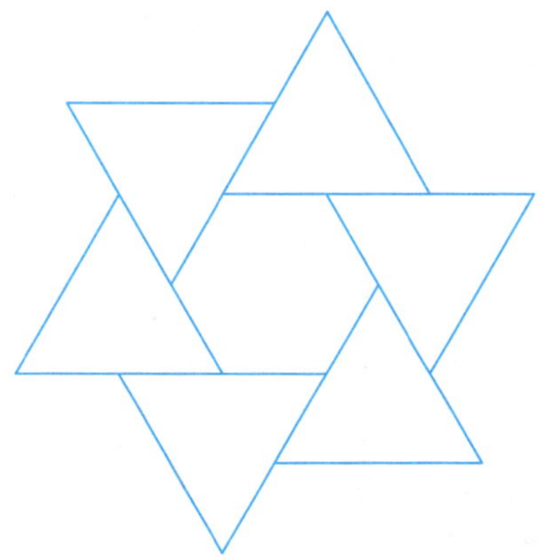

5 **a.** Construire deux rectangles ABCD et ABEF de mêmes dimensions de part et d'autre de la droite (AB).
b. Tracer la médiatrice du segment [AB].
Elle coupe [AB] en O, [CD] en M et [EF] en N.
Quelle est la nature du quadrilatère AMBN ? Expliquer.

a.

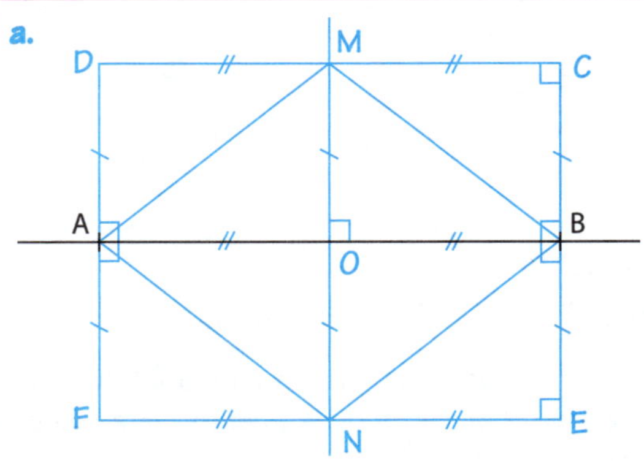

b. Les segments [AM], [BM], [BN], [AN] sont des diagonales respectivement des rectangles AOMD, BOMC, BONE, AONF de mêmes dimensions. Donc ces segments ont la même longueur.
Ainsi, AM = BM = BN = AN et le quadrilatère AMBN est un losange.

QCM & jeux

QCM

Voici un questionnaire à choix multiples.
Pour chaque question, entourer la (ou les) réponse(s) exacte(s).

Bilan ..... **/ 6**

A	Un triangle isocèle non équilatéral a …	un axe de symétrie	deux côtés de même longueur	trois angles de même mesure
B	MER est un triangle isocèle en E tel que $\widehat{ERM} = 35°$. Alors …	$\widehat{MER} = 35°$	$\widehat{EMR} = 35°$	$\widehat{MER} = 90°$
C	EFGH est un losange. Alors …	$\widehat{HEF} = \widehat{FGH}$	$\widehat{EHG} = \widehat{EFG}$	(EG) ⊥ (HF)
D	AMIS est un losange tel que AM = 5 cm, AI = 6 cm et MS = 8 cm. Ses diagonales se coupent en O. Alors …	OI = 3 cm	OS = 4 cm	IS = 4 cm
E	Les diagonales de ce rectangle VELO se coupent en M. Alors … 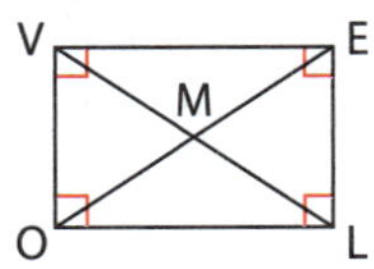	VO = EL	VL = OE	VM = ME
F	Les diagonales d'un rectangle ABCD non carré se coupent en O. Alors …	$\widehat{OAB} = \widehat{OBA}$	le triangle AOD est isocèle en O	$\widehat{CAD} = \widehat{CAB}$

jeu 1

Les allumettes ci-contre forment cinq carrés. Déplacer trois allumettes seulement afin de ne former plus que trois carrés.

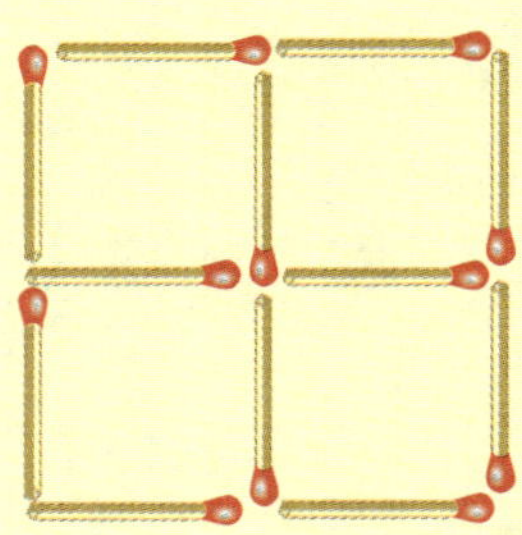

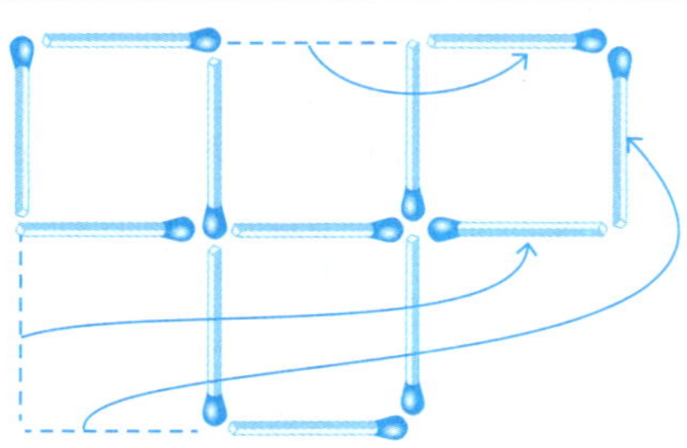

jeu 2

Ce polygone noir a 9 côtés (c'est un ennéagone). Il est pavé avec des triangles tous identiques. Combien manque-t-il de triangles pour terminer le pavage ?

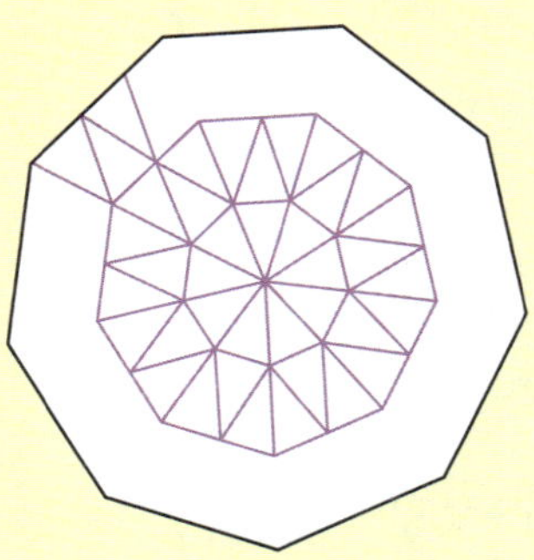

D'après *IREM Toulouse*

Sur chacun des 9 côtés du polygone, on peut disposer 5 triangles.
9 × 5 = 45, donc on peut disposer 45 triangles.
Or, 3 sont déjà placés, donc il en manque 42.

jeu 3

On a plié trois fois successivement un bout de papier de forme carrée et on a obtenu le triangle rectangle isocèle ci-dessous.

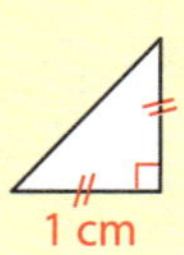

Représenter en vraie grandeur le bout de papier de départ.

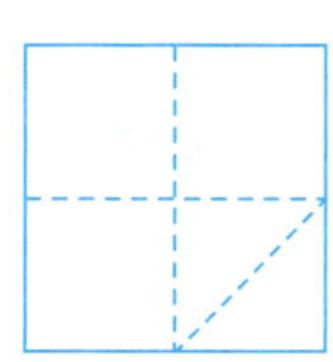

FICHE 107 Atelier problèmes

Apprendre à chercher

1 Observer des propriétés sur des modèles connus

Voici plusieurs panneaux de signalisation que l'on peut voir au bord des routes ou en ville.

Pour chaque panneau, compléter les pointillés avec le nombre d'axes de symétrie et tracer l'axe (ou les axes) de symétrie lorsqu'il y en a.

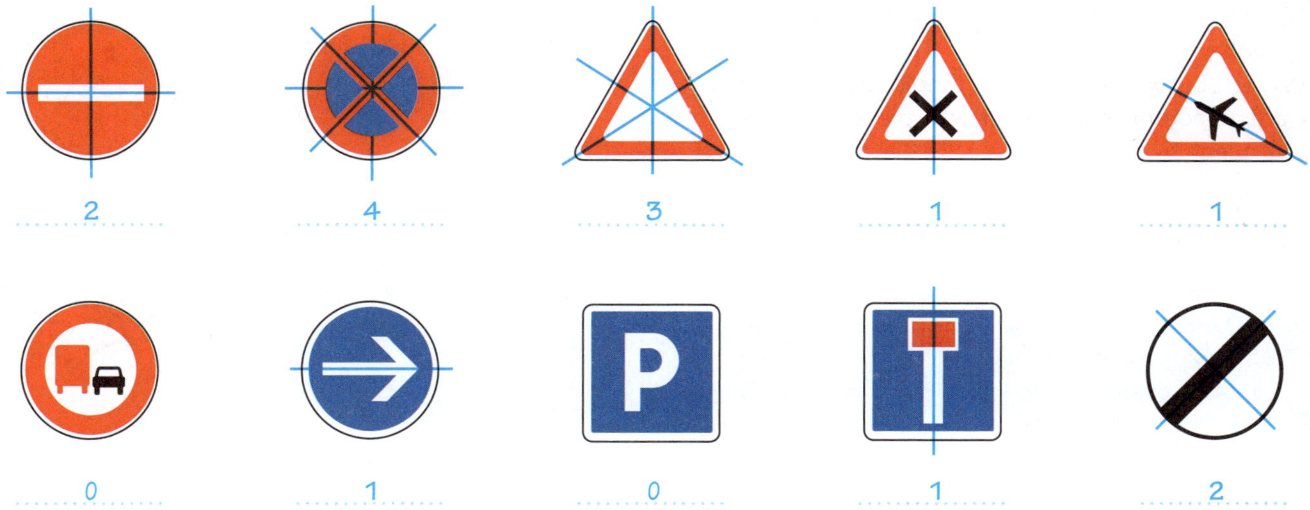

2 Procéder par étapes

Voici cinq carrés identiques.
Un motif constitué de cinq petits carrés figure dans le carré 1.

Dessiner le motif obtenu dans le carré 5 après cinq symétries successives par rapport aux segments tracés en rouge.

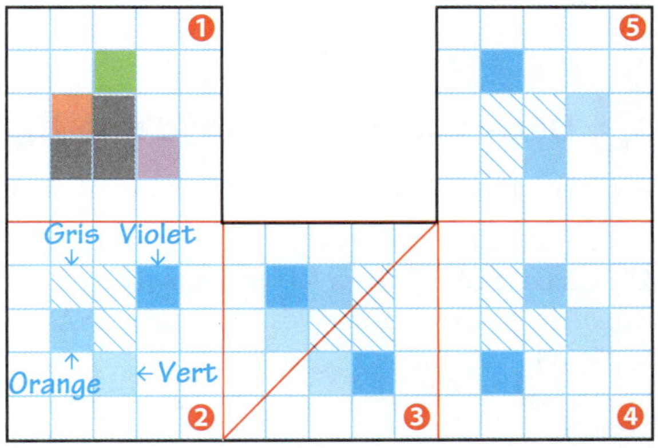

3 Raisonner pour construire une figure

Sur la figure ci-dessous, marquer les points S et U, tels que :
- SUR est un triangle isocèle en S ;
- la droite (d) est l'axe de symétrie du triangle SUR ;
- SR = 5 cm.

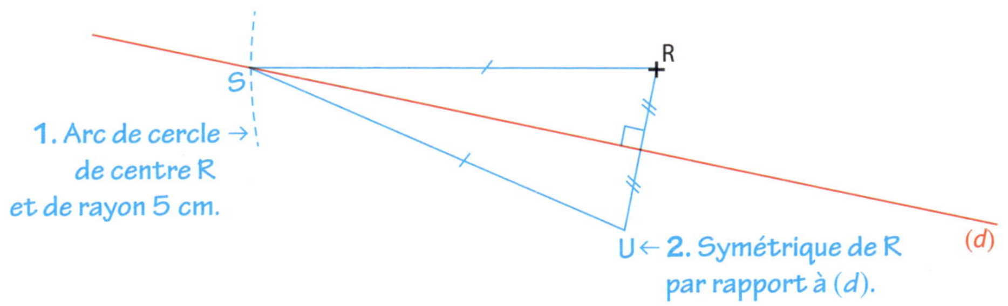

4 Justifier une réponse

Un artisan découpe et assemble des pièces de bois pour réaliser des objets décoratifs.
Voici un schéma d'un assemblage de trois pièces, où les points A, B, C sont alignés.

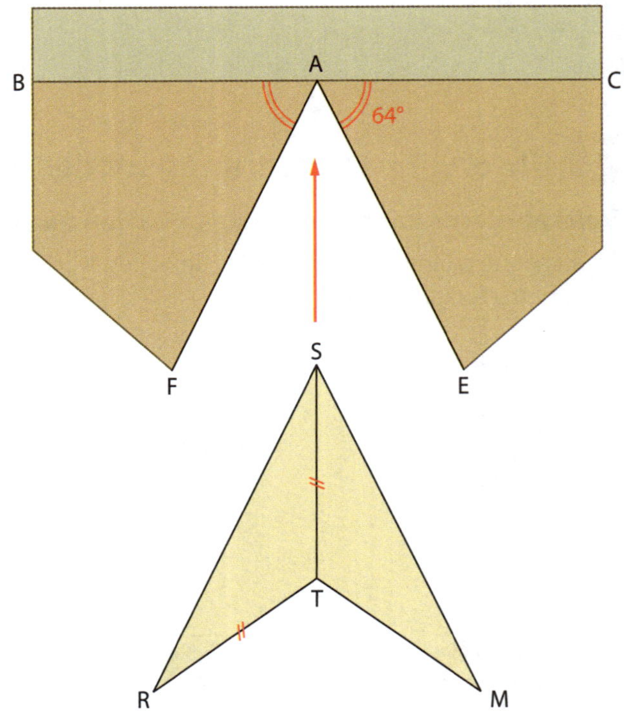

a. Expliquer pourquoi l'angle $\widehat{EAF}$ mesure 52°.

$\widehat{EAF} = 180° - 64° - 64° = 52°$

b. L'artisan a réalisé une dernière pièce schématisée ci-contre.
(ST) est son axe de symétrie et l'angle $\widehat{SRT}$ mesure 28°.
L'artisan pourra-t-il imbriquer cette pièce dans l'assemblage précédent ?
Expliquer.

Le triangle SRT est isocèle en T, donc $\widehat{RST} = \widehat{SRT} = 28°$.
(ST) est un axe de symétrie de la figure et le symétrique de l'angle $\widehat{RST}$ est l'angle $\widehat{TSM}$.
Or, une symétrie axiale conserve les mesures d'angles, donc $\widehat{TSM} = \widehat{RST} = 28°$.
Ainsi, $\widehat{RSM} = 28° \times 2 = 56°$.
La pièce ne convient pas, car cet angle est supérieur à 52°.

5 Déterminer la nature d'une figure

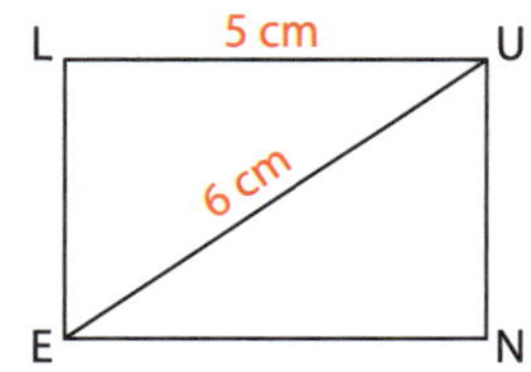

a. Construire un tel rectangle LUNE en vraie grandeur.

b. Construire la médiatrice (*d*) du segment [EU].
Elle coupe le côté [LU] en A et la droite (UN) en V.
Donner la nature des triangles EAU, VUE et EVA.
Expliquer.

a.

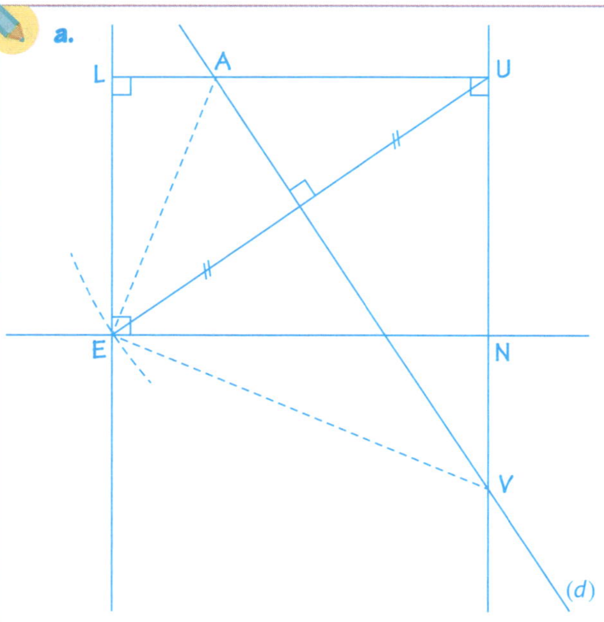

b. • Les points A et V appartiennent à la médiatrice du segment [EU], donc AE = AU et EV = VU.
Ainsi, le triangle EAU est isocèle en A, et le triangle VUE est isocèle en V.
• Le triangle EVA est le symétrique du triangle AUV par rapport à la droite (*d*) et $\widehat{AUV}$ est un angle droit.
Or la symétrie axiale conserve les mesures d'angles, donc $\widehat{AEV} = \widehat{AUV} = 90°$.
Ainsi le triangle EVA est un triangle rectangle en V.

FICHE 108 Décrire un trajet

On munit la scène du logiciel Scratch de l'arrière-plan **Xy-grid-30px**, il s'agit d'un quadrillage formé de carrés de côté 30 pas.

On a réalisé le labyrinthe représenté ci-dessous. Il possède trois issues A, B et C.

Au départ, le lutin se trouve au centre de la scène et il est orienté vers la droite.

1 Représenter un trajet

a. En mode débranché, représenter dans le labyrinthe ci-contre le trajet du lutin décrit par le script ❶ ci-dessous.

b. Avec ce script ❶, par quelle issue le lutin sort-il du labyrinthe ?

Le lutin sort du labyrinthe par l'issue C.

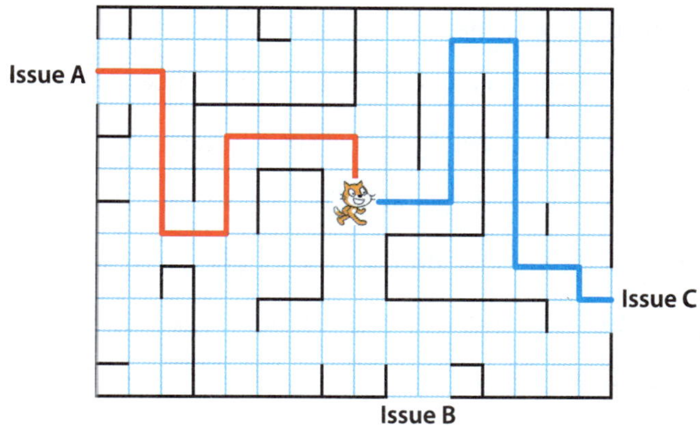

2 Coder un trajet

On a représenté ci-dessus en rouge un trajet permettant au lutin de sortir du labyrinthe par l'issue A.

a. Ouvrir le logiciel Scratch et saisir le script qui permet d'obtenir ce trajet.

b. Exécuter ce script et contrôler les déplacements du lutin.

Script ❶

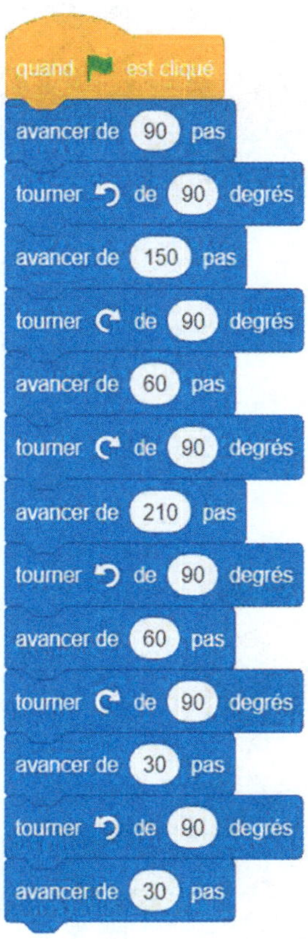

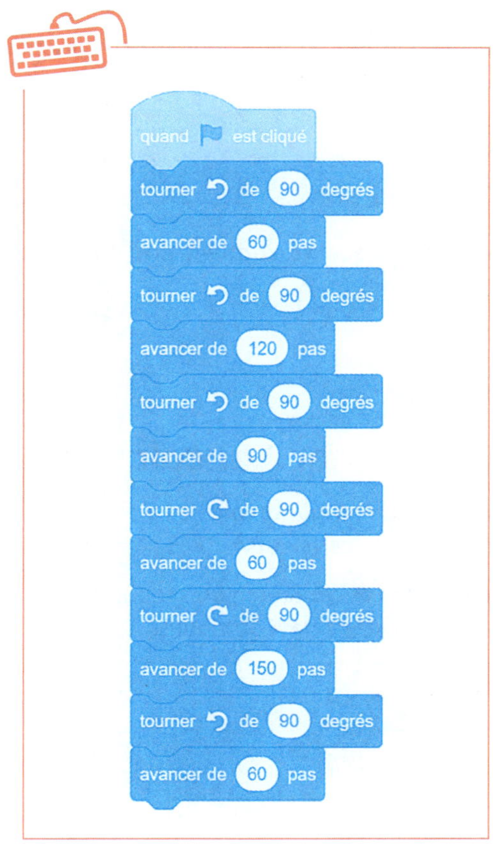

FICHE 109 Étudier une longueur, une aire

Le cercle 𝒞 représenté ci-contre a pour rayon r (l'unité de longueur est le cm).

À partir de ce cercle 𝒞, on construit un quart de cercle 𝒬 et un quart de disque 𝒟.

Pour les calculs, prendre 3,14 pour valeur approchée de π.

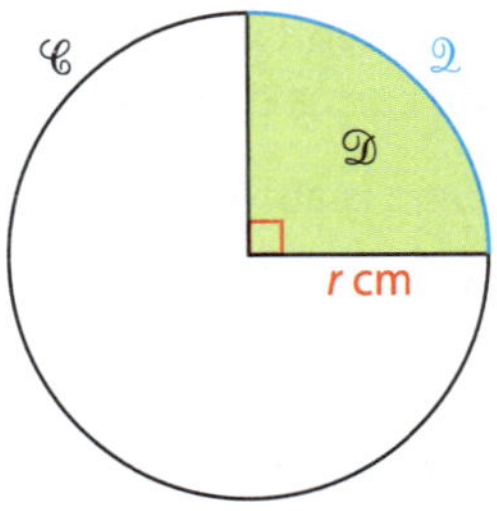

1 Établir des formules

Expliquer chacun des résultats suivants.

a. La longueur du quart de cercle 𝒬 est donnée par la formule $L = \frac{1}{2} \times \pi \times r$.

La longueur de 𝒞 est $2 \times \pi \times r$, la moitié de $2 \times \pi \times r$ est $\pi \times r$ et la moitié de $\pi \times r$ est $\frac{1}{2} \times \pi \times r$.

Donc $L = \frac{1}{2} \times \pi \times r$.

b. L'aire du quart de disque 𝒟 est donnée par la formule $A = \frac{1}{4} \times \pi \times r^2$.

L'aire du disque est $\pi \times r^2$, donc l'aire du quart de disque 𝒟 est le quart de $\pi \times r^2$.

Ainsi, $A = \frac{1}{4} \times \pi \times r^2$.

2 Faire varier *r* et calculer L

Voici un script Scratch.

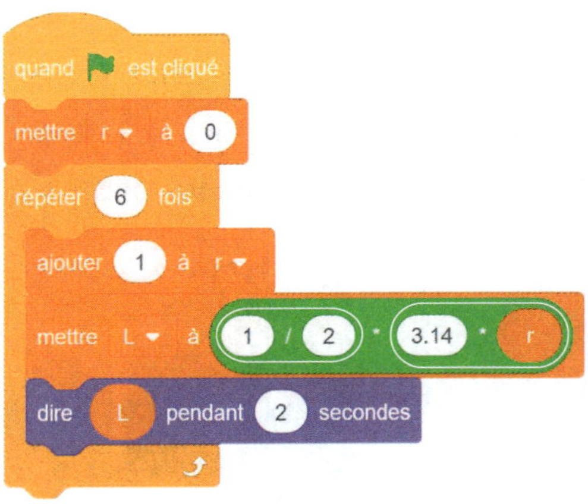

a. Dans la boucle de ce script, on calcule la longueur L du quart de cercle 𝒬 pour six valeurs du rayon r. Quelles sont ces six valeurs ?

On calcule L pour les valeurs 1 ; 2 ; 3 ; 4 ; 5 ; 6 du rayon r.

b. Ouvrir le logiciel Scratch et saisir ce script.

c. L'exécuter et reporter dans le tableau ci-dessous les valeurs de L obtenues.

r (en cm)	1	2	3	4	5	6
L (en cm)	1,57	3,14	4,71	6,28	7,85	9,42

d. Expliquer pourquoi l'on obtient ainsi un tableau de proportionnalité.

On passe d'un nombre de la 1re ligne au nombre correspondant de la 2e ligne en multipliant par 1,57.

3 Faire varier *r* et calculer A

Voici un nouveau script qui calcule l'aire A du quart de disque 𝒟 pour les valeurs 1 ; 2 ; 3 ; 4 ; 5 ; 6 du rayon r.

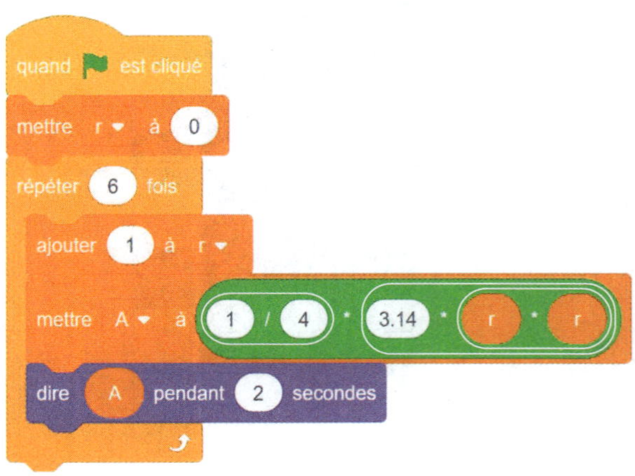

a. Saisir ce script et l'exécuter, puis reporter dans le tableau ci-dessous les valeurs de A obtenues.

r (en cm)	1	2	3	4	5	6
A (en cm²)	0,785	3,14	7,065	12,56	19,625	28,26

b. S'agit-il d'un tableau de proportionnalité ?

Non, car $\frac{0,785}{1} \neq \frac{3,14}{2}$.

FICHE **110**

Répéter la construction d'un motif

1 Exécuter une suite d'instructions

Louise a saisi la suite d'instructions ci-dessous dans le logiciel Scratch, puis elle les a exécutées en mode débranché et a obtenu sur sa feuille un quadrilatère ABCD.

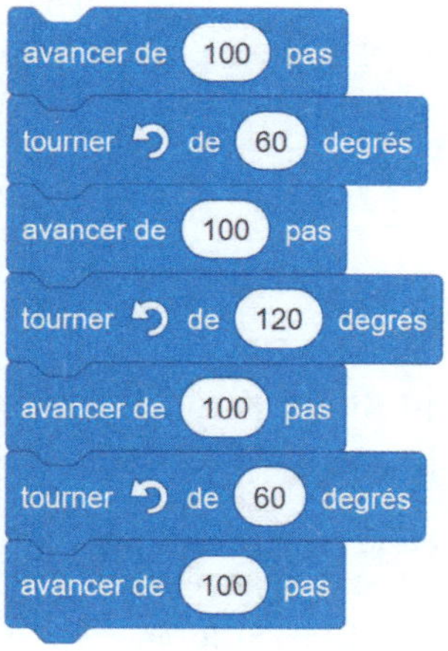

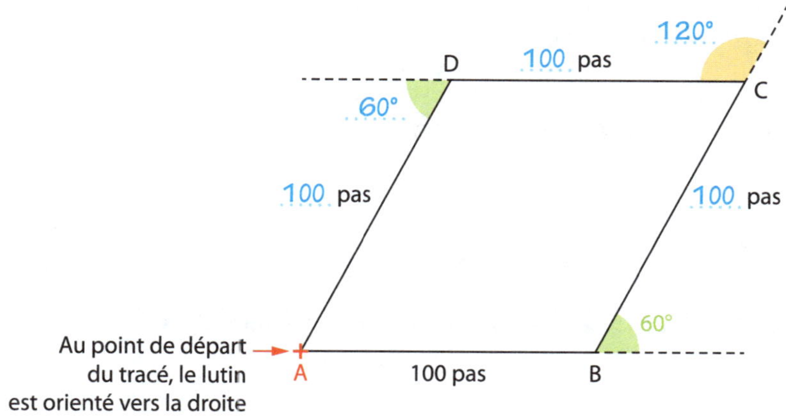

a. Compléter les valeurs manquantes sur la figure ci-dessus.

Quelle est la nature de ce quadrilatère ABCD ? Expliquer.

Le quadrilatère ABCD a quatre côtés de même longueur, donc c'est un losange.

b. Ouvrir le logiciel Scratch, saisir ces instructions, les exécuter et contrôler le tracé obtenu.

2 Construire une figure à l'aide d'une boucle

Dans le script ci-contre, Louise a utilisé une boucle pour répéter le tracé du quadrilatère ABCD.

a. Combien de fois ce tracé est-il répété ?

Le tracé du losange ABCD est répété 3 fois.

b. On exécute ce script en mode débranché.

Voici le premier quadrilatère tracé par le lutin.

À l'aide des instruments de géométrie, poursuivre et compléter la construction de la figure.

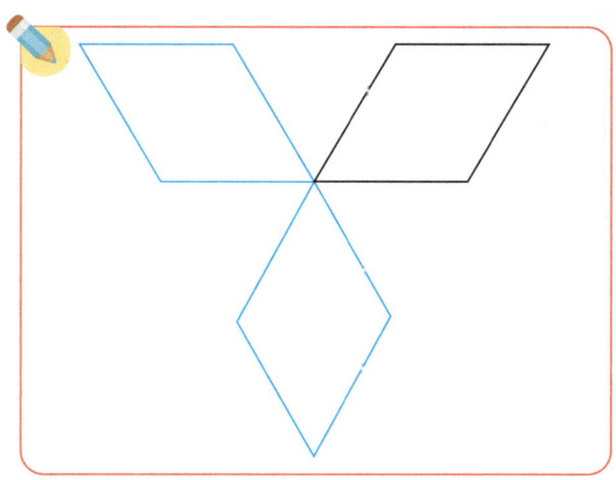

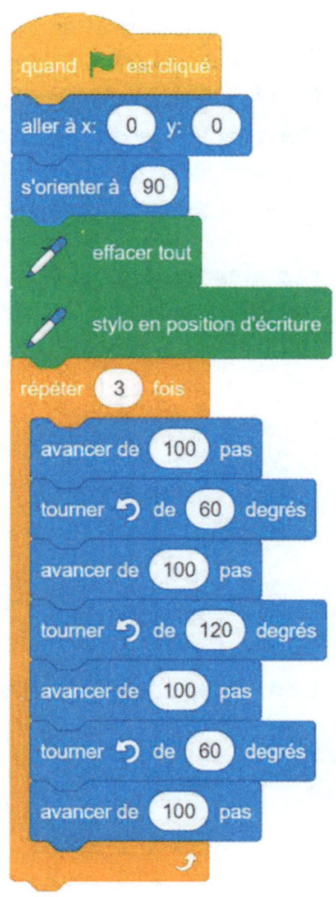

c. Saisir ce script, l'exécuter et contrôler le tracé précédent.

Tâches complexes

FICHE **111**

Les messages codés

NOTIONS UTILISÉES
- Additions.
- Multiplications.
- Priorités opératoires.

> La situation-problème

TOP SECRET

• Lolita a reçu un message codé de Sarah (**doc. 1**).
Aider Lolita à décoder ce message.

• Sarah imagine une nouvelle façon de coder sa réponse à Lolita (**doc. 3**).
Rédiger cette réponse codée.

> Les supports de travail

Les documents.

Doc. 1 Le message codé de Sarah

SR WI ZSMX ETVIW PIW GSYVW ?

Doc. 2 Des aides pour déchiffrer le message de Sarah

- Le mot **LES** figure dans le message de Sarah.
- Le codage de Sarah consiste à décaler les lettres de l'alphabet d'un même nombre de rangs.

Doc. 3 La réponse de Lolita

- Dans sa réponse à Sarah, Lolita code chaque lettre par un nombre égal à la somme de 3 et du produit de 7 par le rang de la lettre dans l'alphabet.
- La réponse de Lolita : **BIEN SUR !**

Toute piste de recherche, même non aboutie, figurera ci-dessous.

Une grille pour décoder le message de Sarah

A	B	C	D	E	F	G	H	I	J	K	L	M	N	O	P	Q	R	S	T	U	V	W	X	Y	Z
E	F	G	H	I	J	K	L	M	N	O	P	Q	R	S	T	U	V	W	X	Y	Z	A	B	C	D

• **Le message de Sarah**
LES comporte 3 lettres ; le seul mot de 3 lettres dans le message de Sarah est PIW.
Ainsi, L est codée par P, E par I et S par W.
Ces trois lettres correspondent donc aux lettres suivantes :
P → L, I → E, W → S.
Donc le codage de Sarah consiste à décaler les lettres de l'alphabet de 4 rangs.
On peut alors compléter la grille ci-dessus.
Le message de Sarah est : **ON SE VOIT APRES LES COURS ?**

• **La réponse de Lolita**
On identifie le rang des lettres du message de Lolita.
B → 2, I → 9, E → 5, N → 14, S → 19, U → 21, R → 18.
On peut alors coder ces lettres par les nombres :
B : $3 + 7 \times 2 = 17$
I : $3 + 7 \times 9 = 66$
E : $3 + 7 \times 5 = 38$
N : $3 + 7 \times 14 = 101$
S : $3 + 7 \times 19 = 136$
U : $3 + 7 \times 21 = 150$
R : $3 + 7 \times 18 = 129$
La réponse codée de Lolita est : 17 66 38 101   136 150 129 !

FICHE **112**

La sortie à la patinoire

NOTIONS UTILISÉES
- Lecture d'horaires.
- Addition.
- Multiplication.

> La situation-problème

La famille Dubois, qui habite à Sallanches, décide d'aller faire du patin à glace à Megève.
La famille doit être à la patinoire à 14 h et être rentrée à Sallanches à 18 h.

Aider les parents à choisir les horaires des bus et à calculer le coût de la journée pour toute la famille.

> Les supports de travail

Les documents, la calculatrice.

Doc. 1 Les tarifs de la patinoire

- Adulte : 6 €
- Enfant de moins de 5 ans : gratuit
- Enfant de 5 à 14 ans : 4,60 €
- Locations patins : 3,90 €

Doc. 2 La famille Dubois

Les parents — Numa 11 ans — Louise 9 ans — Juliette 6 ans

Doc. 3 Les horaires et tarifs de bus

ALLER	**SALLANCHES Gare SNCF**	**07:00**	**08:15**	**10:00**	**12:00**	**14:00**	**16:00**	**17:10**	**17:10**	**17:10**	**18:00**	**19:00**
	COMBLOUX Chef Lieu	07:15	08:30	10:15	12:15	14:15	16:15	17:25	17:43	17:25	18:15	19:15
	MEGÈVE Autogare	07:25	08:40	10:25	12:25	14:25	16:25	17:35	17:50	17:35	18:25	19:25
	PRAZ-SUR-ARLY Chef Lieu	07:38	08:53	10:38	12:38	14:38	16:38	17:48	18:05	17:48	18:38	19:38
RETOUR	PRAZ-SUR-ARLY Chef Lieu	07:05	08:00	09:12	11:02	13:02	15:02	16:47	18:12	18:52		
	MEGÈVE Autogare	07:20	08:20	09:25	11:15	13:15	15:15	17:00	18:25	19:05		
	COMBLOUX Chef Lieu	07:30	08:30	09:35	11:25	13:25	15:25	17:10	18:35	19:15		
	SALLANCHES Gare SNCF	**07:45**	**08:45**	**09:50**	**11:40**	**13:40**	**15:40**	**17:25**	**18:50**	**19:30**		

Zone 1	Billet Unité	1,50 €
	Billet Unité Enfant – 10 ans	0,75 €
Zone 2	Billet Unité	3,50 €
	Billet Unité Enfant – 10 ans	1,75 €

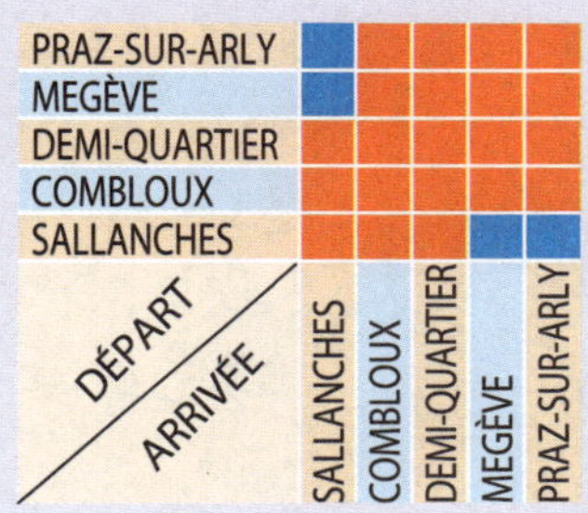

Toute piste de recherche, même non aboutie, figurera ci-dessous.

Les horaires
Pour être à Megève à 14 h, la famille doit prendre le bus à 12 h à Sallanches (arrivée à 12 h 25).
Pour être rentrée à 18 h à Sallanches, la famille doit prendre le bus à 17 h à Megève (arrivée à 17 h 25).
Calcul du coût de la journée
• Prix d'entrée à la patinoire : 2 × 6 € + 3 × 4,60 € = 12 € + 13,80 € = 25,80 €.
Donc l'entrée à la patinoire coûte 25,80 €.
• Prix de la location des patins : 5 × 3,90 € = 19,50 €
Donc la location des patins coûte 19,50 €.
• Prix des trajets en bus : les trajets en bus sont en zone 2.
3 × 3,50 € + 2 × 1,75 € = 10,50 € + 3,50 € = 14 €
Donc un aller coûte 14 €.
2 × 14 € = 28 €, donc l'aller-retour en bus coûte 28 €.
• Coût total de la journée
25,80 € + 19,50 € + 28 € = 73,30 €
Donc le coût de la journée est de 73,30 €.

FICHE **113**

La météorite

NOTIONS UTILISÉES
- Échelle.
- Cercle.
- Médiatrice.

> La situation-problème

Une météorite est tombée dans le lac Tchebarkoul (dans l'Oural) le 15 février 2013.

Aider les scientifiques à déterminer l'emplacement de leur base pour leurs futures observations dans la région de l'impact.

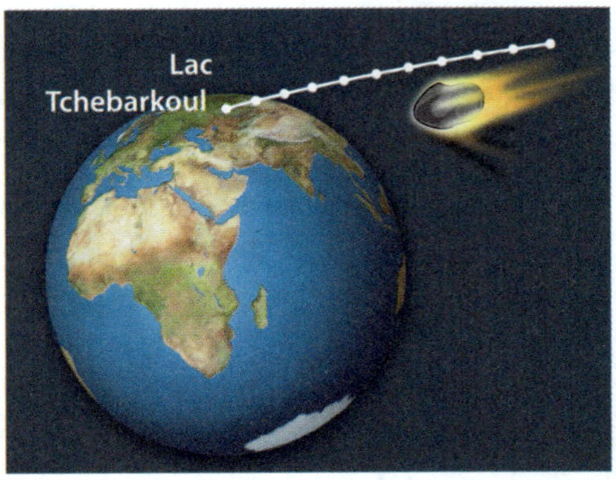

> Les supports de travail

Les documents, les instruments de géométrie.

Doc. 1 Les renseignements sur la météorite
- Le diamètre de la météorite est d'environ 15 m.
- Le point d'impact de la météorite se situe dans le lac Tchebarkoul, à 70 km de la ville de Kopeysk et à 60 km de la ville de Shershni.
- Une zone de sécurité a été décidée, aucun être humain ne doit se trouver à moins de 30 km du point d'impact.

Doc. 2 Les contraintes des scientifiques
- La base doit être la plus proche possible du point d'impact de la météorite, mais elle doit être en dehors de la zone de sécurité.
- La base ne peut pas être sur le lac, mais elle doit être à égale distance des villes de Kopeysk et de Shershni.

Doc. 3 Une carte de la région

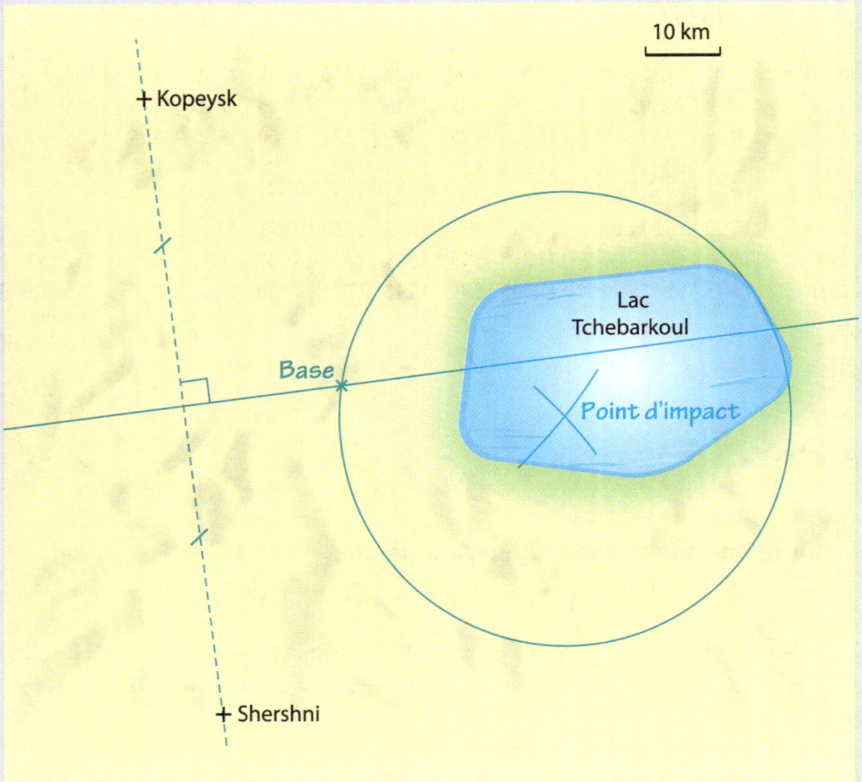

Toute piste de recherche, même non aboutie, figurera ci-dessous et sur le doc. 3.

1 cm sur la carte représente 10 km dans la réalité.
70 : 10 = 7 et 60 : 10 = 6, donc sur la carte, le point d'impact est à 7 cm de Kopeysk et à 6 cm de Shershni.
30 : 10 = 3, donc sur la carte, la zone de sécurité est un disque de centre le point d'impact et de rayon 3 cm.
La base doit être située au point d'intersection de la médiatrice du segment d'extrémités Shershni et Kopeysk et du cercle de centre le point d'impact et de rayon 3 cm.

Tâches complexes

FICHE 114

Alerte au tsunami

NOTIONS UTILISÉES
- Échelle.
- Proportionnalité.
- Durées.

> La situation-problème

L'éruption du volcan Hunga Tonga (Royaume des Tonga), dans le sud-ouest de l'océan Pacifique, a provoqué un tsunami le 15 janvier 2022 à 4 h 14 min GMT.

Une alerte a été aussitôt déclenchée dans une grande partie des îles du Pacifique.

À quelle heure locale la vague est-elle arrivée à Brisbane, en Australie ?

> Les supports de travail

Les documents, les instruments de géométrie, la calculatrice.

Doc. 1 Une carte de la région

Doc. 2 Des informations horaires
- L'heure GMT est l'heure observée au méridien de Greenwich.
- L'heure locale à Brisbane est l'heure GMT + 10 h.

Doc. 3 La vitesse de la vague
- On suppose que la vague du tsunami se propageait en ligne droite entre le Hunga Tonga et Brisbane.
- Elle se déplaçait à une vitesse moyenne de 800 km par heure.

Toute piste de recherche, même non aboutie, figurera ci-dessous.

- On mesure la distance AB sur la carte : 13,6 cm.

D'après l'échelle indiquée sur la carte, une distance de 1 cm représente une distance réelle de 250 km.

$13,6 \times 250$ km = 3 400 km

La distance entre A et B est donc 3 400 km.

- Pour calculer la durée nécessaire à la vague du tsunami pour atteindre Brisbane, on peut réaliser un tableau de proportionnalité :

Distance (en km)	800	3 400
Durée (en h)	1	?

3 400 : 800 = 4,25

Donc il faut 4,25 h à la vague du tsunami pour arriver à Brisbane.

4,25 h = 4 h + $0,25 \times 60$ min = 4 h 15 min

4 h 14 min + 4 h 15 min = 8 h 29 min

La vague est arrivée à 8 h 29 GMT, c'est-à-dire à 18 h 29 heure locale de Brisbane.

Les calculatrices

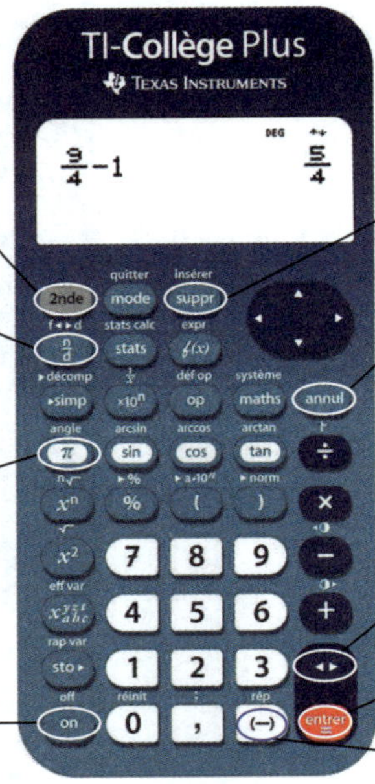

Éteindre : 2nde on (off)

Saisir une fraction
Pour calculer $\frac{9}{4} - 1$, taper :
$\frac{n}{d}$ 9 ▼ 4 ▶ – 1 entrer

π
Afficher **le nombre** π

Allumer

Corriger, effacer
suppr : effacer le dernier caractère
annul : effacer l'écran

Pour passer de l'écriture **fractionnaire** à l'écriture **décimale** et inversement.

Effectuer un calcul (exécution)

Signe – d'un **nombre négatif**

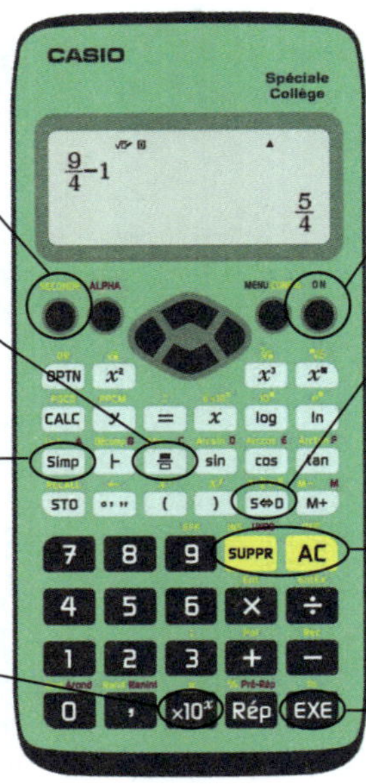

Éteindre : SECONDE AC (OFF)

Saisir une fraction
Pour calculer $\frac{9}{4} - 1$, taper :
▭ 9 ▼ 4 ▶ – 1 EXE

SECONDE Simp (–)
Signe – d'un **nombre négatif**

SECONDE ×10ˣ
Afficher **le nombre** π

Allumer

Pour passer de l'écriture **fractionnaire** à l'écriture **décimale** et inversement.

Corriger, effacer
SUPPR : effacer le dernier caractère
AC : effacer l'écran

Effectuer un calcul (exécution)

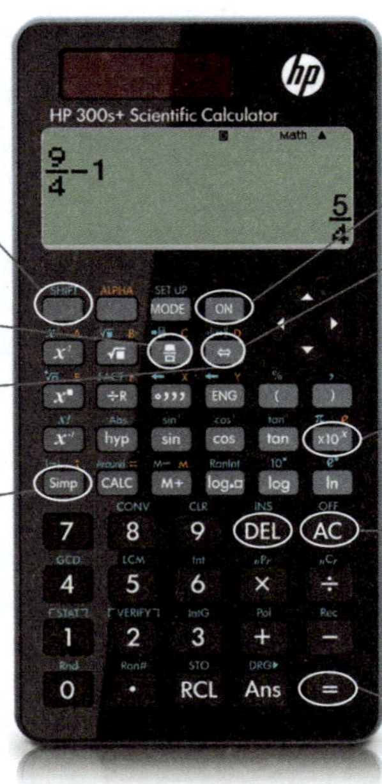

Éteindre : SHIFT AC (OFF)

Saisir une fraction
Pour calculer $\frac{9}{4} - 1$, taper :
▭ 9 ▶ ou ▼ 4 ▶
– 1 =

SHIFT Simp (–)
Signe – d'un **nombre négatif**

Allumer

Pour passer de l'écriture **fractionnaire** à l'écriture **décimale** et inversement.

SHIFT ×10ˣ (π)
Afficher **le nombre** π

Corriger, effacer
DEL : effacer le dernier caractère
AC : effacer l'écran

Effectuer un calcul (exécution)

Formulaire

Unités usuelles

- **De longueur**

km	hm	dam	m	dm	cm	mm
		2	5	0	0	

25 m = 2 500 cm

- **D'aire**

km^2		hm^2		dam^2		m^2		dm^2		cm^2		mm^2	
						2	5	0	0	0	0		

$25\ m^2 = 250\ 000\ cm^2$

- $1\ hm^2 = 1$ ha (hectare)
- $1\ dam^2 = 1$ a (are)

- **De volume et de contenance**

$1\ dm^3 = 1$ L

m^3			dm^3			cm^3			mm^3		
			hL	daL	L	dL	cL	mL			
	2	5	0	0	0	0	0	0			

$25\ m^3 = 25\ 000\ 000\ cm^3 = 25\ 000$ L

- **De durée**

- 1 h = 60 min
- 1 min = 60 s
- $1\ h\ 30\ min = 1\ h + \frac{1}{2}\ h = 1{,}5\ h$
- $1{,}25\ h = 1\ h + \frac{1}{4}\ h = 1\ h\ 15\ min$

Périmètres

	Carré	Rectangle	Triangle rectangle	Triangle	Cercle
Figure	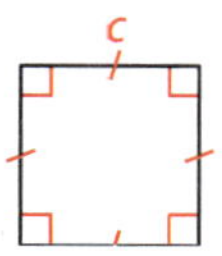	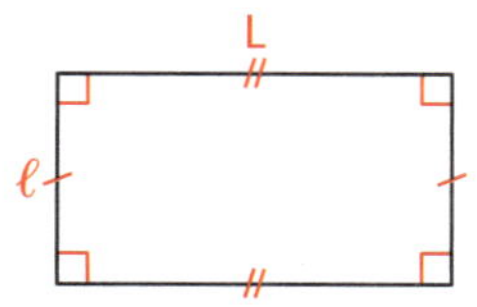	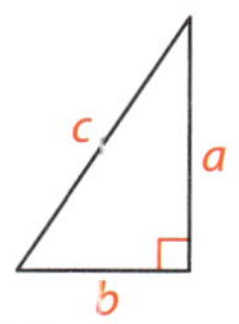	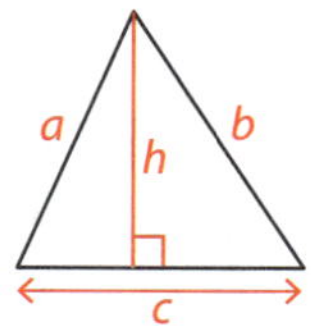	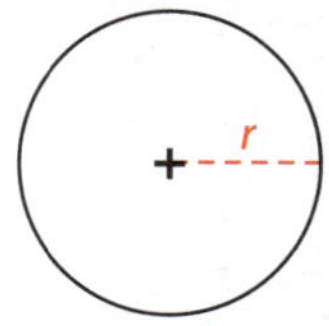
Périmètre	$4 \times c$	$2 \times \ell + 2 \times L$ ou $2 \times (\ell + L)$	$a + b + c$	$a + b + c$	$2 \times \pi \times r$

Aires

	Carré	Rectangle	Triangle rectangle	Triangle	Disque
Figure	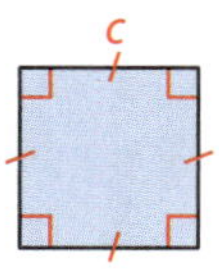	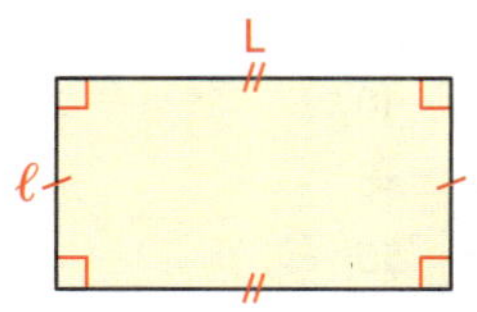	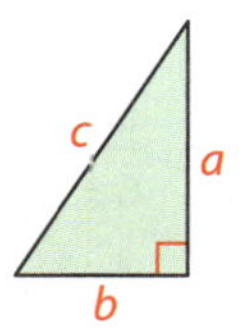	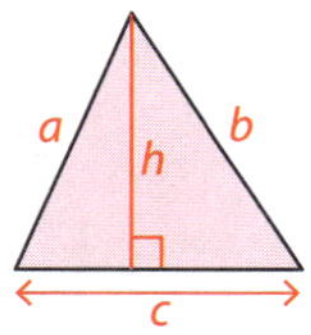	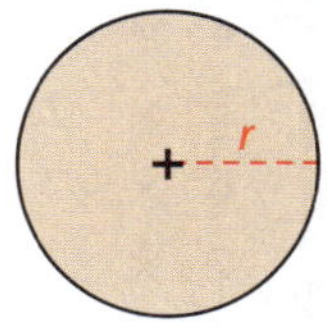
Aire	$c \times c$ ou c^2	$L \times \ell$	$\frac{a \times b}{2}$	$\frac{c \times h}{2}$	$\pi \times r^2$

Volumes

	Cube	Pavé droit
Figure	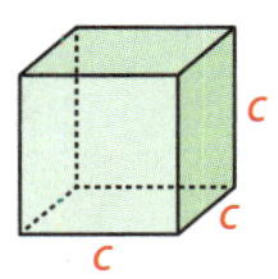	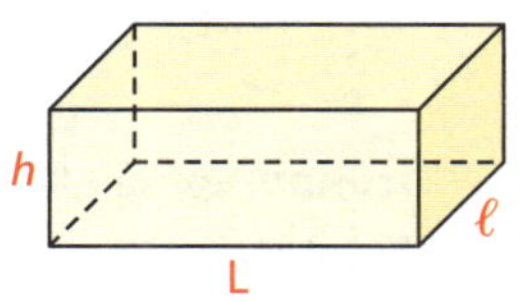
Volume	$c \times c \times c$ ou c^3	$L \times \ell \times h$

Attention

Pour calculer le périmètre, l'aire ou le volume d'une figure, il faut penser à exprimer toutes les dimensions de cette figure dans une même unité.

Les tables de multiplications

0				
1	×	0	=	0
2	×	0	=	0
3	×	0	=	0
4	×	0	=	0
5	×	0	=	0
6	×	0	=	0
7	×	0	=	0
8	×	0	=	0
9	×	0	=	0
10	×	0	=	0

1				
1	×	1	=	1
2	×	1	=	2
3	×	1	=	3
4	×	1	=	4
5	×	1	=	5
6	×	1	=	6
7	×	1	=	7
8	×	1	=	8
9	×	1	=	9
10	×	1	=	10

2				
1	×	2	=	2
2	×	2	=	4
3	×	2	=	6
4	×	2	=	8
5	×	2	=	10
6	×	2	=	12
7	×	2	=	14
8	×	2	=	16
9	×	2	=	18
10	×	2	=	20

3				
1	×	3	=	3
2	×	3	=	6
3	×	3	=	9
4	×	3	=	12
5	×	3	=	15
6	×	3	=	18
7	×	3	=	21
8	×	3	=	24
9	×	3	=	27
10	×	3	=	30

4				
1	×	4	=	4
2	×	4	=	8
3	×	4	=	12
4	×	4	=	16
5	×	4	=	20
6	×	4	=	24
7	×	4	=	28
8	×	4	=	32
9	×	4	=	36
10	×	4	=	40

5				
1	×	5	=	5
2	×	5	=	10
3	×	5	=	15
4	×	5	=	20
5	×	5	=	25
6	×	5	=	30
7	×	5	=	35
8	×	5	=	40
9	×	5	=	45
10	×	5	=	50

6				
1	×	6	=	6
2	×	6	=	12
3	×	6	=	18
4	×	6	=	24
5	×	6	=	30
6	×	6	=	36
7	×	6	=	42
8	×	6	=	48
9	×	6	=	54
10	×	6	=	60

7				
1	×	7	=	7
2	×	7	=	14
3	×	7	=	21
4	×	7	=	28
5	×	7	=	35
6	×	7	=	42
7	×	7	=	49
8	×	7	=	56
9	×	7	=	63
10	×	7	=	70

8				
1	×	8	=	8
2	×	8	=	16
3	×	8	=	24
4	×	8	=	32
5	×	8	=	40
6	×	8	=	48
7	×	8	=	56
8	×	8	=	64
9	×	8	=	72
10	×	8	=	80

9				
1	×	9	=	9
2	×	9	=	18
3	×	9	=	27
4	×	9	=	36
5	×	9	=	45
6	×	9	=	54
7	×	9	=	63
8	×	9	=	72
9	×	9	=	81
10	×	9	=	90

Crédits photographiques

p. 7, 10, 11, 12, 13, 23, 25, 26, 27, 28, 29, 30, 31, 36, 39, 47, 49, 50, 51, 76, 77, 78, 82, 87, 109 : AdobeStock Photo ; **p. 46** : iStock ; **p. 74** : Hemis/Gorski Oleg ; **p. 88g** : iStock ; **p. 88d** : Droits Réservés ; **p. 125** : AFP/EyePress News.

Édition : Marie-Pierre Lowys, Laurence Sourdillon
Conception graphique : Clémentine Largant
Couverture : Jean-Marc Denglos
Mise en pages : STDI
Iconographie : Juliette Barjon
Fabrication : Laurence Monaï
Schémas et illustrations : STDI

Achevé d'imprimer en France par Pollina - 13536
N° de projet : 10278228 - Dépot légal : avril 2022